요한복음 묵상

예수 - 시대정신에 맞서다

요한복음 묵상

예수 - 시대정신에 맞서다

초판 1쇄 발행 2023년 11월 01일

지은이 황창진
펴낸이 장현수
펴낸곳 메이킹북스
출판등록 제 2019-000010호

디자인 최미영
편집 최미영
교정 안지은
마케팅 김소형

주소 서울특별시 구로구 경인로 661, 핀포인트타워 912-914호
전화 02-2135-5086
팩스 02-2135-5087
이메일 makingbooks@naver.com
홈페이지 www.makingbooks.co.kr

ISBN 979-11-6791-446-0(03230)
값 15,800원

황창진 지음
요한복음 묵상
예수 - 시대정신에 맞서다
메이킹북스

추천의 글

오직 죽은 물고기들만 물결을 따라 헤엄친다

이진경 교수(협성대/신약학)

제법 나이가 들고 목회의 경험도 무르익어 어쩌면 타성에 젖기 쉬운 중년의 목회자가 지적 탐구를 위해 전력을 기울이는 모습을 보는 것은 드물고 기분 좋은 일입니다. 더구나 그 목회자가 지적 탐구에만 머물지 않고 현실 문제 또한 끌어안으면서 전력을 다해 이와 씨름하는 모습을 본다면 그것은 단순히 기분 좋은 일을 넘어 존경심을 불러일으키는 일이 아닐 수 없습니다. 제가 본 저자의 모습이 바로 그런 모습이었습니다. 비슷한 연배의 다른 목회자들에게서는 보기 힘든 순수함과 열정을 간직한 저자와의 인연은 분명 하나님께서 허락하신 큰 은혜 중 하나일 것입니다.

우연히 저자가 섬기고 있는 교회를 방문할 기회가 있었습니다. 그런데 아니나 다를까 교회 역시 목회자를 닮아 있었습니다. 신앙에 있어서나 현실 문제에 있어서나 치열하게 고민하는 성도들로 이루어진 교회였습니다. 그리고 그 고민은 단지 사변적인 것에만 머물지 않는 것처럼 보였습니다. 그 교회는 고민의 한계를 두려워하지 않으며, 경직된 안정보다는 감히 유연한 불안을 택하면서, 사고에 있어서도 행동에 있어서도 소외된 자들을 환대하려고 애쓰는 교회처럼 보였습니다. 그 목회자에 그 교회라는 말이

딱 어울리는 모습이었습니다.

개방적이고 자유로운 목회자와 성도 사이의 분위기는 성경을 읽는 데 있어서도 다르지 않았습니다. 일방적으로 목회자가 성도들에게 성경의 지식을 전달하는 모습이 아니라, 목회자와 성도가 함께 하나님의 뜻을 묻고 토론하며 성경을 대하는 모습을 교회는 보여주었기 때문입니다. 그 결과는 이미 한 차례 예레미야 함께 읽기를 통해 확인된 바 있습니다. 그리고 이제 우리는 두 번째로 요한복음 함께 읽기의 결과물을 기쁘게 맞이하고 있습니다. 목회자와 교회가 요한복음을 함께 읽고 묵상한 기록에 목회자인 저자는 "예수 - 시대정신에 맞서다"라는 부제를 달았습니다. 놀랍게도 이 부제는 요한복음의 신학을 꿰뚫고 있습니다.

'출교'(요 9:22)라는 단어를 직접적으로 사용한 요한복음은 유대교로부터 분리되기 시작한 그리스도교라는 배경을 지니고 있습니다. 하지만 그뿐만이 아닙니다. 요한복음이 기록된 AD 100년경의 교회는 제도화되고 기구화되면서 이미 초기의 생명력을 잃고 있었고, 이런 상황 속에 소종파였던 요한복음의 공동체는 교회의 개혁을 부르짖으면서 기존의 교회에 맹렬히 저항하고 있었습니다. 그렇게 이들은 유대교로부터도 당시 주류 교회로부터도 배척받으며 투쟁하고 있었습니다. 거기에 더해 이들은 당시 강력한 영향력을 지니고 있었던 '영지주의'라는 시대정신과도 싸우고 있었습니다. 유대교와 기존 교회의 이중적 핍박과 당시 유행하던 시대정신과의 사상 투쟁에 맞선 요한복음의 성격을 저자와 교회는 통독과 묵상 가운데 고스란히 읽어냈습니다. 그리고 그 속에서 시대정신에 맞서신 예수님의 모습을 찾아냈고 그 예수님의 모습에 자신들의 모습을 맞추려 노력했습니다.

이 노력의 결과물 속에 담긴 통찰이 놀랍습니다. 그리고 이 놀라움을 함께 나눌 수 있다는 사실이 설레고 기쁩니다. 올바르고 건전한 신학적 지식과 땅의 구체적인 삶 속에 뿌리를 둔 묵상과 나눔은 이 책을 읽게 될 모든 고민하는 신앙인들에게 큰 도움을 줄 것이 분명합니다. 일 년여 동안의 토론을 동반한 요한복음 읽기를 통하여 목회자와 성도들은 신앙은 끊임없이 자신을 비판적으로 들여다보는 작업을 동반해야 한다는 결론을 얻습니다. 사고의 유연성과 다른 사고를 향한 용기의 필요성을 절감합니다. 그리고 세상 욕망으로 용기를 내지 못하는 우리 모두를 위해 스스로 십자가로 오르시며 헛된 욕망을 넘어설 수 있는 방법을 제시하시는 예수님의 모습을 보여줍니다. 얼마나 귀한 성경 읽기의 열매인지요. 이 책을 읽는 모든 이들이 독서의 끝에서 이 귀한 열매를 함께 누릴 수 있게 되기를 바랍니다. 이 교회가 만났던 바로 그 예수님을 똑같이 만날 수 있기를 바라고 소망합니다.

추천을 갈음하면서 마지막으로 제가 독일에서 공부할 때 알게 된 독일 속담 하나를 소개하고자 합니다. 아들이 미술을 배우는 건물의 엘리베이터에서 처음 발견했던 속담이었습니다. "**Nur tote Fische schwimmen mit dem Strom.**" 해석은 이렇습니다. "오직 죽은 물고기들만 물결을 따라 헤엄친다." 처음 이 말을 보았을 때의 충격과 감동이 지금도 생생합니다. 그저 물결을 따라 흘러만 간다면 이미 죽은 물고기일 것입니다. 살아있다면, 살아있기를 원한다면, 물결을 거슬러 헤엄쳐야 할 것입니다. 시대정신을 거슬러 예수 정신을 실천하려는 저자와 그의 교회가 보여준 모습이 바로 이 물결을 거스르는 물고기를 닮았다고 느꼈습니다. 이 거스름을 계속 응원하고 싶습니다.

추천의 글

하나님의 뜻이 이루어지는 세상을 희망하기

홍보연 목사(맑은샘 교회)

성실하신 황창진 목사님께서 예레미야서에 이어 요한복음 묵상을 책으로 내셨습니다. 목회자의 주요한 일이 설교와 성서 연구이긴 하지만 그것을 책으로 엮어내는 것은 정성과 열정이 있어야 가능한 일입니다. 글을 읽는 내내 '모순되고 어긋난 세상을 바르게 하고자 하는' 저자의 영적인 열정과 간절함을 느낄 수 있었습니다. 실제로 목사님은 글이나 말만이 아닌 그 실천을 하고 계심을 알기에 그 간절함이 더 크게 다가옵니다.

요한복음을 '예수의 시대정신의 저항'이라는 일관된 주제로 읽어내신 것이 참 귀합니다. 참으로 적절한 주제이지만 우리가 제자로서 온전히 본받고 따르기는 쉽지 않음을 압니다. 우리 스스로도 시대정신에 갇혀서 자기 비움이 어려운 까닭이지요.

시대정신에 저항했던 예수는 결국 시대정신을 더욱 공고히 하려는 이들에 의해 죽음을 당합니다. '예수의 죽음은 시대를 고발하고 드러내는 장치'이기도 하고, 세상을 이기는 힘이요, 부활과 희망임을 알고 고백하지만 우리는 여전히 시대의 힘 앞에서 회피하며 베드로처럼 예수를 부인하기도 합니다.

예수의 시대와 우리 시대는 별반 다르지 않은 것 같습니다. 교회마저도 경쟁과 비교, 속도와 효율을 중요시합니다. 따라오지 못하면 도태되고 따라오면 눌러버립니다. 배타적이고 독선적이며 철저히 자기중심적입니다. 꽉 막혀 굳어져 있습니다. 말 그대로 죽임의 세대입니다. 우리가 자기중심적 에고에 머물러 있는 한, 이 시대정신에 맞서는 것은 사실상 불가능합니다.

그렇기에 이 주제를 1년간 교우들과 함께 읽고 생각을 나누었다는 것에 경탄합니다. 산돌 신앙공동체의 영적 성숙의 정도가 가늠이 됩니다. 글에서 계속 강조되었듯 사유하고 성찰하는 힘을 갖춘 공동체라 여겨집니다. 생각하고 성찰하는 힘은 우리가 자기중심적 에고에 머물러 있는지, 하나님의 현존에 머물러 있는지를 분별하게 하고 현존에 마음을 열게 합니다.

저자의 글은, 의도한 듯도 한데, 기도니 믿음이니 하는 소위 '교회 용어'가 별로 없습니다. 오히려 인문학 혹은 사회학적인 용어로 풀어내고 있는데, 이것은 일반 교인들에게 다소 생소하거나 낯설게 받아들여지게 하려는 의도가 아닐까 싶습니다. 교회생활을 오래한 사람들은 복음서의 말씀이 너무 익숙하고 식상해서 살아있는 말씀으로 받아들이기 어려울 수 있는데, 저자의 문체는 오히려 "자기 언어에 갇힌 자폐적 신앙"을 가진 이들에게 새롭게 또는 자극적으로 다가가 읽는 이들로 하여금 멈추어 '생각'하고 '성찰'하도록 부추기는 작용을 하게 될 것 같습니다.

시대정신이 높고 견고한 성 같을지라도 절망하지 않습니다. “결국 세상은 하나님의 뜻이 이루어지는 세상을 만들 수 있는 구조로 변화해 나간다는 것이 시대정신을 성찰하는 이들의 희망이기 때문입니다.” 이 희망을 현실로 만들고자 하는 분들, 말씀 앞에서 “자기 존재와 삶의 양식을 끊임없이 의심하고” 성찰하여 변형되기를 바라는 분들에게 이 책이 도움이 되기를 바랍니다.

저자의 글

제가 몸담고 있는 산돌교회는 요한복음을 읽기 전에 예레미야를 읽었습니다. 예레미야를 읽어내는 일 년 이상의 시간은 그 치열한 예언자의 여정 때문에 이야기를 하는 사람이나 듣는 교우들이나 때로 힘들었다는 것이 솔직한 고백입니다. 그런 이유로 예레미야 다음으로 요한복음을 읽기로 마음을 정했을 때는 사랑의 하나님을 묵상하며 서로 간에 힘들었던 마음을 위로하고 싶었던 속내가 있었습니다. 그러나 요한복음에도 결국 기존의 망가진 시대정신과 그 시대정신을 비판적으로 성찰하며 대안을 제시하는 예수의 시선 사이에 엄청난 갈등과 다툼이 그려지고 있다는 것 때문에 예레미야 못지않은 치열함을 느끼며 고통스러운 순간을 받아내야 하기도 했습니다. 그러나 후반부에서 십자가에 달리신 예수를 묵상하면서는 십자가에 오르시는 예수의 그 치열함이 '남 잘되는 것을 기뻐하는 스승의 마음'으로 읽히며 안도의 한숨을 길게 내쉴 수 있는 신앙적 여백을 경험할 수 있는 것이 다행이었습니다. 물론 그 과정에서 우리의 마음속에 울리는 '자기 십자가를 지고 나를 따라와라'라는 주님의 세미하신 음성이 평생 풀어내야 하는 숙제로 다가오기는 했지만요.

이렇게 함께 믿음의 길을 걸어가는 우리 산돌교회 가족들과 가끔 이야기를 나눌라치면 두서없이 '훅' 하고 던지는 질문을 만나곤 합니다.

"목사님, 교회의 가르침은 어디까지 유효한가요?"

"교회의 강단에서 전해지는 이야기는 비판적으로 수용하면 안 되나요?"

이러한 식구들의 질문들은 현장 목회자로서 식구들에게 성서의 이야기를 전하는 입장에서는 대략 난감하기 짝이 없습니다. 교회가 얼마나 자기중심적인 성서 이야기를 해왔으면 내부로부터 이런 질문을 받는 지경이 되었는가 하는 성찰을 하게 하기 때문입니다. 그리고 어느 주일엔가 우리 교회 김경숙 집사께서 이렇게 기도하셨습니다.

> "우리의 마음을 흔들어 놓으며 세상의 이치에 통달했다고 떠벌이는 사회, 정치, 종교 지도자들이 우리의 마음을 지능적으로 도둑질하지 못하도록 깨어 있게 하옵소서."

예수께서는 이 세상을 장악하고 있는 기존의 질서가 예수의 제자들을 회당에서 쫓아낼 것이고 죽이기까지 하겠지만 그들은 자기들이 기반하고 있는 '죽임이라는 삶의 양식'이 하나님의 뜻이라고 굳게 믿고 살아갈 거라고 말씀하십니다.(요한16:1-2)

하기사 요즈음 교회 내부의 메커니즘mechanism은 그것을 그것이라고 하며 자신의 의사를 자유롭게 표현하는 데는 대단한 한계를 가지고 있는 것으로 보입니다. 지나치게 한쪽으로 기울어져 있어서 강한 의견을 가지고 있는 일부 힘깨나 쓰는 세력들의 입맛에 맞지 않으면 프레임을 씌우고 몰아붙이기 시작하는데 이런 상황에서는 합리적인 대화도, 서로의 의견에 귀를 기울이는 자비로움도 잘 보이지 않는 상황입니다. 예수님에게 적대감을 앞세우고 다가오는 종교 지도자들, 대제사장들과 바리새인들, 율법 학자들이 그런 사람입니다. 그들은 어떻게 하면 예수를 제거할 수 있을까를 모의하는 데만 골몰하고 있을 뿐 예수와 합리적인 논의의 자리를 마련하려는 의지를 보이지는 않고 있습니다.

요한복음을 읽으며 교우들과 생각을 나누는 데 있어서 관심을 가진 부분은 상이한 시대정신의 충돌이었습니다. 예수는 당시의 시대정신을 비판적으로 성찰하면서 대안적 시대정신을 제공하는 작업을 해 나갑니다. 그러나 자기를 십자가에 올리기까지 하며 제시하는 성찰적 대안은 기존의 질서와의 충돌을 피할 수 없게 합니다. 오래도록 지켜온 안식일에 관한 삶의 양식을 일거에 부정하고 새로운 기준을 제시하고 있으니 기존의 질서에 기대어 살아가는 사람들이 반색하며 받아들일 일은 없으니까요.

어떤 이들은 기존의 세력이 제공한 시대정신을 비판 없이 받아들이며 그 시대정신이 주는 달콤한 떡고물을 즐기는 모습을 보이고 있는 반면에 다른 한 편에서는 꾸준히 시대의 상황을 살펴보며 현재의 시대정신을 비판적으로 성찰하는 이들이 있습니다. 이들은 타당하지 않은 시대정신에 대하여 비판을 가하고 대안을 제시하며 보다 나은 세상을 가능하게 하는 정신에로의 방향 전환을 꾀하라는 주문을 지속적으로 해 나갑니다. 비록 기존의 세력이 제공하는 시대정신이 세상의 주류를 형성하고 있으면서 비판적 제안을 받아들이지 않고 자신들의 기조를 지키기 위하여 각종 힘과 권력을 동원하기도 하지만, 결국 세상은 하나님의 뜻이 이루어지는 세상을 만들 수 있는 구조로 변화해 나간다는 것이 시대정신을 성찰하는 이들의 희망이기 때문입니다. 그러나 이 희망이 현실이 되려면 오늘날에도 끊임없이 예수를 따르는 이들이 나타나서 자기를 십자가에 올리는 작업을 해 나가야 하겠지만 그러한 상황을 기대하는 일조차도 만만하지 않은 것이 안타까움입니다. 오늘의 교회는 자기들이 받아낼 수 있는 범주 이외의 질문을 허용하지 않을 것이고 그러한 분위기에도 불구하고 용기 있게 폭넓은 질문을 이어가며 외로움과 소외를 자처하는 사람을 찾아보기도 그리 쉽지는 않을 듯하니까요.

그러나 지난 시간으로부터 차분하게 역사가 발전해 왔다면 그것은 꾸준히 등장하는 예언자들이 자신들이 속한 사회와 공동체가 당연하게 여기는 것들에 대하여 꾸준히 질문하며 고단함을 무릅쓰고 이를 극복하려는 작업을 묵묵히 해 나갔기 때문일 겁니다.

이 책은 목회 현장의 평범한 목회자가 교회 공동체 식구들과 나눈 요한복음 이야기를 산문 형식을 빌려 편안하게 정리한 내용입니다. 그러므로 이 책을 읽는 독자들은 이 책을 통하여 요한복음에 관한 신학적인 내용을 기대하기보다는 일상 속에서 어떻게 우리의 삶의 자리를 성찰하며 그리스도인으로서 대안적인 삶을 살아갈 것인가에 관심을 가지고 읽었으면 하는 소박한 바램을 가지고 있습니다. 요한복음에 그려진 예수께서 시대정신을 비판적으로 성찰하면서 대안적 삶을 살아내고 있기 때문입니다. 더불어 산돌교회 가족들과 나눈 이야기이기 때문에 때로 반복되는 내용이 있음도 이해해주시기를 바랍니다. 이 반복은 의도적이기도 합니다.

요한복음 이야기를 나누기 위해서 각종 요한복음 주석서와 소논문을 꾸준히 읽었고, 동시에 여러 인문학 서적, 그리고 몇몇 문학작품을 읽고 참고했으며 성서는 새번역을 사용했음을 밝힙니다.

꾸준히 귀를 기울여 주는 산돌교회 교우들은 시대정신을 성찰하도록 동기를 부여해 주는 도반이니 한없는 감사와 존경의 마음을 보냅니다. 소소한 책을 위하여 추천의 글을 써주신 이진경 교수님은 교제를 이어오면서 보여주신 맑고 환한 웃음이 인상적인, 열린 마음을 가지고 계신 좋은 길벗입니다. 홍보연 목사님은 교회를 새롭게 해 나가는 작업에 발걸음을 함께하는 동역자로 깊은 신뢰를 보내드리는 분입니다. 추천의 글을 부탁할 때 마다하지 않으시고 수락해주시는 두 분의 모습은 어린아이 같은 아름다움이었습니다. 아비의 길을 지지하며 함께 연구자의 길을 걷고 있는 아들 원준의 축하의 글에 고마움을 보내고 글을 연재해 주신 '웨슬리안 타임즈'에도 감사드립니다.

십자가에 오르시는 예수님의 사랑과 은총이 모두에게 가득하기를 기도합니다.

2023년 11월

황창진

목차

당신은 누구요?

“에베소에서 살아가는 사람들도 진리를 알아야 하지 않겠니?”

“에베소 사람들은 유대인과는 전혀 다른 생각의 방식을 가지고 있는 사람들입니다. 그들은 믿음의 방식도 우리 유대인들하고는 너무 많이 다른데요…. 이 상황에서 저보고 어쩌라는 건지요?”

“그러니 내가 너에게 하라고 하는 것이 아니냐? 에베소 사람들이 사용하는 말로는 나를 설명할 수 없다는 것이냐? 내가 유대인들인 너희들의 언어에 갇혀 있다는 말이냐?”

그래도 사도 요한은 난감하기만 합니다. 유대인과 헤브라이즘, 에베소인과 헬레니즘은 생각의 좌표에서는 명확하게 좌표상의 차이를 가지고 있는, 그래서 다름이 명확하게 존재하는 각각의 삶의 자리입니다. 이 경계를 넘어서는 일이 숙제장처럼 펼쳐지는데 숙제를 해야 하는 일이 만만하지 않게 다가오니 말입니다.

“나는 말씀**logos**이다. 나는 그렇게 존재했고 이 로고스 또한 헬라인들만의 이야기가 아니니, 로고스가 ‘나’니, 로고스에 내가 있음을, 내 안에 로고스가 있음을 헬라인들에게 이야기할 수 있지 않겠니?”

사도 요한은 머리를 감싸 쥐고 궁리를 합니다. 그리고 펜을 들었습니다. 그렇게 요한은 이야기를 써 내려가기 시작합니다. 헬라 문화에 기반한 에베소 사람들, 그리고 기승을 부리고 있는 영지주의와 가현설의 도전에 직면한 상황을 염두에 두면서 요한은 한 줄 한 줄 이야기를 풀어내기 시작합니다. 그렇게 이야기를 써 내려가는 요한의 머리 위로 한 줄기 빛이 반짝거리며 밝게 지나갑니다. '그래요, 내가 헬라인을 위하여 이야기를 풀어내 보겠습니다. 자기의 선생이 이 땅에 왔는데도 맞이하지 않는 답답한 사람들을 위해서, 자기의 언어에 갇혀서 살아가는 사람들을 위해서 성심껏 이야기를 정리해보도록 하겠습니다. 당신은 언어에 갇혀 있는 분이 아니니….' 중얼거리는 요한의 진중한 얼굴에 조금씩 옅은 미소가 번지기 시작합니다.

"광야에 희한한 녀석이 하나 나타났답니다. 그 녀석이 난폭한 말을 하며 우리를 헐뜯고 사람들을 선동한답니다."

"어떤 녀석인데요?"

"뭐, 광야에서 꿀을 따먹고 가죽옷을 입고 다닌다는데, 자기에게 오는 우리 동족들에게 '독사의 새끼'라고 욕을 해댄답니다."

레위 지파 사람들과 제사장들은 이렇게 문득 나타난 자에게 사람들을 보내기로 했습니다.

"도대체 뭐 하는 녀석인지 잘 알아보고 오시오. 우리에게 험한 말로 패악질을 해대는 녀석이니 꼬투리를 잡아 오도록 하시오."

이렇게 해서 문득 나타난 자를 찾아 광야를 돌아다닌 사람들은 결국 세례자 요한을 만났습니다. 그리고 한마디로 물었죠.

"당신은 누구요?"

글쎄요, 만나자마자 앞뒤 없이 '당신은 누구냐' 하고 물어오니 당황스러울 수 있습니다. 질문은 사람의 내면의 구조를 살펴보는 척도가 될 수 있습니다. '당신은 누구요'라는 말에 담긴 호흡, 문장의 여백에 담겨 있는 느낌 등의 질감은 질문하는 사람의 의도를 읽어내기에 충분합니다. 그리고 질문과 그에 대한 대답은 질문자의 의도에 따라서는 사람을 옭아매는 올가미도 될 수 있는 노릇입니다. 요한은 그렇게 물어오는 사람들의 속내를 눈치챘을 겁니다. 뭔가 자기만의 의도를 가지고 다가오는 사람들은 자기들의 눈빛 때문에도 그 속내를 쉽게 읽히곤 하니까요. 요한이 그들의 눈을 바라보면서 한마디 말을 '툭' 하고 던집니다.

"나는 그리스도가 아니오."

그렇지만 의도를 가지고 온 이 제사장의 사절단은 거침없이 다시 물어봅니다.

"그럼 당신이 엘리야요? 당신이 예언자냐고요? 도대체 당신은 누구요?"

이렇게 반복적으로 물어오는 집요함은 때로 사람들을 난감하게 합니다. 자기들이 규정한 내용을 앞세우고 긍정과 부정을 반복적으로 해 나가면서 원하는 대답을 요구하는 사람들은 세례자 요한의 곤란해하는 얼굴을 즐거워하는지도 모르겠습니다. 그렇지만 요한은 다그치는 집요함 앞에서도 자비로운 바다처럼 차분하기만 합니다. 너그럽게 자리를 잡고 있는 바다에 온갖 오물이 흘러들어온다 한들 그 바다가 쉽게 오염될 일이 없습니다. 오히려 바다는 흘러들어오는 물을 맞이하며 차분하게 자신의 따듯한 품으로 그 오물들을 받아내고 맑고 정결한 자신의 일부로 잘 정화시켜 내고 있는 거니까요. 물론 그 과정에는 자비로운 삶을 위하여 치열하게 살아가는 바다의 결기가 한 몫을 하기도 할 겁니다. 차분히 그들의 다그침을 받아낸 요한은 한마디 합니다.

"나는 광야에서 외치는 이의 소리요."

"???"

기대했던 대답을 하지 않고 질문자들에게 엉뚱한 소리로 답하고 있는 요한은 질문하고 있는 이들을 혼란스럽게 합니다. 그렇지만 사실은 요한이 그들을 혼란스럽게 하는 것이 아니고 그들이 스스로를 혼돈의 지경으로 몰고 들어갔다고 해야 할 겁니다.

진리를 말하는 요한은 자기 자신을 '이것을 이것'이라고 말할 수 있는 최적화된 모습으로 가꾸어 내고 있을 뿐입니다. 그러나 '흰색을 흰색'이라고 말해서는 자신의 이익에 도움이 되지 않는다고 판단을 하는 사람들이 흰색을 옅은 미색이라고, 또는 가벼운 회색빛이 난다며 살짝 비틀어버리는 일을 합니다. 이렇게 살아가는 사람들에게 '이것을 이것'이라고 대답하는 요한의 대답은 난감할 수 있습니다.

진리가 누군가에게 입력이 되어 그 사람의 내면을 통과하는데 조금이라도 왜곡된 모습으로 출력이 된다면 그러한 생활 규칙에 기반한 사람은 진리를 전하는 전달자가 될 수 없습니다. 진리를 받아서 진리 그 자체로, 아니 더욱 선명한 진리를 출력할 수 있는 울림통이어야 진정한 의미의 '진리 전달자'가 되는 거니까요.

그렇지만 하고 싶은 말을 거침없이 하면서 자신의 주관적인 의지를 세계에 투사시키는 것이 '잘 살아가는 것'이라고 믿고 있는 이들에게 자신을 소리가 나게 하는 울림통이라고, 진리의 도구라고 소개하는 요한의 이야기가 받아들여지기는 쉽지 않은 일입니다.

요한은 자기 뒤에 오시는 분을 말하고 있지만 지금 요한을 탐색하는 이들에게 요한의 뒤에 온다는 사람은 관심사가 아닙니다. 그저 요한에게 질문하는 사람들은 망가진 시대정신에 순응하는 행위를 하고 있을 뿐입니다. 자신이 하나님의 형상을 잃어버린 채로 살아간다는 것을 인지하지 못한 채로 그저 시대정신의 포로인 채로 열심히 살아가고 있는 거죠.

그리스도인이 합리적인 신앙생활을 하기 위하여 인문학적 소양에 관심을 가진다는 것에는 잃어버린 하나님의 형상을 회복해야 하는 과제가 주어졌다는 의미가 담겨 있음을 기억할 필요가 있습니다. 사실 인간이 에덴동산에서 살아갈 때에는 가릴 것도 없고 숨길 것도 없는, 부끄러움이 없는 삶을 살아가는 맑은 세상이었습니다. 그러다가 하나님과 아담은 이런 대화를 해야 하는 지경에 이르게 되었죠.

> "네가 어디 있느냐?"
> "저는 벗은 몸인 것이 두려워서 숨었습니다."
> "자기를 드러내는 일이 부끄럽다고? 자기가 살아가는 모습을 다 보여주면 안 된다고? 내가 너더러 먹지 말라고 한 그 나무의 열매를 네가 먹었느냐?"
> "그 여자가 나무의 열매를 저에게 주기에 제가 그것을 먹었습니다."
> **창3:9-12**

순결함을 기반으로 살아가야 하는 인간이 하나님으로부터 떨어져 나간 이후로는 정결함으로부터 소외된 채로 부끄러운 자신의 치부를 숨겨가면서 살아가야 하는 난감한 처지가 된 것입니다. 그러니 그렇게 망가진 세상에서 이것을 이것이라 하며 진리를 말하는 세례자 요한이 세상을 향하여 독설을 퍼붓는 것은 어쩌면 당연한 일입니다. 그리고 당시의 시대정신은 요한의 독설에 '빠지직' 직격탄을 맞는 기분이었을 거고요.

> "요한은 많은 바리새파 사람들과 사두개파 사람들이 세례를 받으러 오는 것을 보고 그들에게 말하였다. '독사의 자식들아, 누가 너희에게 닥쳐올 징벌을 피하라고 일러주더냐? 회개에 알맞은 열매를 맺어라.' ... 그리고 너희는 속으로 주제넘게 '아브라함이 우리 조상이다' 하고 말할 생각을 하지 말아라." **마태3:7-9**

이렇게 살아가는 요한이 '당신은 누구요?' 하는 질문에 '나는 광야에서 외치는 이의 소리'라고 대답했다는 사실은 듣는 이의 마음을 두근거리게 합니다. 요한은 자기를 내세우는 것이 일상인 세상에서 자기보다는 진리를 앞세우는 삶을 살아가고 있으니까요. 요한의 내면에는 자신의 아상我相이 없습니다. 아마도 세례요한은 자신의 내면을 살피는 일을 꾸준히 하면서 자신의 삿됨을 털어내고 정결한 마음밭을 꾸준히 일구었을 겁니다. 그러니 자신에게 들어오는 소리를 원래의 음색 그대로 세상에 내놓을 수 있는 편견이 없는 맑은 마음을 가지고 있는 겁니다.

요한은 "당신은 누구요" 하는 질문에 "나는 소리요"라고 대답하며 자신의 오만함과 자기중심성을 빼고 진리를 소개하는 맑고 맑은 모습을 보이고 있습니다.

가나의 잔칫집 물항아리 말입니다

"어떻게 해야 하나?"

광야의 한가운데 주저앉아 있는 예수는 고민이 많습니다.

갈릴리에서 살아가던 자신의 유년 시절을 돌이켜보니 배가 고프게 살아가면서, 하루하루 일을 하지 않으면 먹을거리를 얻지 못하는 당시 이웃들의 모습이 떠오릅니다. 사람들 앞에서 큰소리를 지르고 있는 종교 지도자들은 안식일을 지켜야 한다고, 그리고 각종 제사를 드리면서 제물을 바쳐야 한다고, 정직하고 공의롭게 살아가야 한다고 분위기를 잡아가면서 잘 먹고 잘살아가는데 정작 하루하루를 힘겹게 일하면서 살아가는 갈릴리 사람들은 그 고단함에서 벗어나지를 못하고 있었으니까요. 성전의 고위직에 오른 사람들은 기름진 얼굴을 하고 백성들을 위한다는 명분하에 주어진 권력을 휘두르며 살아가는데 백성들의 삶은 여전히 힘에 겹기만 합니다.

그렇게 유년의 기억을 떠올리며 고민을 이어가는 예수의 귓가에 울려오는 소리는 '돌로 떡을 만들어, 돌로 떡을 만들어...' 하면서 페이드아웃 fade out이 되기를 여러 차례입니다. '뛰어내려, 안 죽는다니까? 그러면 사람들이 너에게로 엄청 몰려올 거야' 하는 소리와 '한 번만 머리를 숙이면 세상이 다 네 것이 될 건데…' 하는 소리는 거절하기 힘든 울림으로 내부의 욕망을 흔들어 댑니다.

'그래, 돌로 떡을 만들면 밑천을 들이지 않고 엄청난 이윤을 남길 수 있는 거야. 그리고 나서 사람들에게 넉넉하게 나누어주면 되지 뭐….'

마음속에서 울려나는 이러한 소리는 손쉽게 살아가면서도 사람들을 행복하게 할 수 있는 길이라는 생각이 문득문득 떠오르게 합니다.

'그래, 그렇게 열심히 살아가다가 여유가 생기면 머리에 기름도 좀 바르고, 하얀 양복 쫙 빼입고, 하얀 백구두 신고, 그리고 사람들 앞에서 노련한 화술로 이야기하는, 단순한 진리를 공유하기만 하는 그 방법이 어쩌면 더 쉬울지도 몰라.'

그렇지만 자꾸 마음 한쪽에서는 '그건 길이 아닌 것 같아, 그건 맘몬의 유혹에 넘어가는 거야' 하는 생각이 일어나기도 합니다. 예수는 차분히 광야를 걸으면서, 때로는 바위 끝에 앉아 꾸준히 생각하면서 고민을 이어갑니다. 문득 자신에게 세례를 준 세례자 요한이 자신에게 몰려오는 바리새인과 사두개인들을 향해서 소리를 질러대던 이야기도 강한 울림으로 마음속에 떠오릅니다.

> "이 뱀의 새끼들아, 아브라함의 자손이라고 하면서, 자기들이 가지고 있는 힘을 백성들을 위한다는 미명 아래 자기들의 뱃속이나 챙기는 데 써먹는 썩을 놈들아, 내가 너희들을 도끼로 찍어 버릴 거야."
>
> **마태3:7-10 참조**

사십여 일을 식음을 전폐하고 기도하고 있는 예수는 기력이 없습니다.

가끔씩 마른 입술을 축이며 웅얼거리는 예수에게 문득 마음이 정결해지는 경험이 밀려옵니다.

'주님이 내 안에 내가 주님 안에'

'그래, 내가 네 안에, 네가 내 안에, 그러니 나를 문자에, 종교 이데올로기에, 형식에 얽어매지는 말아라. 내가 네 안에 있는 날, 네가 내 안에 있는 날이 오면 문자도, 종교 이데올로기도 형식도 모두 버릴 수 있게 될 것이니….'

예수는 세상을 생각하며 입술을 움직여 웅얼거리기 시작합니다.

"그렇군요, 빵만 먹으면서 살아가면 그건 돼지 수준이군요. 모두가 그렇게 살아간다고 나도 그렇게 살아갈 수는 없는 노릇이군요. 빵을 먹고 나서는 진리를 묵상하고 기존의 생활 중에 망가진 것을 극복하는 삶을 살아가야 하는 거군요…."

예수는 광야에서 잘도 무르익어갑니다. 화려한 도시를 벗어나서 척박하고 메마른 광야로 나왔지만, 그곳에서는 도시의 화려한 소음에 묻혀서 잘 들리지 않던 하늘의 소리를 들을 수 있습니다. 예수는 자신의 무르익어가는 내면을 기대하면서 광야로 나온 걸 겁니다. 그리고 예수는 그 광야에서 하나님에게 뿌리를 내리기 시작합니다. 이제 그는 소란한 도시에서도 하늘의 뜻을 들어내며 살아갈 수 있는 존재가 되었습니다.

유대인인 요셉의 아들로 태어나서 유대인으로 성장하면서, 유대 방식의 교육을 받고 그렇게 성장한 예수는 하마터면 시대정신의 아들로 살아갈 뻔했습니다. 그렇지만 광야에서의 경험은 시대정신을 통찰적으로 바라볼 수 있는 안목을 획득하게 한 것이죠. 그렇게 획득한 안목은 습관적으로 살아온 생활의 양식을 비판적 성찰의 눈으로 바라보게 합니다.

대부분의 사람들은 다른 이들이 살아가는 삶의 모습을 보면서 그것을 받아들이고, 그리고 어제 살아온 생활을 따라서 오늘을 살아가려 하는 모습을 보이곤 합니다. 그러나 그런 삶을 꾸준히 이어 살아서는 자기만의 고유한 삶을 살아가는 지경에 이르기는 어렵습니다. 아침에 눈을 뜨는 것이 당연하고 하루에 세끼의 밥을 먹는 것도 당연하며 가족들과 함께 일상을 살아가는 일도 감사할 만한 일이 아닌 당연한 하루의 일과로 받아들이게 됩니다.

그러니 지금 예수는 광야에서 반복된 삶을 통해서 습득한 습관적인 삶을 털어내는 작업을 하고 있는 겁니다. 돈으로 살아가는 삶, 권력으로 살아가는 삶, 그리고 드높은 평판과 카리스마로 살아가는 삶에 대한 성찰을 통해서 자신이 딛고 살아왔던 삶의 중심으로부터 빠져나오는 작업을 하고 있습니다. 이러한 작업을 중심이탈de-centering이라고 한다네요.(마커스 보그, 『놀라움과 경외의 나날들』 중에서) 감격이 없고 당연하다는 듯이 살아가는 삶은 세상을 바르게 볼 수도, 바르게 만들어 갈 수도 없습니다.

광야에 있는 예수는 이렇게 자신의 가치관을 재조정re-centering하는 작업을 차분하게 잘도 해냈습니다. 이제 예수는 광야에서의 힘에 겨운 수련을 통해서 생명을 따듯하게 품어내는 생명의 둥지가 되어 하나님의 재창조re-creation를 가능하게 하는 삶을 살아갈 수 있게 된 겁니다.

예수는 결혼식에 초대를 받았습니다. 예수의 어머니도 거기에 있었고 예수도 자신의 제자들과 함께 참여하고 있으니 그 결혼식을 치르는 가정은 매우 친밀한 친척, 또는 환대에 익숙한 이웃이었을 겁니다.

그런데 잔치가 진행되면서 한 가지 문제가 발생했습니다. 포도주가 떨어진 것입니다. 몇 날 동안 진행되는 잔치 일정에서 포도주가 떨어진 것은 결혼 축제를 진행해나가는 사람의 입장에서는 난처한 일입니다. 이를 외면할 수 없는 예수의 어머니 마리아는 아들에게 이야기할 수밖에 없습니다.

그렇게 본의 아니게 잔치의 과정에 개입하게 된 예수의 눈에 들어온 것은 그 집의 마당에 놓여 있는 정결예식을 위한 물항아리였습니다. 만일 예수가 당시의 다수를 점하고 있는 시대정신의 아들로 그 잔치에 참여하고 있었으면 보이지 않았을 수도 있는 물항아리가 예수의 눈에 들어오면서 잔치의 흥을 가라앉게 하는 요인은 포도주의 결핍과 더불어 유대인의 정결을 보장해 준다는 그 물항아리였다는 것이 드러나게 됩니다.

유대인들은 전통적으로 성전에 들어가거나 예식에 참여할 때 손을 씻음으로 자신의 정결을 확인하는 관습을 가지고 있었습니다. 그러나 문제는 이러한 정결에 관한 관습이 자신들의 '의'가 되어서 정결예식이라는 문화를 가지고 있지 않은 이방인과 혹은 결혼 예식에 참여하면서 물항아리에서 손을 씻지 않은 이웃을 손쉽게 불결하다고 손가락질하며 자신과 상대방을 격리하고 차별하게 하는 종교적 독선으로 작동한다는 것입니다. 그러니 딱딱하게 굳어버린 시대정신의 가치를 극복하고 내면의 영점조정을 마친 예수의 눈에는 결혼식장 입구에 굳건하게 자리하고 있는 이 항아리가 결혼식의 흥을 반감시키고 진솔한 어울림을 불가능하게 하는 요인으로 작용하고 있는 것이 보이니 예수는 이 항아리의 기능을 친밀한 항아리, 환대의 항아리로 전환시키고 있습니다.

"그럼, 이 항아리에 물을 가득 채우세요. 그리고 떠서 이 잔칫집 주인에게 가져다주세요" **요한2:7-8 참조**

포도주의 결핍과 함께 우리의 삶을 불편하게 하는 것은 '자기 의義'입니다. 나는 정결 예식을 따라 손을 씻었고 너는 그렇게 하지 않았으니 나는 정결하고 너는 부정하다는 이야기를 손쉽게 하는 '자기 의'에 기반한 생활 태도는 더불어 살아가는 사람들을 불편하게 합니다. 그리고 공동체로 존재함의 탄탄함을 허물어지게 합니다.

예수는 광야에서 치열하게 고민하면서 이 문제를 해결해냅니다. 이렇게 고민하며 꾸준한 자기 돌이킴에 열중하는 사람의 눈에는 정결 예식을 위한 물항아리가 보입니다. 그리고 그 항아리의 기능을 제한된 이들을 위한 정결 항아리가 아닌 모두를 흥겹게 하기 위한 친밀과 환대의 포도주 항아리로 바꾸어 내는 일을 하게 합니다.

예수의 광야에서의 재조정**re-centering** 작업을 통한 재창조**re-creation** 작업에로의 진입이 순결한 삶의 자리를 위협하는 돌항아리의 역기능을 읽어내고 말았습니다.

생각하면서 살아가야죠

"젠장~ 정말이지 못살겠어요. 그 예루살렘 성전 마당의 검시관 말이에요."

"왜요?"

"내가 동네 시장에서요, 성전에서 제사를 드릴 때 필요한 제물로 비둘기를 한 마리 샀잖아요? 그런데 그 비둘기가 제물로 적합한지를 봐주는 성전검시관이 불합격 판정을 내리는 거예요. 내가 볼 때는 아무 흠도 없는 깔끔한 비둘기였거든요."

"그래서 어떻게 했는데요?"

"그 검시관이 성전매장에서 제물을 사라고 해서 가봤는데… 제기랄~ 품질이 시장의 좋은 것들보다 떨어져요… 제물의 규격에 안 맞더라고요. 그래도 억지로 샀는데요, 그리고 검시관에게 보여주면서 성전매장에서 샀다고 하니 그냥 통과시켜 주는 거예요."

"얼마 주고 샀는데요?"

"시장에서 정말 좋은 녀석을 50세겔에 샀는데요, 성전매장에서는 750세겔에 샀어요. 물건은 시장보다 나쁜데 말이죠…."

"아~ 그 성전 안에 있는 안나스의 매장에서 샀죠? 그게 다 그렇고 그런 연결고리들이 있는 거잖아요. 장사꾼들하고 성전지도자들하고 끼리끼리 말이죠…. 돈 없고 힘없는 우리들만 죽어나는 거죠, 뭐…."

그렇지만 그 시절을 살아가는 사람들은 이러한 말도 안 되는 불합리한 구조에 저항하며 기득권의 카르텔을 형성하고 있는 이들에게 말할 용기를 가지고 있지 못합니다. 말을 한다고 하더라도 그 말을 알아듣거나 받아들일 지도자들도 아니고요. 그저 억울하고 속이 상하지만 하나님에게 예배를 드려야 하는 당위 때문에 속 쓰린 마음을 부여잡고 엄청난 비용을 지불하면서 예루살렘 성전을 드나들고 있을 뿐입니다.

그리고 이런 방식의 성전 이해 구조 속에서 살아가는 사람들은 자기들이 누리는 이익이 너무도 엄청나니 이러한 성전 구조에서 벗어나고 싶은 생각은 전혀 없습니다. 오히려 이러한 구조를 강화하는 작업을 하면서 대대로 화려한 삶을 살아가려는 속내를 가지고 살아가고 있을 뿐입니다. 이들에게 가난한 사람들의 고단한 삶은 고려의 대상이 아닙니다. 권력을 가지고 살아가는 사람들에게 평범한 백성들은 자기들의 부를 창출하는 도구로 보일 뿐입니다.

그러니 살아가는 일이 참으로 딱하게 되었습니다.

공의에 기반한 신앙공동체라면 이웃을 힘들게 하고 불편하게 하는 구조와 기득권 계층을 찾아내서 구조를 바꾸어 내고 왜곡된 생각의 자녀로 살아가는 사람들의 생각을 온전하게 해 나가는 역할을 해야 하는데요, 당시의 유대교는 딱딱하게 굳어버린 종교 집단으로 전락했으니 자기 배 속을 채우는 것은 잘하는데 자신의 몸에 고난을 채우며 세상의 구조를 바르게 고쳐나가는 본래의 기능은 잘 해내지 못하고 있습니다.

성전의 지도자들은 자기들의 입장에 만족하고 있는 건데요. 백성들은 검시관이 제물의 적합성을 보아주는 시스템으로 인해서 하나님에게 정결한 제물을 바칠 수 있다는 것, 그리고 매장의 상인들은 성전 바깥의 시장

보다 조금 비싼 가격에 재화를 제공하고 있지만, 그것은 성전의 제물 검열 시스템에 의지해서 보다 정결한 제물로 인한 완성도 높은 예배를 드리기 위함이라는 자기들만의 구조를 정당화하면서 살아가는 겁니다. 그렇지만 성전 권력에 빌붙어서 살아가는 이들이 꾸준히 망가뜨리는 것이 있습니다. 그것은 보편타당하게 지켜지고 일상에서 적용되어야 하는 하나님의 공의로움과 이에 기반한 상식적인 시장 질서입니다. 이러한 가치들은 기득권 카르텔에 의하여 회복 불능의 지경으로 떨어지고 있는 겁니다. 중세 시대에 면죄부를 사는 백성들은 자신들의 친지들과 이웃들의 영혼을 구원한다는 명목에 충실하면서 면죄부를 구입했습니다. 그러나 면죄부를 파는 사람들은 그러한 일반 백성들의 기대에 기대서 베드로 성당의 건축자금을 마련한다며 교회의 부를 축적하는 데 더욱 관심이 많았다는 것 아닌가요?

그러니 당시의 성전 질서를 가지고는 이 세상을 하나님이 기뻐하시는 방향으로 선도해 나가기는 어려운 노릇입니다. 딱딱하게 굳어버린 것은 제 기능을 하기가 어려운 법이죠.

예루살렘 성전에 들어가신 예수는 눈을 질끈 감았습니다. 도대체 보아줄 만한 성전 안의 시장 풍경이 아닙니다. 먹고살기 힘든 백성들이 하루 먹을 양식을 마련하기 위하여 앉아 있는 저잣거리의 좌판과는 전혀 딴판인, 기름기가 질편하게 흐르는 얼굴의 장사꾼들과 거만하게 배짱을 튀기며 앉아 있는 성전 매점의 배후들로서의 종교 지도자들은 당시 성전의 구조를 한눈에 알아보게 하고도 남음이 있으니까요. 아마도 하루 벌어서 하루를 먹고 사는 가난한 사람들이 펼쳐놓은 치열한 생활의 자리였다면 예수께서 그렇게도 격렬한 분노를 보이지는 않았을 겁니다. 그렇지만 이건 왜곡된 성전 이데올로기 아래에서 벌어지는 구조적인 착취와 불법의 현장이니 삼십 대 초반의 젊은 예수는 피가 거꾸로 돌면서 '핑~' 하는 느낌을 받기에 충분한 광경입니다.

인간은 성찰적 사고를 하는 존재입니다. 그렇기 때문에 인간은 질문을 하면서 살아갑니다. 그러나 때로 사람들은 생각하기를 멈추기도 합니다. 폭넓은 생각을 통해서 지금까지 살아온 삶의 양식을 돌아보고 보다 나은 삶의 양식을 받아들여야 하는 상황에 직면하게 되면 이전의 생활방식에서 가능했던 자기 욕망의 실현이 불가능해지니, 향상이 있는 삶으로 나가기 위한 생각의 시간을 허용하지 않기 때문입니다.

아담과 하와는 에덴동산에서 부족함이 없는 삶을 살아가고 있었습니다. 부끄러움이 없으니 자기를 숨길 일이 없는 그런 이상적인 삶이 가능한 삶의 자리였던 것이죠. 그러나 문제는 뱀의 유혹이었습니다. '하나님처럼 된다'는 뱀의 달콤한 유혹은 인간의 내면에서 웅크리고 있던 욕망이 머리를 들게 한 겁니다. 이 대목에서 아담과 하와가 차분하게, 그리고 진지하게 하나님의 말씀을 숙고했더라면 아마도 선악과를 따 먹지는 않았을 겁니다. 그렇지만 아담과 하와는 '하나님처럼 되고 싶은' 자신의 욕망을 실현하기 위하여 생각의 시간을 생략해버리는 어리석은 사람이 되고 말았습니다. 이제 그들은 자신을 적절하게 가리고 숨기며 살아가는 삶을 선택함으로써 창조의 질서에서 밀려난 존재가 된 겁니다. 그렇지만 오늘도 아담과 하와의 욕망 어린 삶을 이어서 살아가는 사람들은 자신들의 삶을 '있는 그대로 보여 줄 수 있는 삶'을 회복하기 위해서 '어리석은 삶'을 극복해내며 생각하는 삶, 질문하는 삶으로 진입하지는 않을 겁니다. 왜냐하면 어리석은 사람으로 살아가면서 누리고 있는 것들은 상당히 매력적이거든요.

예수는 이미 백성들의 입을 통해서 회자되고 있는 악명을 떨치고 있는 성전의 질서에 대하여 꾸준히 질문을 던지고 있었을 겁니다. '하나님, 저런 식으로 꾸려지는 성전이 맞는 건가요? 저렇게 폭리를 취하는 것은 정당한 건가요? 종교 지도자들이 백성들에게 자기들의 생각(이념)을 주입하면서 자기들의 배를 불리는 것이 타당한 건 아니잖아요?' 이런 질문은 예수의 가슴에 분노가 치밀어 오르게 합니다.

그리고 예수는 성전 권력이 휘두르는 성전 폭력에 용감하게 맞서기로 합니다. 백성들은 힘이 없고, 일단의 사람들은 성전 권력과 이리저리 얽혀 있는 이해관계로 인한 수동적 입장이라는 것 때문에 한 마디 소리도 내지 못하고 속앓이를 해야 하는 상황이었다면 예수는 기존의 성전의 권력자들과는 주고받은 것이 없습니다. 그러니 소신껏 이야기하기로 마음을 먹은 것이죠. 이미 예수는 광야의 기도를 통해서 돌로 빵을 만드는 식의 삶은 극복한 사람입니다.

"썩을 놈들, 해 먹어도 정도껏 해 먹어야지, 어떻게 시장가의 15배를 해 먹는단 말이냐? 그러니 다 집어치워야 해, 백성들에게 자유와 평화를 주어야 할 성전이 오히려 탄식과 신음을 만들어 내는 기능을 하고 있으니 이런 성전은 무너져야 하는 거야. 성전이 자기 기능을 하지 못하도록 하고 있는 네놈들, 다 나가~~, 그리고 이런 성전은 허물어야 해. 내가 삼일 안에 다시 세울 테니까. 이 성전에서 다 나가라구~" **요한2:19절 참조**

성전에서 오래도록 매점을 운영하면서 살아온 사람들은 난감합니다. 그들은 하던 대로 한 것뿐입니다. 아무리 시장에서 50세겔 하는 비둘기라도 언제부터 성전 매장에서 750세겔에 팔아왔던 비둘기인데요? 아무리 비싸다 하더라도 매장 임대료랑 직원들 월급이랑, 지출되는 규모가 시장의 좌판과는 상대가 안 되는데, 그리고 성전 매장의 제품은 정결도를 측정하는 성전의 제물 검열 시스템을 통과한 제품들이니 예배를 더욱 정결하게 하는데 도움이 되는 건데, 그걸 이해하지 못하고 성전에 와서 난동을 부리는 예수가 이해가 되지 않는 겁니다.

더군다나 수십 년에 걸쳐 지어져 엄청난 위용을 자랑하는 성전을 무너뜨리라고 선동을 해대더니 이제는 자기가 삼일 만에 다시 세우겠다는 헛소리를 하고 있으니 성전의 권력자들은 속이 많이 상합니다. 그러니 그들은 악다구니를 질러댑니다.

> "대제사장들과 율법 학자들과 백성의 우두머리들이 예수를 없애려고 꾀하고 있었으나…" **누가19:47**

성전 권력의 축을 이루고 있는 대제사장들은, 그리고 막강한 커넥션을 이루고 있는 성전 매점의 힘센 장사꾼들은 정말로 예수를 죽일 수 있을까요? 그렇게 하면 이 세상에서 자기들을 귀찮게 하는 '하나님의 진리와 공의'를 사라지게 할 수 있다고 믿고 있는 걸까요?

이런, 말을 헤아리지 못하는군요

니고데모는 살아가는 데 부족함이 없습니다. 그는 율법 선생이었고 산헤드린 의회와 법정에서도 나름 높은 위치를 차지하고 있는 사람입니다. 그렇지만 니고데모는 내면의 혼란스러움을 가지고 있습니다. 율법 교사로서 지켜야 하는 율법을 잘도 지키면서 살아가고 있지만 발걸음은 개운하지 않고 마음속에는 뭔가가 걸려 있는 듯한 이물감을 느끼면서 살아가고 있으니까요.

최근 몇 날 동안 동네가 시끌벅적합니다.

"무슨 일인가요? 몇 날 동안 시끌벅적하니 말입니다"

"예, 예수라는 청년이 동네에 들어왔는데요, 가나에서도 포도주를 만들었다 하고요, 뭔가 심상치 않은 일을 하는데 사람들이 그의 이야기에 귀 기울이며 따라다니고 있습니다."

"따라다닌다고요?"

"예, 따라다닐 뿐 아니라 신뢰하기까지 한답니다."

음…

니고데모는 생각에 잠깁니다. '사람들이 근본도 모르는 젊은 청년을 따

라다닌다고…? 신뢰한다고? 뭘 하길래 그러는 거지? 군중들이란… 쯧쯧…'
그러면서도 니고데모는 헛헛한 눈길을 창밖으로 보내고 있습니다. 골똘히 뭔가를 응시하는 니고데모는 고개를 끄덕이기도 합니다.

니고데모는 젊은 청년을 만나서 차분하게 이야기를 건넵니다.

"랍비님, 우리는 선생께서 하나님에게서 온 분이라는 것을 인정합니다."

"그러신가요? 고맙습니다. 그렇지만 하나님의 나라를 보시려면 다시 태어나야 한다는 것을 기억해야 할 겁니다."

"(으응~?) 다시 태어나야 한다고요? 어떻게요? 다 늙어서 어떻게 어미 뱃속에 들어갔다가 나올 수 있다는 말인가요?"

"하아~~ 당신은 이스라엘의 선생**great teacher**이시라면서 이런 말을 헤아리지 못하십니까?"

참 어려운 대목입니다.

때로 사람들은 대화를 나누면서도 소통이 되지 않아 어려워하는 때가 있습니다. 각기 다른 언어로 대화를 하는 것도 아닌데, 같은 말로 대화를 하고 있음에도 불구하고 서로 다른 이야기를 하니 답답하기 일쑤입니다. 그렇게 같은 언어로 대화를 함에도 소통이 어려운 것은 대화의 주제를 바라보는 시선의 엇갈림과 대화의 기술 중 화자話者의 이야기 속에 담겨 있는 호흡과 여백을 읽어내지 못하기 때문입니다.

예수님은 니고데모에게 뜻과 의미가 담긴 이야기를 전하고 있고, 비유적인 방식으로 자신의 속내를 전하고 있는데 니고데모는 예수의 이야기를 문자적으로 받아내고 있으니, 같은 언어로 이야기를 하고 있으나 소통이 되지 않는 답답한 상황을 피차 경험하고 있는 겁니다.

그렇지만 이 상황에서 30대 초반의 청년 예수의 눈에 보이는 유대교의 선생인 니고데모의 모습은 안타깝기 그지없습니다. 왜냐하면 광야에서의 성찰의 시간을 경험하면서 세상을 보는 시선을 객관화시킨 예수의 눈에 보이는 당시의 유대교는 딱딱하게 경화되어서 종교로서의 제 기능을 해내지 못하는 껍데기 종교였거든요. 그리고 그 굳어버린 유대교에 몸담고 살아가는 종교 지도자들은 당시의 경화된 유대교가 제공하고 있는 가치와 규칙을 따라 살아가면서 그 구조 안에서 백성들을 위한 가치와 신념을 생산해 내고 있었기 때문에 그렇게 생산돼서 시장에 공급되는 종교적 신념은 순기능을 할 수가 없는 거니까요.

언젠가 꽤나 오래된 자동차를 타고 다니다가 하체의 소음이 너무 심해서 자동차 수리점에 갔더니 수리기사가 그랬습니다.

"아이고, 완충작용을 해서 소음을 잡아주는 고무류들이 열에 의해서 다 딱딱하게 경화되고 말았네요. 이 말라버린 고무들 때문에 그런 거예요. 이거 다 교체하셔야 해요."

그렇게 굳어버린 고무류들을 교체하고 나니 오래된 자동차였지만 그간의 소음을 잘 잡아내며 한참 동안 편안하게 타고 다닐 수 있었습니다.

예수는 이 상황을 이해하고 있습니다. 오래되어서, 딱딱하게 굳어버려서 자기 기능을 못하고 있는 유대교, 그래서 '삐걱삐걱' 거슬리는 소리 때문에 사람들이 불편해하는데 정작 그 종교에 빌붙어서 먹고사는 사람들은 삐걱거리는 소리가 나는 것을 아는지 모르는지 그냥 그 구조에 올라타서 이리저리 사람들을 몰아대고 있는 겁니다. 그러니 이 상황을 명확하게 보아내고 있는 예수는 굳어버린 유대교를 수리점으로 가지고 가서 수리해야 한다는 이야기를 하지 않을 수가 없는 겁니다.

그렇지만 이런 말을 전하고 있는 예수의 이야기가 한 번에 받아들여질 리가 없습니다. 오래도록 그런 사회 구조와 종교 시스템에서 살아온 사람들은 반복적으로 경험한 당시의 유대교의 삶의 양식에 오래도록 노출되었을 테고요, 그런 삶의 반복은 사람들을 고정관념**stereotype**에 사로잡히게 했을 거니까요. 어쩌면 사회의 주류사고로 자리 잡은 고정관념은 종교 지도자들이 자기들의 뱃속을 채우기 위해서 의도적으로 만들어낸 반反 하나님적인 사고방식일지도 모릅니다. 그리고 비판할 줄 모르는 대중들은 '순종이 제사보다 낫다' 하면서 그 생각을 받아들여 의식의 식민화를 이루어냈을 거고요. 이런 식의 순환적 세계관이 지배하고 있는 세계에서 예수의 '거듭남'에 관한 이야기는 굉장히 낯선 이야기일 수 있습니다. 그러니 예수께서 훌륭한 선생**great teacher(요한3:10)**이라고 부르고 있는 니고데모조차도 예수의 이야기를 문자적으로 받아내고 있는 겁니다.

시대가 제공하는 사고思考에 생각을 빼앗기고 의식의 식민화를 경험하고 있는 이들은 이런 상황을 어떻게 극복해야 할까요? 자기의 이익을 추구하는 도시 문명의 삶, 상대를 넘어서야만 나의 삶의 자리가 보장되는 경쟁적인 삶의 자리, 그런 식의 소음이 가득해서 결국은 그 소음에 마음을 빼앗길 수밖에 없는 삶의 자리에서는 자신의 의식이 시대정신에 의해서 식민화가 되었다는 것을 알아차리고 극복하는 작업에 나서는 것은 매우 어려울 겁니다.

그러니 자신이 삐걱거리는 자동차에 올라타고 있다는 것을 알아차린 사람들은, 이기적이고 경쟁적인 소음으로 가득 찬 자리가 나를 나 되지 못하게 한다는 것을 눈치챈 사람들은 권력이 창궐하고 돈과 명예가 유혹하는 삶의 자리에서 빠져나올 수 있는 타당한 생각과 정결한 마음을 얻을 수 있는 삶의 자리를 찾아내야 합니다. 화려한 삶을 상상하며 바벨탑을 쌓은 사람들이 결국 혼란스러운 삶을 경험한 것, 그리고 삼촌 아브라함을 떠나면서 화려한 문명으로 번쩍거리는 소돔을 선택한 롯이 결국 고단한 삶을 살아가다가 간신히 몸만 빠져나오는 경험을 하는 것은 적절한 삶의 자리를 차지하지 못한 삶의 결말을 보여주는 이야기이기 때문입니다.

키에르케고르는 '신 앞의 단독자'라는 명제를 던지고 있습니다. 스스로를 외로움의 자리로 이끌어 가는 사람, 다수로의 무리에 속하는 것을 사양하고 스스로 물러서서 자기를 고독의 자리로 데리고 가는 자발성, 그렇게 자발적 고독을 선택한 사람은 결국 자기 자신과 그리고 이웃과 함께 있을 수 있는 삶의 자리를 찾아내고 그 자리를 실천적으로 살아가게 됩니다. 그렇게 '신 앞의 단독자'로서의 삶의 자리는 시대정신에 의한 의식의 식민화를 경험하고 있는 사람들이 찾아내야 할 삶의 자리입니다. 그리고 그렇게 찾아낸 그 고독의 자리는 외로움에 몸을 떠는 자리가 아니라 홀로 머물되 이웃과 함께 하는 자비롭고 너그러운 삶의 자리입니다.

니고데모와 대화하고 있는 예수는 답답한 마음에 이렇게 말하고 있습니다.

"우리는, 우리가 아는 것을 말하고, 우리가 본 것을 증언하는데 너희는 우리의 증언을 받아들이지 않는다." **요한3:11**

니고데모가 젊은 예수의 '거듭남'을 중심으로 말하고 있는 이야기를 들으면서 호흡과 여백을 잘 헤아려서 이웃과 함께 하나님의 나라를 살아가면 좋겠습니다.

마음속 믿음이라는 장치 말입니다

예수는 세례자 요한에게로 나갔습니다. 예수보다 앞서 회개운동과 세례운동을 시작한 요한을 만나고 또 요한에게 세례를 받기 위함이었습니다. 아마도 예수는 세례자 요한의 운동에 이리저리 동의하고 그 운동에 힘을 모았을 겁니다. 그렇지만 자기에게로 오는 예수를 보는 요한은 난감하기도 합니다. 예수의 세례 집례를 놓고 쭈뼛거리는 요한에게 예수가 말을 건넵니다.

> "지금은 나에게 세례를 베풀어야 합니다. 그래야 우리가 힘을 합해서 하나님의 뜻을 이루어드릴 수 있으니까요." **마태3:15**

요한은 예수의 말을 따라 세례를 베풀어줍니다. 그렇게 요한은 예수에게 세례를 베풀어주면서 '이는 내 사랑하는 아들이다'라는 소리가 귓가에 맴도는 경험과 함께 하늘이 열리는 경험을 합니다.

그리고는 얼마쯤 지나서 회개운동에 매진하고 있던 세례자 요한은 깜짝 놀랐습니다. 들려오는 소리에 귀를 기울여 보니 갈릴리 지역의 분봉왕인 헤롯이라는 사람이 자기의 동생인 빌립의 아내, 그러니까 자기의 제수씨가 되는 헤로디아와 결혼을 했다는 것입니다. 지도자가 타당하지 않은 삶을 사람들에게 보여주니 요한은 그 상황에 대하여 언급을 하지 않을 수 없습니다. 나라를 이끌어 가는 지도자가 부도덕한 결혼을 하다니요, 그 지도력이 세상에 미칠 부정적인 영향은 사람들의 삶을 혼란하게 할 것이 분명합니다. 세례자 요한은 '그 여자를 차지하는 것은 옳지 않습니다.'(마태14:4)라고 거듭 말하며 지도자의 도덕적 재무장을 권면합니다. 그렇지만 권력과 쾌락에 눈이 멀어 있는 힘 있는 사람들은 예언자의 말을 듣고 돌이키기보다는 자기들의 행위를 정당화하는 일을 잘도 해냅니다. 요한은 결국 잡혀가고 말았습니다.

세례자 요한에게 세례를 받고 나름 이리저리 마음을 정리하고 있던 예수는 요한이 잡혀갔다는 이야기를 듣고서 고개를 숙이고 묵묵히 생각에 잠겼습니다.

'그것 참 험한 시절이구나, 진리를 이야기하는 사람들이 이렇게 고단하니… 잡아가는 사람도 참 못됐고… 백성들만 불쌍하구나~'

끌끌~ 혀를 차던 예수는 고개를 들어 갈릴리 쪽을 바라봅니다. 누구도 찾아주지 않는 동네, 고단하고 힘에 겨운 사람들이 겨우겨우 자신의 삶을 꾸려가는 처절한 동네, '그래, 저곳에서 살아가는 사람들도 권력과 쾌락에 눈이 먼 채로 살아가는 사람들에게 고통당하며 살아가겠지. 그러면서도 지도자들이 제공해주는 가치를 따라서 이리저리 밀려다니는 삶을 살아가고 있을 테니…' 그리고 예수는 갈릴리에서 세례자 요한이 해나가던 회개운동과 세례운동을 해나가기 시작합니다. 이건 하나님의 나라를 실현시키고자 하는 예수의 자발적 운동입니다. 한 사람이 권력의 힘에 눌려서 잡혀 들어가니 또 다른 한 사람이 일어서는 모습으로서의 세례자 요한과의 동역co-working입니다.

예수는 요한이 잡혀가기 전에도 요한이 전개하고 있는 회개운동과 세례운동에 힘을 모으고 있었습니다. 요한은 요한대로, 예수는 예수대로 자신이 살아가는 삶의 자리에서 최선을 다해서 하나님 나라의 도래를 위해서 일을 하고 있었고 이러한 움직임은 하나님 나라의 실현을 위한 어울림으로 읽어도 부족함이 없는 장면입니다.

그런데 문제는 요한을 중심으로 모인 사람들입니다. 모두들 똑똑하고 의로운 생각을 가지고 있는 이들이 모여서 함께 힘을 모으고 있으니 어지간한 세력 덩어리가 만들어졌습니다. 그렇지만 상황은 그리 녹록하지 않습니다. 세상을 바꾸겠다고 모인 사람들도 별수 없이 경험해야 하는 '밥그릇 싸움'이라는 상황이 이 공동체에서도 나타난 겁니다.

> "선생님, 선생님에게 세례를 받고, 선생님이 세례를 베풀어 주신 그 사람이 사람들에게 세례를 주고 있는데 사람들이 많이 모여들고 있습니다." **요한 3:26**

참 어려운 장면입니다. 의도의 순수성을 가지고 있는 두 선생이 커다란 안목에서 함께 협력하며 하나님 나라의 운동을 해나가고 있는데 그렇게 속 좋은 두 스승과 함께하는 제자들은 선생의 의도와는 상관없이 의제의 선점 문제, 그리고 선점한 의제에 담겨 있는 저작권(?) 문제를 가지고 흥분하며 분노하고 있는 장면이니까요. 결국 회개운동과 세례운동에 관한 소유욕이 세례자 요한의 사람들 내면에 '화**anger**'를 일으킨 건데요. 글쎄요, 그 오랜 옛날에 어그러지고 왜곡된 하나님의 뜻이 진리 행세를 하면서 사람들을 고단하게 하는 것과 때로 삶의 자리를 게토**ghetto**

화하면서 분열하게 하고 차별하게 하는 정신을 극복하자며 일하는 사람들이 회개운동과 세례운동의 소유권을 주장하고 상표의 권리를 주장하는 수준에 머물러 있는 것이 안타까운 일입니다.

사실 차분하게 세례자 요한과 예수 운동의 양상을 살펴보면 두 사람이 나름 차이를 보이고 있는데요. 요한은 저지른 죄에 대하여 엄격하게 단죄를 선언하지만(마태3:10) 예수가 진행해나가는 회개운동과 세례운동에서 나타나는 백성들을 향한 메시지는 따듯합니다.(마태4:23) 세례자 요한은 광야에 살면서 메뚜기 정도를 먹는 금욕주의자였지만 예수는 가나에서는 포도주를 만들었고요, 세리 삭개오하고는 거리낌 없이 밥을 먹는 모습을 보이셨잖아요? 그렇지만 말하기 좋아하는 사람들은 두 사람의 차이를 읽어내지 않으면서 세례자 요한도 예수도 그다지 마땅하지 않았던지 싸잡아서 욕을 해대고 있었습니다.

> "세례자 요한이 와서 빵도 먹지 않고 포도주도 마시지 않으니 너희가 말하기를 '그는 귀신이 들렸다' 하고 인자는 와서 먹기도 하고 마시기도 하니 너희가 말하기를 '보아라, 저 사람은 마구 먹어대는 자요, 포도주를 마시는 자요, 세리와 죄인의 친구다' 한다." **눅7:33-34**

그렇지만 이렇게 온몸에 힘을 주고 소유권을 주장하는 사람들, 그리고 하나님 나라의 규칙을 따라 실천적 삶을 살아가는 사람들을 무모한 논리로 비난하는 사람들 틈바구니에서 탁월한 모습을 보이고 있는 세례자 요한의 모습이 마음을 편안하게 합니다. 세례자 요한은 분노를 앞세우는 사람들에게 이렇게 이야기하고 있습니다.

"그는 흥해야 하고 나는 쇠해야 하는 겁니다." **요한3:30**

시편 15편에는 '주님, 누가 주님의 거룩한 산에 살 수 있습니까?'라는 질문이 던져집니다. 그리고 이야기가 이어지는데요, '깨끗한 삶을 사는 사람, 정의를 실천하는 사람, 마음으로 진실을 말하는 사람, 혀를 놀려 남의 허물을 들추지 않는 사람, 친구에게 해를 끼치지 않는 사람, 이웃을 모욕하지 않는 사람…' 들이 튼튼하게 살아갈 것이라는 이야기가 기록되어 있죠.

세례자 요한이 시편 15편을 읽는 순간을 상상해 봅니다. 그리고 진리를 진리로 받아들이는 요한의 순결한 결단을 눈으로 그려봅니다. 요한의 마음속에 장착되어 있는 믿음이라는 장치는 정상적으로 잘 작동하고 있습니다. 하나님의 말씀을 하나님의 말씀으로 온전하게 확대 재생산해내고 있으니까요. 자신의 이해에 따라서 조변석개하는 싸구려 믿음이 싸구려 수준으로 작동할 때, 진리는 일그러지고 세상은 복잡해지며 예언자는 자꾸 힘든 상황으로 내몰리곤 합니다. 그런 싸구려 믿음에 영향을 받지 않는 요한의 마음속 믿음이라는 장치는 고정관념도 걸러내고 집착도 걸러내며 자기중심성도 완벽하게 희석시키고 진리가 빛나도록 하는 순기능을 잘도 작동시키고 있습니다.

요한은 한마디를 더하고 있습니다.

"하늘에서 오시는 이는 모든 것 위에 계시고 자기가 본 것과 들은 것을 증언하신다. 그러나 아무도 그의 증언을 받아들이지 않는다." **요한3:31b-32**

자신들의 선생인 세례자 요한의 말을 듣는 제자들은 선생님의 말을 들으면서 어떻게 마음을 정리했을까요? 스승의 마음속에서 정밀하게 작동하고 있는 믿음이라는 장치를 알아차리고 자신들도 그 고성능의 믿음이라는 장치를 획득해서 마음속에 장착하려는 노력을 했을까요? 스승이 고정관념도 넘어서고 집착도 걸러내면서 온전한 발걸음을 옮기는 것처럼 제자들도 자기들의 선생님의 발걸음을 따라 그렇게 걸어가려는 노력을 했을까요?

분별하는 마음을 가지고 자신의 주관적인 감정을 넘어서며 마음의 평정을 잘 길러내는, 그래서 상황을 타당하게 인식하고 정리해내는 요한과 그를 따르겠다고 하는데 아직도 집착과 소유욕에 다스림을 받고 있으면서 스승이 가지고 있는 믿음이라는 장치를 어디서 어떻게 구매해야 하는지를 모르는 제자들의 모습이 자꾸 오버랩overlap이 되어 떠오릅니다.

물리적인 목마름에 관하여

예수님은 갈릴리로 출발하셨습니다. 언젠가는 그곳에 가셔야 하기도 했지만 지금 머물고 있는 유대에서의 상황이 그리 녹록하지 않은 것도 갈릴리로 가야 하는 이유 중의 하나입니다.

> "요한보다 예수께서 더 많은 사람을 제자로 삼고 세례를 주신다는 소문이 바리새파 사람들의 귀에 들어간 것을 예수께서 아셨다." **요한 4:1**

세례자 요한의 제자들도 이러한 상황이 마땅하지 않습니다. 세례는 자신들의 선생인 세례자 요한의 특허품인데 그 세례를 예수라는 사람이 꾸준히 사용하면서 자기들보다도 더 큰 세력을 만들어 내고 있는 것이 불편합니다. 더불어 기존의 힘을 유지하면서 사람들의 집중되는 관심을 삶의 방편으로 삼고 있는 바리새인들의 눈길도 예수에게는 그리 편안한 시선은 아닙니다. 사람이 없는 한적한 곳에서는 서로 간의 갈등과 분쟁이 그리 심하지 않더니 세례라는 상품이 사람들의 이목을 집중시키면서 많은 사람이 몰려들고 상호 간의 이해득실을 따져야 하는 상황이 생기니 갈등과 다툼이 심각해지기 시작합니다.

예수는 이런 상황의 한가운데 있고 싶은 생각이 없는 듯합니다. 그러니 예수는 그렇게 복잡한 유대를 떠나서 갈릴리로 가는 것을 바랍니다. 그런데 문제는 유대에서 갈릴리로 가는 여정에 사마리아라는 지역이 있다는 겁니다. 사마리아는 유대인들에게는 기피의 대상입니다. 그곳에 사는 사람들은 유대인의 순수한 혈통을 유지하고 있지 않습니다. 오래전 앗시리아가 북이스라엘을 정복하고 이방 사람들을 사마리아 지역에 강제로 이주시키면서 현지인들과 결혼을 시키는 등의 정책을 쓴 덕분에 사마리아 지역의 사람들은 이스라엘 민족의 민족적 정통성과 인종적 순수성을 상실했다는 평가를 받으면서 살아가고 있었으니까요. 그런 일이 예수가 태어나기 720여 년 전에 있었던 일임에도 불구하고 두 지역의 사람들은, 특히 유대인들은 사마리아 지역의 사람들을 그리도 오래도록 차별하며 살아가고 있었습니다.

역사적으로 살펴보면 유대인들이 사마리아 지역에 군대를 이끌고 들어가서 그리심산의 제단을 파괴하고 제사장들을 죽이는 일을 한 적도 있었는데요 그 일을 한 사람은 하스몬 왕조의 요한 히르카누스 1세였습니다. 이렇게 유대인과 사마리아인들은 서로에게 단절적이고 배타적이었습니다. (김회권. 『요한복음』 참조)

이러한 역사를 바탕으로 하는 지역감정은 700년이 넘도록 계속되고 있었습니다. 비록 이 사람들이 예루살렘에서, 그리고 그리심산에서 각각 신앙생활을 하고 있었으나 그래도 하나님을 예배하는 생활을 꾸준히 해오고 있었는데요. 700년이 넘도록 미움의 문제를 해결하지 못했다는 것이 참 난감하게 다가옵니다. 아니 이 사람들은 자기들만의 믿음을 굳건하게 지켜내는 삶을 살았기 때문에 자손 대대로 이 미움을 물려주고 있는 지도 모르겠습니다.

왜 그럴까요?

이렇게 각 집단에서 상대에 대한 미움을 정당화하면서 전수하고 그렇게 미워하면서 살아가는 일이 미움을 가지고 살아가는 사람들에게 묘한 쾌감을 주기 때문인가요? 아니면 미움에 기대서 자신들의 입지를 굳히고 이익을 추구하는 이들의 전략적 술수인 건가요?

이러한 역사적인 상황을 잘 알고 있는 예수님의 제자들은 예수님이 갈릴리로 가시는 일정에서 사마리아를 관통하는 여정을 선택하는 것을 극구 반대했을 겁니다. 이런 생각은 사마리아에서 환영을 받지 못하는 스승을 보면서 제자들이 하는 말 한마디에서 잘 나타나고 있습니다.

> "'주님, 하늘에서 불이 내려와 그들을 태워버리라고 우리가 명령하면 어떻겠습니까?' 예수께서 돌아서서 그들을 꾸짖으셨다." **누가9:54-55**

한편, 사마리아에는 한 여인이 살고 있었습니다. 이 여인은 고단한 삶을 살아가고 있습니다. 우리는 이 여인이 고단한 삶을 살아가고 있다는 것을 물을 뜨기 위하여 우물가로 나온 시간을 살펴보면서 짐작할 수 있습니다. 이 여인이 우물가에서 예수님을 만난 시간은 점심때였습니다. 일단의 기록에 의하면 당시 사마리아 여인들이 물을 긷는 시간은 오전 6시 이전이나 저녁 9시 이후였다는군요. 그런데 여인은 대부분의 여인들이 물을 긷는 시간이 아닌 인적이 드물고 따가운 햇살이 내리쬐는 한가한 점심때쯤 물을 길으러 나왔다니 이 여인은 자신이 살아가는 사회에서 소외를 경험하고 있다는 생각을 가능하게 하는 대목입니다. 물론 아침 6시 이전이

나 저녁 9시 이후가 사마리아의 여인들이 일반적으로 물을 긷는 시간이라는 대목도 당시의 사회가 남성 중심적 사회였다는 것을 알아차리게 하는 대목이기도 하지만요.

예수께서는 여인의 이런 삶의 정황을 통찰하셨는지 이렇게 말을 건네고 계십니다. '나에게 마실 물을 좀 주십시오.' 여인은 이렇게 말을 건네는 예수 때문에 깜짝 놀라고 맙니다. 사마리아인을 상종하지 않는 유대인이 말을 걸어오다니, 남녀가 유별한 이 대명천지에 남자가 말을 걸어오다니, 깜짝 놀라는 여인에게 예수는 이렇게 말씀을 건네고 있습니다.

> "당신이 내가 누구인지를 알았더라면 당신은 나에게 물을 달라고 청했을 텐데요... 내가 주는 물을 마시면 목이 마르지 않거든요... 물을 길러 다니지 않아도 되거든요." **요한4:7절 이하 참조**

사실 여인은 자신의 고단한 삶을 극복하기 위하여 나름의 노력을 다하며 살아가고 있었습니다. 그리고 그러한 노력의 흔적은 예수의 눈에 고스란히 비추어지고 말았습니다. '당신에게 남편이 다섯이나 있었고 지금 같이 살고 있는 남자도 당신의 남편이 아니군요'라는 예수의 말이 여인의 가슴에 송곳처럼 꽂히는 것이 그것입니다.

사마리아 여인은 자신의 문제를 해결하기 위해서 최소한 여섯 번의 노력을 한 것으로 보입니다. '이렇게 살아보면 이 소외의 문제가 극복이 될까?' 그리고 '이 길로 걸어가면 이 외로움의 문제가 해결이 될까?' 이렇게 이 여인은 이런저런 삶의 방식을 경험하면서 자신의 문제를 극복해보려고 합니다. 그러나 그러한 여인의 노력이 예수의 눈에는 문제의 원인을 자신의 내면이 아닌 외부에서 찾는, 마땅하지 않은 모습으로 비추어집니다. 사람들은 잘되면 내 탓, 안되면 네 탓을 하면서 살아가고 있으니까요. 그러니 예수께서도 '남의 눈의 티끌을 보지 말고 네 눈의 들보를 보라'고 말씀하시는 겁니다. 아무리 마셔도 해갈되지 않는 갈증의 원인을 외부에서 찾아서는 그 갈증의 원인을 알아차리고 갈증을 해소할 수는 없는 노릇이니까요.

여인은 간절합니다.

소외를 극복하고 인간답게 살아가는 삶으로 나가고 싶은 겁니다. 그렇지만 우리는 여인의 소외가 아이러니하다는 것을 느낄 수 있습니다. 유대인들로부터의 소외를 경험하고 있는 사마리아를 살아가는데 그 속에서 또다시 소외가 발생하는 상황이니까요.

때로 사람들은 이러한 소외의 문제를 극복할 요량으로 백화점 문화를 즐기기도 합니다. 좀 더 회화적으로 표현하면 아케이드 문화인데요, 길을 중심으로 양쪽에 길게 늘어서 있는 명품관에서 드높은 브랜드의 장신구를 사고 그것을 몸에 걸치는 것으로 자신의 욕망을 채워나가며 자신의 가치를 드높이는 그런 식의 삶을 살아가는 겁니다. 그렇지만 예수는 이런 식의 삶이 우리들의 갈증을 해소해 줄 거라고 보지는 않으시는 거죠. 그러니 그런 예수의 접근에 이 여인은 이렇게 응답합니다.

> "선생님, 그 물을 나에게 주셔서 내가 목마르지도 않고 또 물을 길으러 여기까지 나오지도 않게 해주십시오." **요한4:15**

이렇게 자신에게 다가오는 여인을 보면서 예수는 당시의 불문율처럼 되어 있는 그렇지만 여러 사람들을 불편하게 하는 시대의 규칙을 깨뜨리고 계십니다.

> "너희가 아버지께 이 산에서 예배를 드려야 한다거나, 예루살렘에서 예배를 드려야 한다거나 하지 않을 때가 올 것이다." **요한4:21**

예수께서는 700년 동안 역사적으로 내려오는 지역감정을 넘어서고 계십니다. 오래도록 지켜온 사마리아의 그리심 산과 예루살렘에서의 예배를 넘어서시면서 지역적인 갈등을 극복하고, 인간이 정한 규정 때문에 인간의 소외를 가능하게 하는 모든 규칙들을 해체하고 계시는 겁니다. 예수께서 이야기하고 있는 하나님의 나라는 강자들만이 지킬 수 있는 규칙 때문에 힘들어하는 약자들을 강자들만의 규칙에서 벗어나게 하는 새로운 삶의 규칙**rule**이 적용되는 곳입니다. 오늘날에는 전혀 실효적이지 않은, 오래전에 만든 전통과 이념에 사로잡혀 있으면서 스스로를 성찰하지 않고, 시효가 다 된 과거의 틀에 기대어 살아가면서 소외와 허무를 경험하는 사람들에게 예수께서는 실효적인 삶을 살아갈 것을 촉구하고 계시는 겁니다.

예수는 여인에게 목이 마르지 않는 생수로서의 하나님을 향한 지향을 말씀하고 계십니다. 하나님을 기쁘시게 해드리는 삶을 꾸준히 살아가는 일이 중요하다는 것일 겁니다. 그리고 이 길을 걷는 사람이 예수께서 주시는 생수를 마시면 하나님에 대한 목마름으로 나타날 겁니다. 그 목마름은 진리에 대한, 그리고 하나님에 대한 지향이니 물리적인 목마름과는 달리 우리의 삶을 건강하게 하는 삶의 방향타가 될 겁니다.

연못 물이 움직이는데요…

"살아가는 일이 너무 고통스러워요. 다른 이들의 속도를 따라갈 수가 없고요."

"왜 그래요? 왜 그렇게 힘들어하시는데요?"

"몸을 마음대로 움직일 수가 없으니 말이죠."

"저기요, 제가 들은 이야기인데요. 예루살렘 성벽의 '양의 문' 옆에 연못이 하나 있는데요, 그 연못 별칭이 자비의 연못이래요. 천사가 내려와서 연못 물을 움직일 때 먼저 들어가면 무슨 병에 걸렸던지 다 낫는다는데요, 그렇게 몸이 아프고 생활이 힘들면 거기 한번 가보세요."

몸이 많이도 불편해서 살아가는 일이 힘들고 고단한 이 사람은 온 힘을 다해서 베드자다 연못가에 도착했습니다. '아뿔싸', 도착해보니 엄청난 사람들이 연못가에 진을 치고 있으면서 물이 움직이기를 기다리고 있습니다.

"물이 움직인다~~!!"

누군가가 소리를 지르자 사람들은 '우와~' 하며 달려가기 시작합니다. 달리기가 어려운 사람은 몸을 굴리기도 하고 기어가기도 하면서 연못으로 향하지만 그런 경쟁적 소동은 이내 끝나고 말았습니다.

"이번엔 누가 들어갔대?"

"응, 팔이 아파서 온 그 사람이 제일 먼저 들어갔는데 많이 나았다나 봐~~"

이웃의 소개를 따라 불편한 몸을 이끌고 간신히 연못가에 온 사람은 연못 주변에서 지낸 지가 벌써 38년이 되었습니다. 가끔씩 물이 움직인다는 소리가 들리고 '우당탕~' 사람들이 달려가는 소란한 소리가 들리지만, 이 환자도 움직여 보려고 이리저리 할 수 있는 방법을 다 동원해보지만, 누구라도 제치고 연못에 들어가는 일은 언감생심 꿈도 꿀 수 없는 일이라는 것을 깨닫는 데는 그리 오래 걸리지 않았습니다. 그렇지만 이 자비의 연못가를 떠날 수도 없습니다. 여기를 떠나면 그나마 희망하는 일조차 할 수 없다는 절망감이 밀려오기 때문입니다.

그러면서도 이 환자는 이 연못을 지배하고 있는 질서가 온몸으로 느껴지기 시작합니다. 여기가 '자비의 연못'이라는 소개를 받고 왔지만 이곳을 경험해 보니 베드자다 연못가는 자비의 연못이 아니었습니다. 여기는 물이 움직일 때마다 일등을 해야만 하는 경쟁적 질서에 최적화되어 있는, 비인간적인 삶이 일상으로 이루어지는 삶의 자리라는 것을 깨닫는 데는 별다른 노력이 필요하지 않았습니다. 언젠가는 물이 움직이는 날, 연못가로 달려가다가 누군가가 사람들의 발에 치이며 깔려서 심하게 다쳤다는 소식도 들려오곤 했으니까요.

자비를 가장한 폭력이 자리하고 있는 삶의 자리는 때로 자비를 가장한 폭력에 희생을 당하고 있는 사람조차도 알아차리지 못하는 촘촘한 논리로 무장하고 우리들의 삶을 지배하곤 합니다. 사람들의 삶의 자리가 너무도 잔인해서 사람이 살아가는 자리라고 할 수 없음에도 불구하고 몇몇 사람을 제외하고는 그 자비를 가장한 폭력을 눈치채는 일조차도 어렵게 하기 때문입니다.

이런 상황은 '꽃들에게 희망을'이라는 동화에서 잘 그려지고 있는데요. 이 동화에 나오는 얼룩무늬 애벌레는 친구들을 짓밟고서 정상에 올라가지만 정상에서 들은 대화의 내용 때문에 깜짝 놀라게 됩니다.

"여기 꼭대기에는 아무것도 없어."

"쉿, 이 바보야! 조용히 해. 다른 애벌레들이 들으면 어쩌려고, 우리들은 저들이 갈망하는 곳에 와 있다구! 여기가 바로 그곳이란 말이야."

정상이라고 올라보니 거기에는 아무것도 없었습니다. 그곳에 오르기 위해서 친구를 발길질로 걷어차서 떨어뜨려야 하는 비정함을 무릅쓰고 올라간 정상인데 막상 오르고 보니 그곳은 평등적 가치가 구현되는 하나님의 나라가 아니었던 겁니다.

그래도 정상에 기어오르는 일을 하는 이들이 다수로 구성되어 있는 사회를 살아가는 사람들은 자기를 정상에 잘 올라가는 사람으로, 경쟁에서 이기는 사람으로 최적화해 나갑니다. 왜냐하면 살아가는 사회구조가 적자생존適者生存의 구조이기 때문입니다. 일등을 할 수 있는 사람이 연못에 들어가고 그 대가로 자비의 혜택을 제공하는 사회구조는 그 사회구조에 맞도록 자기를 최적화하는 작업에 실패한 사람들에게는 그 어떤 혜택도 제공하지 않습니다.

이 경쟁적 질서가 탄탄하게 뿌리를 내리고 있는 연못가에 예수께서 다가 오셨습니다. 그리고 38년 된 이 환자를 통찰하시면서 질문을 던지셨습니다.

"낫고 싶으냐?" **요한5:6**

자비를 가장한 경쟁적 질서를 통용시키는 이 연못가의 질서는 너의 문제를 해결해주지 못할 것이라는, 그러니 자비의 연못을 가장한 경쟁적 질서에 적극적으로 저항하고 모두가 함께 살아갈 수 있는 새로운 질서를 받아들이겠느냐고 그렇게 묻고 있는 예수의 질문으로 읽히는 대목입니다. 그리고 이 질문에 직면한 38년 된 환자는 베드자다 연못가의 실상을 폭로하고 나섭니다.

"주님, 물이 움직일 때 나를 들어서 못에다가 넣어주는 사람이 없습니다. 내가 가는 동안에 남들이 나보다 먼저 못에 들어갑니다." **요한5:7**

38년 된 환자는 이곳은 너무 치열한 삶의 자리라고, 물이 움직이면 자기들의 잇속을 챙기는 데 급급해서 이웃을 살피지 않는 곳이니 자비로움은 그저 표어일 뿐이라고, 여기는 비정한 비인간화의 현장이라고 그렇게 베드자다 연못가의 실체를 고발하고 있는 겁니다. '자비'를 전면에 내세우고 살아가는 곳인데 '선착순 구원'이라니요? 그러니 베드자다 연못가에서 최선을 다하며 살아가는 사람들의 모습이 참 재미있으면서 헛헛하게 다가오는 이유입니다.

이렇게 경쟁적 질서의 비정함으로 인한 속상함과 삶의 자리의 왜곡을 토로하는 38년 된 환자에게 예수께서 말씀하셨습니다.

> "예수께서 그에게 말씀하셨다. '일어나서 네 자리를 걷어 가지고 걸어가거라.' 그 사람은 곧 나아서 자리를 걷어 가지고 걸어갔다." **요한 5:8-9**

그리고 38년 된 환자는 경쟁적 질서를 해체시키고 모두가 함께 살아가는 하나님의 나라에 기반한 새로운 질서로서의 예수의 말씀에 의지해서 자리를 걷어들고 일어나 회복의 길, 새로운 삶의 길을 걷기 시작했습니다.

그런데 엉뚱한 곳에서 또 다른 문제가 생겼습니다. 전통적 유대인들이 시비를 걸어오고 있는 겁니다. 자칭 경건하다는 유대인들, 교회의 법을 잘 지킨다는 유대인들, 교권의 중심에 서 있는 유대인들, 그래서 자기들은 하나님의 율법과 계명을 잘 지키는 경건한 하나님의 사람들이라는 이들이 사납게도 문제를 제기합니다.

> "오늘은 안식일이니 자리를 들고 가는 것은 옳지 않소." **요한5:10**

참 재미있는 일입니다. 종교가 굳어서 이념이 되기 시작하면 그때에 발생하는 일은 형식을 고수하다가 능력을 상실하는 껍데기 종교의 실상을 드러내는 일입니다. 유대인들은 창조를 마치신 하나님이 창조질서가 어우

러지는 안식일에 '보시니 참 좋았더라'라고 하신 이야기를 잊어버리고 있는 듯합니다. 그들은 그저 하위 법조문으로서의 수십 가지 이상이 되는 안식일 법을 지키느라고 사람을 사람 되게 하는 하나님의 마음을, 그리고 '보시니 참 좋았더라'를 가능하게 하는 가능태로서의 종교의 모습을 상실한 채로 살아가고 있습니다. 그러니 이런 종교 이데올로기의 아들과 딸로 살아가는 사람들에게서 안식일에 회복과 재충전을 통한 하나님의 재창조 사역을 기대하는 것은 불가능한 일일 겁니다. 종교 이데올로기의 자녀로 살아가는 사람들은 자기 신념에 충실하면서 이렇게 모의하고 있으니까요.

> "유대 사람들은 이 말씀 때문에 더더욱 예수를 죽이려고 하였다." **요한5:18**

그러니 이 사람들은 '내 아버지께서 일하고 계시니 나도 일한다'**(요한 5:17)**라고 대답하시는 예수의 이야기를 알아들을 일이 없으니 존재의 이유가 불분명한 사람들입니다.

자비를 가장한 베드자다 연못가의 폭력적 상황, 그리고 능력 있는 우리 교회를 사랑하다가 너무 힘이 들어서 자꾸 넘어지는 이웃 교회를 돌아보지 못하는 그 이율배반적인 삶의 자리에서 빠져나오는 일이 숙제입니다. 아니, 그 엉클어진 삶의 질서를 해체시키고 평등공동체로서의 하나님의 나라를 재구조화해야 하는 일이 우리 앞에 놓여 있습니다.

> "당신들이 밭에 곡식을 거둘 때에 곡식 한 묶음을 잊어버리고 왔거

든 그것을 가지러 되돌아가지 마십시오. 그것은 외국 사람과 고아와 과부에게 돌아갈 몫입니다. 그래야만 주 당신들의 하나님이 당신들이 하는 모든 일에 복을 내려주실 것입니다. 당신들은 포도를 딸 때에도, 따고 난 뒤에 남은 것을 따지 마십시오. 그 남은 것은 외국 사람과 고아와 과부의 것입니다." **신명기24:19, 21**

진리와 함께 고난을 받는다

"응? 저 사람은 베드자다 연못가에서 38년 동안 누워있던 사람이잖아? 그런데 저렇게 아무렇지도 않은 듯 돌아다니고 있으니 무슨 일이 일어난 거지?"

"그러게요, 어떻게 했길래 저렇게 멀쩡해졌을까요? 한번 물어나 봅시다… 이보시오, 당신은 베드자다 연못가에서 오래도록 누워있던 사람이 아니요? 그런데 어떻게 이렇게 건강하게 걸어 다니고 있는 거요?"

"예, 어떤 젊은 청년이 다가오더니 제 손을 꼭 잡아주면서 낫고 싶으냐고 물어보더라구요. 그래서 낫고 싶다고 대답했더니 제 손을 잡아 끌어올리면서요… 그때 제 다리에 힘이 생기구요, 그래서 이렇게 걸어 다니고 있어요."

"그래요? 그런 신기한 일이 있나? 그래 그 사람 이름이 뭔가요?"

"그런데요, 글쎄 제가 그 사람 이름을 잘 몰라요. 물어보지를 않아서요."

사람들의 심리가 이상하기도 합니다. 예수가 베드자다 연못가에서 38년 된 환자를 일으켜 세우면서 그 자리를 지배하고 있던 경쟁적 질서를 극복하고, 약한 사람도 모두와 함께 살아갈 수 있는 가능성을 열어놓았음에도 불구하고 예수를 미워합니다. 아니 죽이려고까지 하고 있으니(요한 5:18) 참 어려운 일입니다.

선한 일을 했는데 칭찬까지는 아니더라도 미움을 가지고 다가가는 상황의 원인은 무엇일까요? 전통적인 유대교 신앙을 잘 지켜나가면서 믿음이 좋은 하나님의 사람이라는 자부심을 가지고 살아가는 사람들이 38년 동안 베드자다 연못가의 환자를 외면했으면서도 그를 새로운 삶의 자리로 이끌어 낸 예수를 적대시하며 밀어내려 하고 있으니 안타까운 일입니다. 아마도 당시의 다수 세력을 형성하고 있는 전통적 유대교의 세력이 자신들에게 위협이 되는 예수를 견제하는 구도의 발현이 아닐까요? 이런 구도는 왕이 태어났다는 소식에 어린아이들을 다 죽이라고 하는 헤롯의 모습에서도 나타난 비슷한 구도일 겁니다.

진리를 외치는 소수 세력은 항상 다수 세력에게 위협을 받았으니까요, 우리는 이러한 구도를 예레미야에게서, 그리고 엘리야와 같은 예언자들의 모습에서 볼 수 있습니다. 갈멜산 대결에서 이긴 엘리야는 승전가를 울리면서 개선하는 모습이 아니라 도망을 가다가 너무 힘들어서 개울가에 주저앉아서 하나님에게 죽음을 청하는 신세가 되었고요, 세례자 요한도 결국은 자신의 예언자적 활동 때문에 죽음을 당하기도 했으니까요.

베드자다 연못가의 경쟁적 질서에 새로운 질서를 적용하려고 하는 예수를 압박하는 장면에는 또 하나의 재미있는 그림이 숨어있습니다. 바로 예수에게서 고침을 받은 38년 된 환자의 발걸음인데요. 이 사람은 이후에 성전에서 다시 예수를 만나게 됩니다. 그리고는 바로 유대인들에게로 달려가서 자기를 고쳐준 사람이 예수라는 사실을 고자질하고 있습니다. **(요한5:15)**

어떠신가요? 이 38년 된 환자의 모습에 형 에서를 속이고 장자의 권리를 빼앗는 야곱의 이중적 모습이 투사되어 있다는**(창25장 참조)**, 또는 자신의 욕망을 채우기 위하여 자신의 이복누이인 다말을 성폭행함으로 자신의 욕심을 채운 후에 오히려 다말을 미워하는 암논의 모습이 보이지는 않으시나요? **(삼하13장 참조)**

이런 식의 모습은 아마도 본질에 충실하지 않은 종교가 가지고 있는 이중적 윤리구조 때문에 가능할 겁니다. 신앙생활을 하면서 정결하고 겸허한 모습을 잘 유지하는 외면의 단정함, 그러나 동시에 내면에서 솟아오르는 자신의 욕망을 제어하지 않는, 또는 사유思惟의 부재로 인한 일상을 성찰 없이 살아내면서 성공하고픈 욕망을 자신의 삶에 투사시키는 이중성 말입니다.

베드로는 가이사랴 빌립보에서 예수님의 질문에 정확하게 답을 하고 있습니다.

> "선생님은 살아계신 하나님의 아들 그리스도이십니다." **마태16:16**

예수께서는 이 대답에 흡족해하면서 베드로를 반석이라고 칭하십니다. 그리고 나아가서 베드로 위에 교회가 세워질 것이라고 말씀하십니다. 그렇지만 아직도 베드로는 충분히 무르익은 하나님의 사람은 아닌 듯합니다. 그의 고백은 지식에서 나온 고백이었을 뿐 그 지식이 가슴으로 내려와 신념이 된 것으로 보이지 않습니다. 그는 이어지는 예루살렘에 가서 죽임을 당해야 하며 사흘 만에 살아나야 한다는 스승의 말을 이해하지 못합니다. 그리고 스승을 만류합니다. 그리고 예수께로부터 이런 소리를 듣고야 맙니다.

"사탄아, 내 뒤로 물러가라. 너는 나에게 걸림돌이다. 너는 하나님의 일을 생각하지 않고 사람의 일만 생각하는구나." **마태16:23**

듣기 좋은 말을 하며 사람들에게 인정을 받지만 그 말을 실천하며 살아가는 일에는 그다지 열정을 보이지 않는 사람들의 모습이 예수와 베드로의 대화에 담겨 있습니다. 칭찬을 가능하게 하는 말은 하지만 자신의 이익에 반하는 실천을 극구 반대하는 일상이 무사유로 살아가는 사람들의 삶이라면 38년 동안 자기를 괴롭힌 질병을 고침받은 환자가 유대인들에게 가서 예수를 일러바치는 삶이 이해되기도 합니다.

온갖 좋은 이야기는 다 하면서도 자신의 속 생활에서는 배타적이고 그래서 독선적이며 자신의 의견에 반대되는 견해는 적으로 규정하고 무자비한 공격을 가하는 일방적인 종교적 열정에는 건강한 지식이 담보되어 있지 않습니다. 그러니 그들이 내어놓는 고백이라는 것이 멀쩡한 허울을 가지고 있으면서 자신의 문제를 외부에서 지적하면 타당한 비평을 수용하기보다는 문제를 지적하는 이들을 적대시하며 극단적인 대응 방식을 보이는 겁니다.

그리스도교 신앙을 받아들이고 그 길을 걸어간다는 것은 객관적인 삶을 희망한다는 것입니다. 보편적인 가치의 영역을 확장하는 작업을 끊임없이 하며 꾸준한 자기반성을 통해서 더욱 자비롭고 너그러운 삶을 지향한다는 것을 의미합니다.

이렇게 살아가는 사람은 삶의 여정에서 만나는 문제를 해결함에 있어서 배타적인 신앙보다는 건강한 상식과 올바른 판단능력에 의지해서 문제를 바라봅니다. 이러한 시선은 건강한 방식으로 문제가 해결되어 가고 있는지, 문제를 해결하는 과정에서 정당하지 않은 힘이 작용하고 있지는 않은지를 살피게 됩니다. 이렇게 합리적인 과정을 성실하게 겪어낸 이후에야 고백의 자리에 들어서게 되는 것이죠.

예수께 38년 된 질병을 고침받은 환자가 생물학적인 질병을 고침받음과 더불어서 굳어있는 마음의 상태도 유연한 모습으로 바뀌어 가면 좋겠습니다. 자신에게 정해진 답을 요구하며 질문하는 힘센 이들의 등 뒤에 자리하고 있는 압도적인 압박과 위세 때문에 밀려오는 두려움을 느끼는 것은 당연할 수 있습니다. 그렇지만 그 두려움 때문에 진리를 외면하면서 신의를 지켜야 하는 예수를 고통스러운 삶의 지경으로 밀어 넣는 일은 더욱 타당하지 않으니, 38년 된 환자가 진리를 지켜내며 살아가는 삶이 얼마나 힘들고 고통스러운 삶인지를 성찰하고 진리와 함께 고난을 받는(**딤후1:8**) 지혜롭고 용기 있는 삶의 자리에 들어가면 좋겠습니다.

내적 승률 높이기

인간은 본래적으로 서로 사랑하며, 아끼며 살아가도록 지음받은 존재입니다. 그리고 그렇게 지음받은 창조의 질서를 따라서 살아가니 자기를 숨기거나 가리지 않아도 되는, 부끄러움이 없는 삶을 살아갈 수 있었습니다. 사실 인간은 그 어떠한 삶의 자리를 살아가더라도 모두와 잘 어울리는 그런 삶을 살아가는 존재였던 것이죠. 이에 대하여 요한은 이렇게 이야기하고 있습니다.

> "사랑하는 여러분, 서로 사랑합시다. 사랑은 하나님에게서 난 것입니다. 사랑하는 사람은 다 하나님에게서 났고 하나님을 압니다." **요일4:7**

우리에게 드러난 하나님의 형상 중에서 사도 요한은 '사랑'이라는 대목에 깊은 인상을 받은 것 같습니다. 그런 이유로 사랑하면 하나님을 알게 될 것이라고 이렇게 힘주어서 이야기를 할 수 있었겠지요.

예수께서 들판으로 나아가셨습니다. 그리고 그 예수의 발걸음을 따라서 많은 사람이 들판에 모여들었습니다. 이미 사람들은 예수께서 많은 사람의 병을 고쳐주시고 가나에서 물로 포도주를 만드셨다는 이야기에 귀를 기울이며 예수께서 보여주시는 표징에 주목하고 있었으니 사람들이 몰려드는 것이 이상한 일은 아닙니다. 어차피 사람들은 자기의 이해를 넘어서는 신기한 일을 보게 되면 시선을 집중하며 그곳에 눈길을 주게 마련이니까요.

말초적인 신경을 자극하는 일에 민감하게 반응하는 사람들은 몰려다니는 일을 잘 해냅니다. 소유 욕심을 충족시킬 수 있거나 자기의 일방적인 신념을 누군가가 문득 지지해주기라도 하면 앞뒤 없이 따라다니면서 환호하고 호응하는 저렴한 집단 문화가 때로 세상을 힘들게 하기도 합니다. 그렇지만 이렇게 지식이 없는 다수의 군중들은 그런 흐름을 아는지 모르는지 여전히 몰려다니고 자기들의 욕망을 현실화시키는 여정에 충실할 뿐입니다.

꽤나 오래전, 강릉 밤바다를 걸은 기억이 있습니다. 바닷가에 멈춰서서 눈을 들어 저 멀리 바다를 바라보니 엄청나게 밝은 불을 밝히고 있는 배들이 눈에 들어왔습니다. 이후에 그것이 물고기를 끌어들이기 위한 고기잡이배의 집어등이라는 것을 알게 되었습니다. 죽을 줄도 모르고 밝은 불빛을 따라 몰려다니는 물고기의 여정이 지식이 없이 몰려다니는 다수 군중의 여정과 적절하게 겹친다는 생각을 그때 어렴풋이 한 것 같습니다.

그래도 예수는 자신의 주변에 몰려드는 사람들의 먹거리를 걱정하십니다. 자신의 주변에 모여들고 있는 사람들이 자신의 욕망을 채우기 위한 자아도취적 사람들이라는 것을 알고 있을 법도 한 예수께서는 그래도 진리에 대한 이해가 있고 없음을 따지기 전에, 의도의 순수성 여부를 살펴보기 전에 일단은 기본적인 생활로서의 먹거리 문제는 해결해야 한다는 생각을 하면서 제자들에게 물어보십니다.

> "우리가 어디에서 빵을 사다가 이 사람을 먹이겠느냐?" **요한6:5**

무엇 때문에 예수를 따라다니는지를 따지기 전에 일단 생명을 유지하게 하는 먹거리는 공급되어야 하니 자기들의 욕구가 충족되지 않으면 예수를 떠날 사람들이 대부분이라는 것을 알면서도 예수는 자기에게 몰려든 사람들의 먹거리를 염려하고 계시는 겁니다. 그런데 예수를 따라다니는 제자들의 대답이 이채롭습니다.

> "이 사람들에게 모두 조금씩이라도 먹게 하려면 빵 이백 데나리온어치를 가지고서도 충분하지 못합니다 ... 여기에 보리빵 다섯 개와 물고기 두 마리를 가지고 있는 한 아이가 있습니다. 그러나 이렇게 많은 사람에게 그것이 무슨 소용이 있겠습니까?" **요한6:7, 9**

머리가 차지게 돌아가니 그 삶의 자리에 필요한 '필요'를 산술적으로 빠르게 계산해 내는 빌립, 그리고 한 어린아이의 도시락을 들고 무용론을 주장하는 안드레는 대단히 현실적이고 합리적인 사람들입니다. 그렇지만 빌립과 안드레의 합리적이고 이성적인 판단이 대단히 설득력이 있는 주장임에도 불구하고 들판에 모여 있는 많은 사람을 위한 대안이 되지 못하니 스승인 예수는 답답하기만 합니다. 하지만 스승은 합리적인 생각을 제시하며 자아도취적 사고를 하는 제자들에게 대꾸하기보다는 묵묵히 말 한 마디를 던지십니다.

“사람들을 앉게 하여라.” **요한6:10**

‘그러냐? 빵을 사려니 돈이 많이 든다고? 어린아이의 도시락은 이 상황에서는 쓸모가 없다고? … 앉아서 한번 생각을 해보자. 자기 욕심껏 받아먹기 위해서 경쟁적으로 뜀박질할 준비만 하지 말고 앉아서 차분하게 생각을 해보자. 그리고 더불어 살아가면서 예쁜 어울림을 만들어 볼 궁리를 해보자꾸나.’

예수는 이러한 속내를 가지고 있었음직합니다. 자꾸만 ‘안 돼, 안 돼’하면서 싸우고 갈라지고, 그리고 심각하게 아파하다가 헤어지는 것이 우리들의 고단한 역사였다면 이제는 그러한 삶을 극복하고 함께 둘러앉아서 더불어 살아가는 새로운 삶의 자리를 만들어낼 수 있도록 고민을 해보자는 속내 말입니다. 그리고는 제자들과 더불어 자꾸자꾸 빵을 나누어주시고 물고기를 나누어 주시기 시작합니다.

글쎄요,

이렇게 하시는 스승 예수를 보면서 제자들은, 그리고 거기에 모여 있는 군중들은 자기 스스로를 의심하며 돌아보는 작업을 했을까요? 자기를 과시하기 위해서 복잡하고 정밀한 삶의 논리를 제시하던 자신의 모습을 거두어들이고 머리를 맞대고 둘러앉아 나눔과 섬김, 그리고 연대를 가능하게 하는 합리성을 초월한 진솔한 논의에 참여하려 할까요?

상황은 그렇게 흘러가지 않았습니다. 오히려 군중들은 나눔과 섬김을 보여주신 예수에게 자기들의 기준을 들이밀고 있습니다.

“예수께서는 사람들이 와서 억지로 자기를 모셔다가 왕으로 삼으려고 한다는 것을 아시고 혼자서 다시 산으로 물러가셨다.” **요한6:15**

‘살아내고 보니 시간이 한순간에 다 흘러가는 것이었는데 그걸 모르고 아웅다웅하면서 살아온 것이 안타깝다네’ 하고 한탄하는 어느 구도자의 탄식이 당시의 군중들 속에 투사되어 있습니다. 그들은 삶의 모범을 보이고 있는 예수의 생각을 외면하면서 계급장 싸움의 돌격대장으로 예수를 밀어대고 있습니다. 이런 부류의 사람들이 실천하는 나눔과 섬김은 계급장 획득을 위한 도구로서의 실천일 가능성이 높습니다. 계급장 투쟁에 인생을 걸고 살아가는 사람들은 아무리 훌륭한 선생이 나타나서 살아가는 일의 모범을 보여주어도 알아차리지 못한 채, 또는 모르는 척 자기가 걷던 길을 걸어갈 겁니다.

그렇지만 예수의 제자가 되어 예수께서 걸어가신 그 길을 뒤따라 걸어간다는 것은 자신의 욕심을 제어하고 ‘내 뜻대로가 아닌 하나님의 뜻을 따라’ 살아가기 위함이니 그리스도인이라면 마음공부를 단단히 해나가야 하겠습니다.

언젠가 읽었던 신문 기사가 생각이 납니다. 니케아공의회를 위해서 각지에서 모인 교회의 지도자들이 약 300여 명 되었답니다. 그런데 그들 대부분은 앞을 보지 못하거나 신체 일부를 심하게 다친 이들이었답니다. 왜냐하면 그들은 교회가 핍박을 받을 때 온몸으로 그 핍박을 받아내면서 신앙을 지켜낸 것이 그 이유이었다는군요.

예수를 자신의 욕망을 실현시키기 위한 도구로 인식하는 한, 우리는 우리로부터 떠나 산속으로 들어가시는 예수를 경험할 수밖에 없습니다. 자신의 내면의 욕망과의 싸움에서 꾸준히 이겨나감으로 내적 승률을 높여나가는 그리스도인이 예수와 꾸준히 머물면서 진리의 사람이 되는 노력을 한결같이 해나갈 수 있을 텐데요. 이어지는 요한복음의 이야기로 보아서는 그렇지 않은 장면이 이어지니 마음이 자꾸만 아려옵니다.

우리가 죽게 되었습니다

인간이 소외를 경험하지 않으면서 살아가던 시절이 있었을까요? 어쩌면 가능했을지도 모르겠습니다. 인간이 소외를 느낀다는 것은 소유하는 일에서 제외되었다고 느꼈을 때일 수도 있으니까요. 대부분의 사람들이 가지고 있는 좋아 보이는 재화를 나도 가져야 하는데 소유 역량이 부족해서 아무리 노력해도 내 것으로 만들지 못하니 그럴 때 사람들은 소외를 경험하기도 합니다. 마을 사람들은 서로 간에 소통하며 함께 밥을 먹고 살아가면서도 그 누구도 자기와는 밥을 먹어주지 않는 상황에서 삭개오는 동네 사람들이 함께 공유하며 누리고 있는 사랑의 결핍을 느꼈을 법합니다. 이러한 개별적인 욕구로서의 결핍은 소외를, 그리고 지독한 소외는 두려움을 경험하게 할 겁니다.

그래도 성서에서 그려내고 있는 초대 교회는 개별적인 욕구를 느낄 필요가 없는 사회구조의 단적인 모델로 이해할 수 있는 측면이 있습니다. 독일의 사회학자인 퇴니스Tönnies도 교회를 공동사회Gemeinschaft로 구분했으니 이 공동사회는 화려해 보이는 값비싼 재화를 각자 소유하지 않아도 되는 구조를 가지고 있습니다. 필요한 물품을 공동으로 구매하고 필요한 대로 나누니 말입니다. 초대교회가 보여주고 있는 평등적 사회의 모델로서의 교회공동체는 아마도 같이 자고, 같은 음식을 먹으며, 같은 품질의 재화를 함께 소비하니 소유의 다소나 재화의 품질 차이로 인한 아무런 불편함이 없는 사회입니다. 이런 구조로 꾸려지는 사회는 소외를 경험할 일이 없고 혹독한 소외로 인한 두려움을 경험할 일도 없으니 편안한 살림살이가 가능한 삶의 자리입니다.

그런데 참 신기한 경험을 했습니다. 군 복무를 마치고 복학해서 듣는 사회학 수업 시간이었는데요. 군에 가기 전에 가르치셨던 교수님이 다시 강의를 하시기도 하니 정겨운 마음으로 수업을 듣고 있었는데 순간 교수님이 뜻밖의 내용을 이야기하셨습니다.

"교회는 이익사회**Gesellschaft**로 분류됩니다."

"예? 제가 군대 가기 전에 교수님은 교회를 공동사회로 분류하셨는데요?"

"예~ 그랬을 겁니다. 그러나 이제는 교회를 공동사회로 분류하기에는 현실교회의 특성이 많이 변했다는 것이 사회학자들의 견해입니다."

그래서 그런가요? 오늘 교회공동체에 속해서 신앙생활을 하는 그리스도인들 가운데도 소외를 경험하고, 심화되는 소외로 인해서 두려움을 경험하는 사람들이 많이 있는 눈치입니다. 교회공동체에 들어오면 기존의 자리를 지키고 있는 이들은 계급적 사고방식에 익숙해져 있으면서 계급장 다는 법을 안내해주는 형국이니 이러한 자리에서는 소외와 그로 인한 두려움을 경험하기에 딱 좋은 삶의 자리입니다.

초대교회가 당연하게 공동사회로 분류되던 시절의 사울은 스데반이 돌에 맞아 죽어가던 그 자리에 있었습니다. **(행8:1)** 그리고 사울은 스데반의 죽음을 타당하게 여기는 입장을 가지고 있었죠. 그렇게 해서 사울은 그리스도인들을 핍박하는 삶의 여정을 오래도록 살아냈습니다. 그의 삶의 기조는 '죽임'이었던 것이죠.

글쎄요?

그런 기조를 가지고 살아가는 사울은 행복했을까요? 죽이고 또 죽이는 생활의 반복을 경험하면서, 진리로부터의 엄청난 소외를 경험하면서, 그 반복되는 지난한 소외는 은근한 두려움으로 마음을 짓누르다가 결국 사울을 땅바닥에 거꾸러뜨리고 말았습니다. 그리고 눈의 꺼풀을 벗겨내며 두려움을 넘어서는 삶으로 나아가는 경험을 하게 되죠.

"당신은 누구십니까?"

"나는 네가 핍박하는 예수다." **행9:5**

예수의 제자들은 배를 타고 호수를 건너가고 있습니다. **(요한6:16절이하)** 제자들은 그렇게 함께 다니면서 마음을 잘 모아가고 있는 동문수학하는 사람들인 것처럼 보이지만 그들은 각기 자기들의 생각을 가지고 있었습니다. 개개인의 삶의 요구와 그에 따르는 부족함을 공동체의 능력으로 보존해주는 듯하지만 그들은 내심 각기 다른 생각을 가지고 있는 것 때문에 소심한 소외를 경험하고 있는 듯합니다. 호수를 건너다가 심한 풍랑을 만나면서 고백하는 그들의 소리가 심상치 않게 들리는 이유입니다.

"주님, 살려주십시오. 우리가 죽게 되었습니다." **마태8:24**

당시의 사회적 상황으로야 네로의 기독교 박해 등 교회를 향한 핍박이 극심한 시절이니 그런 맥락에서 핍박으로 인해 고통당하는 초대교회의 외침으로 위의 소리를 들어낼 수도 있겠습니다만 훗날 제자들이 보이는 태도를 보면 '우리가 죽게 되었습니다'라는 소리를 꼭 그렇게 사회적인 정황으로만 들어낼 일도 아닌 듯합니다.

자기 스승인 예수님을 팔아먹기도 하고 위기 상황에서 옷도 챙겨 입지 못하고 도망가기도 하며 빌라도의 법정에서는 정말 저 사람이 누군지 모른다고 하는 제자들, 그렇게도 냉정하게 자기 스승을 부인하는 제자들의 단절적 사고가 두려움으로 전환되고 그러니 그들의 내면에서 외치고 있는 '주님, 살려주십시오' 하는 소리는 이 사람들의 두려움의 투사投射는 아닐까요?

스승을 스승이라고 하기는커녕 오히려 팔아먹기까지 하는 제자들의 수준은 자기 스스로를 속이며 살아가고 있는 지경입니다. 그도 그럴 것이 스승인 예수께서 예루살렘에 들어가겠다고 하실 때에 베드로는 그러지 말라고 스승의 옷소매를 잡아끌다가 '사탄'이라는 소리를 듣고 있으니까요. 어쩌면 이때, 제자들은 겁에 질렸을 수도 있습니다. 로마의 압제에서 자기 민족을 구해줄 줄 알았던 스승이 전통적 메시아 대망의 기대를 꺾어 버리고 죽음이 기다리고 있는 예루살렘에 들어가려 한다니 말입니다. 그런 스승을 따라다니면 자기들도 험한 꼴을 당할 것이 불을 보듯 명확하니 호수의 풍랑 앞에서 무력감을 경험하는 제자들은 죽게 되었다고 탄식을 하고 있습니다. 자기들의 두려움을 토로하고 있습니다.

어쩌면은요,

오늘도 일단의 그리스도인들은 예수님을 따른다고 하면서도 십자가에 오르시는 예수를 끌어내리고 있는지도 모르겠습니다. 예수께서 십자가에 오르시면 자기도 자기 십자가에 올라야 하는데 그렇게까지 하면서 믿음의 길을 걷기는 정말 싫으니까 말이죠.

인간은 자신이 하고 싶은 일을 하며 그리고 그 일이 자기답다고 느껴질 때에 자발적인 만족감과 성취감을 느끼면서 살아갈 수 있게 됩니다. 그렇기 때문에 인간이 소외를 경험하고 그 소외의 끝에서 두려움에 사로잡히는 것은 진리를 따라 살아가지 못할 때입니다. 남에게는 도둑질을 하지 말라고 가르치면서 자기는 도둑질을 하는 수준의 삶(롬2:21)에서는 두려움을 극복하는 일이 그리 쉽지 않을 거니까요.

어차피 인간은 자기 자신에 대한 완벽한 이해를 가지고, 또는 자기를 완벽하게 파악하면서 살아갈 수 있는 존재는 아닙니다. 그렇지만 인간은 꾸준히 자신에 대한 탐색 작업을 할 수 있는 존재라는 것이 그나마 희망일 겁니다. 인간은 자기를 조금씩 알아갈 수 있는 존재이니까요. (한국철학사상연구회. 『철학, 삶을 묻다』 참조)

제자들은 풍랑 앞에서의 두려움을 경험하면서, 그 두려움에 스승을 몰라라 하기도 하지만 그래도 차근차근 하나님의 사람이 되어갈 겁니다. 본래적인 삶을 희망하도록 스승은 모범이 되어 십자가에 오르시는 희생제물이 되는 길을 걷고 계시니까요.

무사유에서 벗어나기

예수께서는 한껏 사람들의 주목을 받고 계시는 듯합니다. 예수께서 디베랴 바다 건너편 동산 위에서 오병이어로 많은 사람들을 먹이시고 난 후에 그곳에서 떠나 다른 곳으로 옮겨 가셨는데 이를 모르는 사람들이 예수를 만나기 위해서 디베랴 바다 건너편 그 동산을 찾아왔으니 말입니다. **(요한6:22-24)** 그렇지만 예수께서는 그 전날 이미 다른 곳으로 떠나가셨으니 예수를 만날 수는 없는 사람들은 예수를 만나기 위해서 다시 가버나움으로 발걸음을 옮겨야 했습니다. 그리고는 자분자분 예수께 다가가자 예수는 자신에게로 오는 이들에게 이렇게 말씀하셨습니다.

> "너희가 나를 찾는 것은 표징을 보았기 때문이 아니라 빵을 먹고 배가 불렀기 때문이다." **요한6:26**

인간은 자신이 직면하는 상황과 삶의 자리에 대하여 의미를 찾아낼 수 있는 존재입니다. 만일 누군가가 예수께서 아픈 사람들을 고쳐주고 소외당하는 사람들과 함께 밥상에 둘러앉아서 밥을 먹는 것을 보면서 '저 예수라는 사람이 왜 저렇게 행동을 할까?' 하는 생각을 했다면 그건 인간의 사유능력 때문일 겁니다.

아무리 총명한 강아지라도 그 강아지는 예수의 사역을 보면서 '왜 예수가 아픈 사람을 고쳐주지? 그 행동은 무엇을 의도하고 하는 행동일까?'라고 생각하지는 않을 것이기 때문입니다.

그렇지만 모든 사람들이 항상 삶의 자리에서 직면하는 상황에 대하여 의미를 찾아가는 사유능력을 발휘하지 않는다는 것이 문제입니다. 이념을 생산하고 프레임을 만들어 내는 소수의 사람들에 의해서 다수 대중은 그 이념과 프레임을 비판 없이 따르며 살아가기도 하니까요. 일단의 사람들은 그저 이념과 프레임에 함몰된 삶을 살아갈 뿐입니다.

그러니 생각하지 않고 단지 물리적이고 생물학적인 필요만을 찾으면서 예수를 따르는 이들에게 예수는 '나를 찾아오는 이유가 빵 때문이구나'라고 이야기하시는 겁니다. 예수님은 자기를 찾아오는 사람들에게 이렇게 이야기하실 만한 정황을 가지고 있습니다. 예수는 무사유에 의하여 고착되고 망가지고 있는 당시의 유대교의 생각과 규칙들에 대하여 본래적인 것에 관하여 생각 좀 하며 살아가자고 거침없이 주장하고 계시는 분이니까요.

예수님의 제자들이 안식일에 길을 가다가 배가 고픈 나머지 밀이삭을 따서 먹었습니다. 그랬더니 그 모습을 본 유대인들은 바로 이의를 제기합니다. '당신의 제자들이 안식일에 해서는 안 되는 일을 한다' 하면서요. 유대인들은 당연히 그렇게 이야기할 수 있을 겁니다. 그렇게 살아가는 유대문화에서 태어나서 그런 교육을 받으며 성장했고 그렇게 살아가는 것이 하나님의 뜻에 부합하는 삶이라는 흔들림이 없는 신념을 가지고 있으니까요. 그렇지만 예수님은 그 지점에서 당시 사람들의 생각과는 다른 이야기를 하십니다.

"'나는 자비를 원하고 제사를 원하지 않는다' 하신 말씀이 무슨 뜻인지 알았더라면 너희가 죄 없는 사람들을 정죄하지 않았을 것이다. 인자는 안식일의 주인이다." **마태12:7-8**

바울도 비슷한 경험을 하게 됩니다. 바울은 이방인에게 복음을 전하는 일을 열심히 하면서 이방지역에 교회를 꾸준히 세워나갔습니다. 그렇지만 한 가지 문제가 생겼습니다. 유대인 그리스도인들이 이방인 그리스도인들에게 할례를 받을 것을 강요하는 문제였죠.

"몰래 들어온 거짓 신도들 때문에 할례를 강요받는 일이 있었던 것입니다." **갈2:4**

이런 상황에 대해서 바울은 이렇게 응답하고 있습니다.

"할례를 받거나 안 받는 것이 중요한 것이 아니라 새롭게 창조되는 것이 중요합니다. 이 표준을 따라 사는 사람들에게와 하나님의 백성 이스라엘에게 평화와 자비가 있기를 빕니다." **갈6:15-16**

무엇이라도 최초의 의도는 순결했을 겁니다. 안식일 법은 안식일을 통해서 하나님의 창조질서를 묵상하고 보다 나은 삶을 살아가는 재창조의 질서를 경험하라는 하나님의 섭리 가운데서 사람들에게 주어졌을 거고요, 할례의식도 자신의 몸에 하나님의 백성이라는 표식을 하면서 더욱 성결하고 구별된 삶을 살아가라는 순수한 의미에서의 규칙과 제도의 도입이었을 겁니다. 그러나 사람들이 이러한 규칙과 제도에 엉뚱한 힘을 불어넣고 더불어 기득권을 지켜내고 누리는 수단으로 악용하면서 문제는 심각해집니다.

그러고 보면 최초의 순수한 제도와 규칙이 제도적으로 자리를 잡고 ~주의(~ism)가 되어 절대적인 지위를 누리기 시작하면 해석학적 탄력성을 잃어버리는 모습을 보게 됩니다. 더욱이 시간이 흐르면서 ~주의가 힘을 얻기 시작하고 질주하기라도 하면 이 달림은 가속을 얻으면서 누구도 제어하지 못하는 엄청난 폭주의 관성이 작용하기 시작합니다. 이러한 ~주의의 폭주는 자기 성찰의 가능성을 점점 줄여가면서 달리기에 몰두하게 되고 그 달리기에 걸림돌이 되는 것은 수단과 방법을 가리지 않고 제거해 가면서 달리기에만 몰두하기 때문에 망가진 기존의 질서가 되면서 하나님의 창조질서에 역행하는 파괴적 발걸음을 옮기게 되는 겁니다.

사실 믿음의 길을 걸어가면서 성숙한 인격을 확보한다는 것은 나르시시즘narcissism을 극복하고 꾸준한 자기 성찰작업에 참여한다는 것을 의미합니다. 그렇기 때문에 믿음의 길을 통해서 확보하는 성숙한 인격은 자신이 깨달아야 하는 본래적인 생각으로 나아가는 것을 방해하는 걸림돌과 장애물을 알아차리고 뛰어넘게 합니다. 그런데 이러한 작업이 그리 간단하게 수행되지 않는다는 데 문제가 있습니다. 왜냐하면 사유가 시작되는 삶의 자리에서부터 성장기에 경험하는 교육의 자리, 그리고 이어지는 다양한 삶의 자리는 때로 꾸준히 제공되는 일그러진 시대정신의 장場일 수 있기 때문입니다.

이러한 상황에 대하여 정수복 선생은 자신의 저서인 『한국인의 문화적 문법』이라는 책에서 이렇게 진단합니다. 태어날 때부터 습득한 생활양식과 생각하는 법은 자연스럽게 몸에 배어 있기 때문에 이런 생활양식과 생각의 법은 성찰의 대상으로 떠오르지 않는다고요. 그러니 꾸준히 신앙의 길을 걸으면서 성숙한 인격을 확보했다고 한들 어지간히 해서는 자신을 성찰적으로 들여다보는 작업이 쉽지 않은 이유입니다. 이 대목에서 예수님은 우리들에게 이렇게 말씀하고 계십니다.

> "예수께서 그들에게 말씀하셨다. 내가 생명의 빵이다. 내게로 오는 사람은 결코 주리지 않을 것이다. 나를 믿는 사람은 다시는 목마르지 않을 것이다. **요한6:35**

일그러진 시대정신 속에서 살아가는 사람들이 꾸준히 허무함을 경험하면서 살아가고 있음을 통찰하신 예수께서 말씀하시는 '다시 목마르지 않는 법'입니다. 예수와 바울은 하나님의 본래적인 뜻을, 그리고 본래적인 정신을 이해하면서 유연한 발걸음을 옮겨야 한다고 꾸준히 이야기합니다. 이렇게 문득 나타난 시대의 스승들의 방향 전환 요청에 대하여 기존의 질서는 강력하게 반발하겠지만 그렇다고 가던 길을 멈출 수는 없는 노릇입니다.

어떻게 해야 할까요?

때로 내 안에서 강고하게 작동하고 있는 장벽을 무너뜨리고 기존의 생각에서 빠져나오기 위해서는 자신의 내면에 자리를 잡고 있는 그 무엇인가를 전면적으로 부정하는 작업이 필요하지는 않을까요? 다양한 신앙의 경험, 다양한 독서를 통해서 경험의 폭을 넓히는 작업이 기존의 생각 때문에 제한을 받는다면 '자기를 부정하는 작업'에 대해서 다시 한번 진지하게 생각해 볼 일입니다.

믿음의 길을 걸어간다는 것은 나의 이웃에게 상호 공감할 수 있는 예쁜 그림을 그려서 전하는 작업이니 성령의 조명 아래에서 이 작업을 잘 해나갈 필요가 있습니다. 그러다가 밝히 드러나는 획일적이고 배타적인 모습이 찾아지기라도 하면은요, 기존의 망가진 질서에 저항하시는 예수를 생각하면서 무사유를 극복할 수 있는 생각의 힘을 키워나가야 할 겁니다. 자신의 마음을 다시 하얀 도화지로 만드는 작업 말입니다.

예수가 십자가에 오르는 이유

요한복음을 차분히 읽어나가다 보니 재미있는 장면에 눈길이 머물게 됩니다. 예수와 그의 동생들 사이에서 벌어지는 대화 내용입니다. 예수의 동생들은 자기들의 형인 예수에게 이런 이야기를 합니다.

> "형님은 여기에서 떠나 유대로 가셔서 거기에 있는 형님의 제자들도 형님이 하는 일을 보게 하십시오. 알려지기를 바라면서 숨어서 일하는 사람은 없습니다. 형님이 이런 일을 하는 바에는 자기를 세상에 드러내십시오." **요7:3-4**

그런데 더욱 흥미로운 것은 이런 이야기를 소개하는 요한복음의 저자인 사도 요한은 이런 말을 덧붙이고 있습니다.

> "예수의 형제들까지도 예수를 믿지 않았기 때문이다." **요한7:5**

어떠신가요?

예수의 동생들이 예수를 믿지 않았다고 하는 요한의 진단이 어떻게 받아들여지시나요?

예수는 광야에서 직면한 사탄의 시험을 하나님의 말씀에 근거해서 잘 이겨내셨습니다. 우리가 살아가는 것은 빵만으로 살아갈 수 없다는 것을 잘 알고 계시는 것과 동시에 하나님의 말씀으로 살아가야 한다는 것을 강조하시면서 물질의 유혹을 멋지게 이겨내셨죠.

그런데 말입니다.

그렇게 광야에서의 시험을 잘 극복하신 예수께서 가난한 군중들이 살아가는 동네인 갈릴리로 돌아오셔서 하나님의 말씀만으로는 생물학적인 배고픔을 해결하는 데 한계를 느끼고, 그래서 빵 가게를 여시고 빵 장사를 시작하셨다면은요? 그러다가 하나님의 나라를 세워야 하는 자신의 길을 잠시 유보하시고 많은 빵을 확보해서 사람들의 배고픔을 해결하실 요량으로 전적으로 빵 장사에 올인all in 하시면서 수지타산을 계산하시는 모습을 보인다면은요?

오래전에 읽은 책의 내용이 단편적으로 기억이 납니다. 마음공부를 하는 사람이 광야에서 또는 깊은 산속에서 치열하게 마음공부를 하고 맑게 맑게 마음을 가다듬었답니다. 그리고 세상에 나왔는데 그 맑디맑은 마음은 한순간에 흩어지고 세상의 기존 질서에 빠르게 적응해버리고 나니 그 오랜 시간의 마음공부가 소용이 없더라는 내용이었습니다. 그리고는 그런 생각이 떠올랐습니다.

'오래도록 그리도 치열하게 수행하며, 사회를 비판적 안목으로 바라보면서 정결한 삶을 살아가자고 굳게 다짐하던 그 열정이 세상에 나와서는 자신이 비판하던 그 질서에 빠르게 편입되면서 그리도 손쉽게 적응해나가는구나.'

예수님을 믿음의 대상으로 고백하며 그 발걸음을 따른다는 것은 겸손한 삶의 자리와 나보다 남을 낫게 여기는 삶의 자리로 진입하는 것을 의미합니다. 그런데 이런 삶의 자리를 살아가는 사람들에게 한 가지 문제가 나타나곤 하는데요, '언제까지 나만 겸손해야 하고, 언제까지 나보다 남을 낫게 여기면서 살아가야 하는 거야' 하는 생각이 일렁거리기 시작한다는 것입니다. 그러니 겸손과 나보다 남을 낫게 여기는 삶의 자리에서 꾸준히 머물 수 있는 것은 자기를 사랑하는 드높은 자기 존중감을 확보하는 일로부터 가능해집니다. 낮은 자리에 오래도록 앉아 있지만 섭섭하지 않고, 나보다 남을 낫게 여기지만 그로 인해서 자존감에 상처를 받지 않는 탄탄한 내면의 힘 말이죠.

예수가 겟세마네 동산에서 자신의 고난을 예감하면서 '그러니 이 쓴잔을 나에게서 지나가게 해주십시오'라고 기도하는 장면에서는 '정말 인간답다'라는 공감을 하게도 됩니다. 자신이 십자가 형벌을 받을 정도로 잘못을 저질렀다는 데 공감이 되지 않는데 누가, 왜 이유 없는 고난의 자리에 가려고 하겠습니까? 이유 없이 고난을 당하라고 등을 떠미는 아버지에게 '내가 왜요?'라고 따지는 장면이 당연하게 받아들여지고, 그리고 '나 안 해요'라며 집을 나가버리는 장면에서는 부당한 요구를 하는 아버지에게 합리적으로 대항하는 아들의 모습으로 보여지며 통쾌하기도 합니다. 그리고는 다들 이렇게 합리적이고 논리적인 삶을 살아가고 있는 듯하고요.

고객관리기법 중에 CRM(Customer Relationship Management)이라고 해서 20:80법칙이라고 불리는 법칙이 있습니다. 이 고객관리 법칙은 이런 건데요, 예를 들면 백화점을 이용하는 고객의 20%가 80%의 고객보다 훨씬 많은 구매실적을 올리면 80%를 포기하면서까지 20%의 고객에 집중한다는 이론입니다.

열심히 교회를 돌보며 살아가고 있던 어느 날, 필자가 목회하는 동네 주변이 개발이라는 명목하에 택지 조성을 위해 산을 밀어버리기도 하며 시끌벅적했던 적이 있었습니다. 경험하지 못한 혼란스러운 상황 때문에 선배 목회자를 찾아가서 어떻게 해야 하는지를 물었었죠. 선배는 한 치의 주저함도 없이 교회를 아파트 부지가 형성되는 곳으로 옮기라고 했습니다. 그렇게 하면 현재 교회의 위치를 중심으로 하던 교우들이 따라오지를 못한다고 하자 다시 망설임 없이 이렇게 대답했습니다.

"지금 몇십 명의 교우들을 포기하고 옮겨가면 열 배 이상의 교인들이 모이는 교회로 부흥할 거야."

어쩌면 합리적이고 효율적인 조언일 수도 있는 그 말을 차마 따르지 못했습니다.

예수께서는 앞에서 언급한 인간적인 기도 다음으로 드린 기도에서 자신의 마음의 모습을 우리들에게 분명하게 보여주고 있습니다.

> "그렇지만 내 뜻대로 하지 마시고 아버지의 뜻대로 하십시오." **마태26:39**

예수가 광야에서의 시험 사건을 통해서 한없이 낮은 자리에서도 좌절하거나 섭섭해하지 않는 마음공부를 해냈다고 읽어낼 수 있는 근거는 없을까요? 저는 십자가상의 예수가 옆에 있는 강도에게 하는 말 '네가 오늘

나와 함께 낙원에 이르렀다'는 말로 자발적으로 십자가에 오르는 예수의 기조를 읽을 수 있었으면 하는 바램을 가지고 있습니다. 십자가 위 고난의 상황에서도 이웃과 함께 하나님의 나라에 이르기를 희망하는 예수의 모습이니 말입니다. 심리학적으로 해석을 하든, 성서적으로 해석을 하든 간에 말이죠. 어떤 분은 예수를 따르는 이들은 이래야 한다면서 단도직입적으로 이렇게 이야기하기도 하더군요.

> "예수의 제자들은 일해서 남 주고 공부해서 남 주는 삶을 살도록 부름을 받았다." **(유승원. "나눠주는 부자라면 괜찮소". 기독교사상 2009년. 1월호)**

요즈음은 건강한 신앙에 관한 이야기가 많이 논의되는 것 같습니다. 건강한 신앙은 그리스도교 신앙이 제공하는 가치에 온전히 투신하는 것 아닐까요? 자신이 기도하는 내용을 삶으로 살아내고, 차분하게 읽어나가는 성서의 말씀을 따라 살아가려는 의도의 순수성이 살아나곤 하는 경험이 꾸준히 이어질 때 우리의 신앙은 건강한 신앙이 되어갈 겁니다. 만일 누군가가 자신의 삶을 그리스도교 신앙의 가치에 일부분만 개방하고 자신의 기도를 합리적으로 유보하고, 읽은 성서의 말씀을 치밀한 논리로 우선순위에서 밀어낸다면 그 신앙은 건강한 신앙이라기보다는 분절적이고 단절적인 신앙이라는 평가를 받게 되겠지요.

더불어 믿음의 길을 걸어간다는 것은 체제 전복적인 경향을 보이기도 하는 것인데요, 신앙인임을 자처하는 이들이 타당하지 않은 시대의 가치에 줄을 서고, 나아가서 그 시대 가치를 옹호하는 입장을 보인다면 그 또한 건강한 신앙이라고 말하기는 어려울 겁니다.

그러니 W. E. 오츠는 자신의 책 『신앙이 병들 때』에서 이렇게 말합니다. '신앙이란 거듭난 새 존재로 하여금 경험적인 세계 안에서 궁극적인 관심을 추구하도록 도울 수 있을 때 건강하다.'라고 말입니다.

예수는 겟세마네 동산에서 자기중심성을 극복하고 궁극적인 하나님의 뜻을 보아내면서 자발적으로 십자가를 수용하는 기도를 하고 있습니다. 그렇지만 그렇게 열심히 예수를 따라다니는 제자들은 잠에 빠져 있었고 결국은 도망을 가고 말았습니다. 세상에 이름을 날리라는 권면을 하는 예수의 동생들을 향해서 믿음이 없다고 한마디 하는 사도 요한의 시선이 이해가 되는 장면입니다. 선생님은 달을 가리키는데 제자들은 성실하게 손가락만 바라보고 있습니다. 아마 스승의 손가락을 열심히 바라보는 제자들의 시선이 스승을 십자가에 올라가게 하는 이유일지도 모르겠습니다.

간음한 여인에 관한 단상

율법 학자와 바리새파 사람들이 간음하다가 현장에서 잡힌 여인을 예수에게 데리고 왔습니다. 이 사람들이 간음한 여인을 예수에게로 데리고 온 이유에 관하여 요한복음은 명확하게 이야기하고 있습니다.

> "그들이 이렇게 말한 것은 예수를 시험하여 보고 고소할 구실을 찾으려는 것이다." **요한8:6**

율법 학자들과 바리새파 사람들이 이런 식의 행동을 보이는 것에 관하여 당시의 시대 상황에서 생각해보면 그리 어려울 것도 없어 보입니다. 살아온 대로 살아가겠다고 하는 시대정신의 관성이 율법 학자들과 바리새인들의 살아가는 방식을 견인하고 있기 때문입니다. 대부분의 사람들이 그렇게 살아가고 있고 오래도록 그런 방식으로 살아왔으니 자신들의 삶의 양식대로 살아가는 것은 대단히 타당하고 하나님의 뜻에 순종하는 삶이라는 자기 확신에 견고하게 근거하고 있을 테니까요.

하지만 이들은 자기들이 의롭다고 생각하며 살아가는 삶의 방식을 통해서 자기 스스로를 부정하는 모습을 보이고 있다는 것을 알고나 있는지 모르겠습니다. 일단 율법에 기록되어 있는 간음한 사람에 대한 처벌 조항을 있는 그대로 따르고 있지 않으니까요. 율법은 간음의 상황에 대해서 이렇게 이야기하고 있습니다.

> "한 남자와 약혼한 처녀를 다른 남자가 성안에서 만나서 정을 통하였을 경우에, 두 사람을 다 성문 밖으로 끌어다 놓고 돌로 쳐서 죽여야 한다…" **신명기22:23-24**

> "남자가 다른 남자의 아내, 곧 자기의 이웃집 아내와 간통하면 간음한 두 남녀는 함께 사형에 처해야 한다." **레위기20:10**

그렇지만 이 사람들은 무리를 지어 몰려다니면서 자기들의 이익을 지지해주는 비틀어진 시대적 가치를 지켜내야 하니 성서의 조항들을 굳이 기억해내려 하지 않을 겁니다. 오히려 온갖 논리를 들이대며 자기들의 처신에 합리성을 부여하려 하겠죠. 그러니 이건 자기기만이라고 할 수 있을 듯합니다. 사실은 분명한 흰색인데도 흰색이면 자기들에게 불리한 상황이 연출될 것이 명확한 상황에서는 은근한 미색이라고 온갖 매체를 동원해서 주장하고 혹세무민하는 식의 삶을 아무렇지도 않게 살아가기도 하니까요.

글쎄요,

다수는 항상 진리일까요? 소수자는 항상 불의한 삶의 자리에 있는 사람들일까요? 다수 세력에 속해 있는 사람들은 타인에게 품격있는 대접을 받으려고 하면서도 자기들은 소수 세력에 속해 있는 타자를 자기들의 입맛대로 대접하려 하니 이러한 삶이 자기기만으로 보이기도 하는 겁니다.

그렇지만 때로 이렇게 편향적이고 편파적인 세력이 세상의 주류가 되면 안 된다는 것에 이해를 가지고 있는 사람들이 나서게 됩니다. 그리고 타당하고 합리적인 대화를 제안하기도 합니다. 왜 그렇게 생각하는지를 이야기해보자고, 그런 생각은 어떻게 만들어졌으며 어떻게 공유할 수 있는지를 이야기해달라고 요청하기도 합니다. 자기 생각의 근거를 명확하게 설명하고, 그리고 세계인과 꾸준히 논의할 수 있는 이야기의 자리로 나오라고 요청하게 되는 것이죠. 왜 간음의 현장에서 간음한 여인의 파트너 남자는 데리고 오지 않았는지, 그리고 간음한 여인을 예수에게로 데리고 온 이유는 무엇인지를 많은 사람이 공감할 수 있도록 설명해 달라고 말입니다.

그렇지만 유대인들과 바리새파 사람들은 이러한 질문에 대해서 타당하게 설명하거나 합리적인 논거를 대지 못합니다. 그들은 그저 주장합니다. 우리가 묻는 질문에 우리가 원하는 방식으로 대답하라고, 그렇지 않으면 우리는 우리의 방식대로 계속 일을 추진할 거라고 말이죠. 이런 식의 삶의 태도는 일견 대단한 확장성을 가지고 있는 듯합니다. 빌라도의 제안에 소리를 지르고 있는, 지식이 없는 군중들의 함성이 그것이 아닐까요?

> "'이 두 사람 가운데 누구를 놓아주기를 바라오?' 그들은 '바라바요' 하고 말하였다… 사람들은 더욱 큰소리로 외쳐 말하기를 '그는 십자가에 못 박아야 합니다' 하였다." **마태27:21~22**

사람들은 누군가에게 자신의 이야기를 설명하다가 설명하는 힘의 한계를 느끼는 지점에서는 자기 내면의 깊은 곳으로 도망가는 모습을 보이기도 합니다. 자신의 논리의 어긋남을 인정하고 타자의 시선을 빌려서라도 그 논리를 촘촘하게 재구성하려는 노력은 자신의 자존심이 허락하지 않는다는 것을 느끼는 순간 폐쇄적 편집이 가능한 자발적 자폐의 상황으로 자기를 몰아넣기도 하는 것이죠. 그리고 흰색을 은근한 미색이라고 끊임없이 되뇌다가 결국 흰색을 은근한 미색이라고 굳게 믿는 왜곡된 신념의 자녀가 되게 되는 겁니다. 이건 어쩌면 인간으로서의 자기 존중감을 스스로 부정하는 모습일 수도 있습니다.

사람이 자기가 알지 못하는 지경이 있다는 것을 인식하게 되는 순간은 어떻게 경험하게 되는 걸까요? 스스로 깨달음의 지경에 오르는 일이 어려우니 어쩌면 꾸준한 코칭coaching에 자기를 개방하는 일이 중요할지도 모르겠습니다. 좋은 스승에게서 받는 코칭은 자신의 생각을 획일적으로 몰아가는 내면의 엉뚱한 생각을 알아차리고 배타적 습관을 걸러내 주기도 합니다.

고등학생 시절에 동네에서 친구들과 야구를 잘하고 싶어서 야구선수 출신인 친구에게 도움을 청했던 적이 있습니다. 던지는 공의 속도를 올리려면 자세를 바꾸어야 한다는 겁니다. 자세를 바꾸는 과정에서 오히려 공의 속도가 떨어지는 경험을 하면서는 자세 교정을 도와주는 친구를 의심하기도 했습니다. 때로 면박을 주면서 자세를 지도해주는 친구 때문에 혼란스러움과 부끄러움을 경험하기도 하면서요. 그렇게 몇 달에 걸쳐 믿음이 가지 않는 친구로부터 자세 교정을 받고 있던 어느 날, 제가 던지는 공을 받은 동네 후배가 그랬습니다.

"와우~ 공이 왜 이렇게 빨라요?"

동네 야구를 하면서도 자기 자세를 고치는 일이 이렇게도 어려운데 하물며 의식을 교정하는 일이 그리 쉬울 리가 없습니다. 그렇지만 한 번만이라도 코칭을 통한 자기 변화를 경험하기만 하면 내가 알지 못했던 또 다른 세상을 보아내는 인식의 확장이라는 자리에 이르게 되는 겁니다.

예수님은 자기에게 와서 간음한 여인에 대한 처결 방식을 묻는 이들에게 이렇게 대답하십니다.

> "예수께서 다시 그들에게 말씀하셨다. "나는 세상의 빛이다. 나를 따르는 사람은 어둠 속에 다니지 않고 생명의 빛을 얻을 것이다." **요한8:12절**

사람들은 자신의 삶의 의미를 찾기 위하여 나름의 노력을 하면서 살아갑니다. 그런 노력의 일환으로 치열하게 자신의 목표를 이루기 위하여 학學과 습習에 임하기도 하고 여러 과정에 참여하기도 하지만 때로 결과물을 얻고 나서도 허탈해하기도 하고 허무감에 빠지기도 하는 이유는 무엇일까요? 어쩌면 그것은 자신의 주체적인 판단과 결정에 의한 삶이 아닌 사회적인 요구, 또는 부모의 욕망의 투사 등에 의한 주체성이 결여된 결과물이기 때문일지도 모를 일입니다. 이러한 외적인 요구들은 때로 자기를 자발적 자폐 상태로 몰아가고 자신의 독립적이고 주체적인 결정에 의한 삶이 아닌 타율에 의한 삶을 살아가게 하기도 하니 말입니다. 이런 식의 삶을 살아가는 이들은 예수를 따른다는 미명하에 많은 공부를 하지만 결국 자기 신념을 확고히 하는 수준에 머물기도 합니다. 이들은 평화로운 세계와 서로 사랑하며 살아가는 삶에 관한 이론에 관해서는 엄청난 분량의 원고작업이 가능할 수는 있어도 자신의 실천적인 삶에 관해서는 보다 객관적이고 확장적인 이야기를 써 내려가지는 못할지도 모릅니다.

이러한 삶을 살아가는 사람들에게 예수께서는 '나를 따르는 사람은 어둠 속에 다니지 않고 생명의 빛을 얻을 것'이라고 이야기하고 계십니다. 세상의 빛이 되시는 예수를 따른다는 것은 자기 마음 깊은 곳에 숨겨놓은 이기적인 의도를 털어내고 세상을 위하는 자기를 찾아내는 작업을 의미하는 것이니까요. 이러한 지루하지만 꾸준히 수행해야 하는 작업에 자기를 넉넉하게 개방하며 살아가는 사람이 간음한 여인의 이야기에서 자기를 보아내고 자기를 확장시키며 살아가는 사람일 겁니다.

예수, 그리고 돈키호테와 어린 왕자

예수께서는 유대인들에게 자신에 관한 이야기를 하고 계십니다.

> "너희는 아래에서 왔고, 나는 위에서 왔다. 너희는 이 세상에 속하여 있지만 나는 이 세상에 속하여 있지 않다." **요8:23**

이 말은 지금까지 유대인들이 구사했던 언어적 문법과는 다른 방식의 문법이니 유대인들은 혼란스럽습니다. 예수가 하는 말을 잘 이해하지 못하고 그래서 동글동글 눈만 굴리고 있는 유대인들에게 예수는 다시 한마디를 더합니다. '나는 그분에게서 들은 대로 세상에 말하는 것이다' **(요한 8:26)** 그렇지만 예수의 이야기를 듣고 있는 유대인들은 그 말이 무슨 소리인지 깨닫지 못하고 있습니다. 아니 들리는 대로만 듣고 소리의 의미를 깨닫지 못하는 유대인들은 당황하면서 화를 내기도 합니다.

하기야 유대의 전통에서 그 어떤 예언자나 선지자도 자기 자신을 하나님의 아들이라고 말한 이는 없었습니다. 일반적으로 예언자들은 어느 지역의 누구누구의 아들 아무개라고 자기를 소개하고 있습니다. 그런 지난 시간의 문법적 맥락이 흐르고 있는 상황에서 문득 나타난 예수가 자신은 하나님의 아들 독생자라고 이야기하는 대목은 유대인들 입장에서는 신성

모독 수준의 발언일 수밖에 없으니 어쩌면 예수는 이런 식의 문법을 유지해 나가는 것이 자기를 죽음으로 몰고 가는 여정이라는 것을 알고 있었을 겁니다. 그래도 예수는 이런 방식의 이야기를 멈추지 않습니다.

> "내가 진정으로 너희에게 말한다. 여기에 돌 하나도 돌 위에 남아 있지 않고 다 무너질 것이다." **마태24:2**

성전 건물을 가리키면서도 주저하지 않고 건물이 무너질 것이라고 이야기하는 예수의 이야기는 성전 권력, 기존의 질서를 인정하지 않겠다는 결연한 의지로 받아들여지는 내용이니 예수의 사역은 체제 전복적 사역이고 그의 문법은 체제 전복적 문법이라고 해도 무리는 아닌 듯합니다.

그렇습니다.

당시의 유대인들은 자신들이 살아가는 그 시대가 제공하는 가치에 충실한 채로 살아가고 있으면서 객관적인 시선으로 세상을 보아내는 능력을 가지고 있지 못하니 자신의 관점으로 -하나님의 관점으로- 세상을 보아내는 예수는 '미친놈'으로 보일 수밖에 없습니다. 이런 사람들에게 아무리 예수가 '나는 가고 너희는 나를 찾다가 너희의 죄 가운데서 죽을 것이다. 그리고 내가 가는 곳에 너희는 올 수 없을 것이다.' **(요8:21)**라고 이야기한들 그 이야기를 이해하고 받아낼 리가 없습니다. 더군다나 이 사람들은 제단에서 전해지는 이야기에 습관적으로 '아멘'을 해대는 사람들이니 시대정신에 대한 비판적인 질문을 하는 일은 없을 겁니다. 오히려 시대정신을 수호하는 '진리수호대'라는 완장을 만들어 어깨에 차고 다마스쿠스로 '죽임'의 길을 걸어가는 사울의 길을 따라 나설 겁니다.

질문이 허용되지 않는 공동체, 그래서 질문을 하지 않는 사회에서는 창조적인 발걸음을 내딛기가 매우 힘이 듭니다. 지배권력의 호흡에 맞추어서 일사불란하게 움직여야 하는 획일적이고 통제적인 공동체로서의 정체감을 갖게 되기가 쉽기 때문입니다. 이렇게 기존의 질서에 손쉽게 편입되어 살아가는 사람들이 보이는 행동 특성 가운데 하나는 자기들의 기준에서 만들어 내는 '정상화normalization 작업'입니다. 자기들이 운영하는 사회에서 보편적으로 통용되는 가치에 모든 이들이 동의하며 살아가야 하고 그렇지 않고 누군가가 개인적인 특성을 드러내며 살아가기라도 하면 무슨 수단을 동원해서라도 자기 사회의 가치에 순응하는 인간으로 인간개조작업을 해내야만 하는 사명감을 가지고 살아가는 행태를 보이니까요.

이렇게 자기중심적 가치에 기반한 정상화 작업이 진행되는 사회에서 저항하는 삶을 살아가는 예수의 이야기를 생각하는 동안에 문득 라만차의 돈키호테가 생각났습니다.

작위가 없는 귀족인 이달고였던 돈키호테는 기사knight에 관련된 책을 너무 많이 읽은 나머지 기사놀이에 빠지게 되죠. 그는 동네의 허름한 가게에서 기사 작위를 받은 후에 풍차를 거인이라고 주장하면서 치열한 싸움을 벌이기도 하는 등의 자기 세계를 탐닉하는 삶을 살아냅니다. 그러한 돈키호테를 안쓰럽게 생각하는 마을 사람들은 학사 카라스코를 중심으로 돈키호테를 마을로 데리고 와서 정상화 작업을 하게 됩니다. 그렇지만 그렇게 일상으로 돌아온 돈키호테는 기사로 살아가던 때의 활발함을 잃어버리고 결국 죽음에 이르게 되죠. 시대정신이 온전한지 아니면 망가졌는지를 비판적으로 성찰하지 않으면서 살아가는 사람들에게 돈키호테는 왜곡된 시대정신의 영향을 받고 있는 현재의 자기를 성찰하며, 시대정신을 넘어서 순전한 자기를 찾아서 살아가는 독특한 캐릭터로 읽혀지니 이 대목은 현대인들에게 함의가 있는 대목입니다. 자기답게 살아가지 못하는 상황에 관해서 죽음의 지경을 경험하도록 아파하고 힘들어하는 돈키호테를 지켜보는 마을 사람들도 이러한 상황을 눈치채고 '다시 기사로서의 여정에로'라고 했는지는 모르겠지만 이미 늦어버렸다는 상황이 안타까움으로 다가옵니다.

예수께서 유대의 일반적인 화법을 넘어서서 '나는 하나님의 아들, 독생자다'라고 말하면서 살아가는 것이 돈키호테가 '나는 기사고 풍차는 나쁜 거인이다'라며 악을 향해서 앞뒤를 가리지 않고 돌진하는 장면과 묘하게 겹쳐 보이는 대목이 재미있습니다. 돈키호테가 책을 사기 위해서 자신의 많은 것을 포기하는 것이나 예수께서 당시 유대의 문법을 거부하고 자신만의 문법으로 하나님의 본래적인 뜻을 이야기하는 것은 기존의 질서에서 하나님의 질서로 '건너가기' 작업을 해나가는 것이라고 할 수 있을 겁니다. 이 대목에 대해서 최진석 교수는 이렇게 이야기합니다. "책 읽기는 마법의 양탄자를 타고 '다음'을 향해 '건너가기'를 하는 작업이다"라고요. **(최진석. 『나를 향해 걷는 열 걸음』)** 아마도 여기에서의 '책 읽기를 통한 건너가기'는 돈키호테의 책을 사기 위한 작업, 예수의 겟세마네 동산의 피땀이 어린 기도로 이해할 수도 있을 겁니다.

이렇게 많은 작가들과 철학자들이 자기의 정신을 가지고 살아가는 삶을 소개하고 있지만, 그리고 궁극적으로 예수께서 십자가로 향하는 여정을 거부하지 않고 십자가에 오르시는 삶의 모범을 우리들에게 보여주고 있지만 이러한 삶은 우리들의 일상에서 잘 받아들여지지 않습니다. 더욱

이 예수는 우리들에게 '너희는 진리를 알게 될 것이니 진리가 너희를 자유롭게 할 것이다'(요한8:32)라고 이야기하지만 우리는 '무엇이 진리냐' 하는 논쟁에 머물러 있으면서 '어떻게 살 것인가'의 실천적 자리로는 한 걸음도 내딛지 못하고 있으니 이 또한 어려운 노릇입니다.

생텍쥐페리는 '어린 왕자'라는 이야기를 통해서 자신의 유일성과 고유성을 회복하는 것이 중요하다는 것을 말해주고 있습니다. 어린 왕자는 장미 한 송이를 가꾸다가 수많은 장미들이 피어있는 꽃밭에 이르러서 자신이 키우던 장미가 '여러 개 중의 하나one of them'인 것을 경험하며 실망하게 됩니다. 자신이 별을 여행하면서 만난 사람들이 -왕 놀이 하는 사람, 개념 없는 사업가, 현장경험이 없는 지리학자, 술주정뱅이, 융통성 없는 가로등 관리자 등- 자신이 도착한 지구별에는 수없이 많이 있다는 것을 깨닫게 되기도 하고요. 다들 그렇고 그렇게 살아가는 세상인 거죠. 그렇지만 여우와의 대화를 통해서 관계를 맺는 법, 그리고 서로를 길들이는 법을 알게 되고 나서는 다시 자기 별로 돌아가는 꿈을 꾸게 되잖아요?

자기 별로 돌아가는 꿈을 꾸게 되었다는 것은 자신의 유일성과 고유성에 관한 사고가 가능해졌다는 것을 의미하는 걸 겁니다. 자기 스스로를 돌아볼 수 있는 사고가 가능해지면 비판적 안목없이 시대의 문법에 갇혀서 살아가는 유대인들의 수준을 극복할 수 있으니 그나마 다행입니다.

그리고 예수가 던져 주는 진리 안에서 자유하라는 이야기를 잘 이해하기 위해서는 또 다른 성구 하나를 떠올려야 할 듯합니다.

"그분은 나를 혼자 버려두지 않으셨다. 그것은 내가 언제나 아버지

께서 기뻐하시는 일을 하기 때문이다." 요한8:29

돈키호테에게 마을 사람들이 몰려와서 다시 기사 여행을 떠나야 한다고 권하는 장면, 그렇지만 병상에 누워서 물끄러미 자신의 이웃을 바라보는 돈키호테의 아련한 시선, 자기에게 다가온 여우와의 대화를 통해서 '탁'하니 무릎을 치고 자기 별로 돌아가는 어린 왕자의 모습이 '그분은 나를 혼자 버려두지 않으셨다.'라고 말씀하시는 예수의 모습과 아스라이 겹쳐집니다.

좋은 화음 만들기

둘째 아들은 생각이 많습니다. 아버지와 함께 살아가는 동네는 시골이고 그래서 먼지나 풀풀 날리는 지루한 동네이니 젊은 청년인 둘째 아들의 눈에는 마땅하지 않습니다. 가까운 곳에 구멍가게 하나 없는 외진 동네는 둘째 아들이 만족할 수 없는 고립된 섬 같은 곳일 뿐입니다.

어느 날, 문득 둘째 아들의 눈에 한 사람이 들어왔습니다. 그 사람은 멀리 떨어진 번화한 도시에서 왔다고 했습니다. 그리고 도시 사람이 전하는 도시의 다양한 이야기, 온갖 화려한 것으로 치장하고 사람들의 이목을 끌면서 살아가는 도시의 젊은 청년들의 이야기는 둘째 아들의 마음속에서 꿈틀거리던 욕망을 깨우기에 충분했습니다.

"아버지, 저에게 주실 재산을 미리 주십시오. 이 산골에서 아무리 많은 양과 소를 가지고 살아간들 무슨 소용이 있습니까? 누가 소똥, 염소똥을 묻히고 살아가는 우리를 알아봐 주겠느냐고요?"

둘째 아들은 아버지의 만류를 뿌리치고 도시로 갔습니다. 대량 소비사회의 질서로 정교하게 설계되어 있는 도시에서의 삶은 젊은 둘째 아들을 만족시키기에 충분했습니다. 백화점의 치밀한 진열기술은 아들의 소비 욕망을 부추기기에 충분했고 아들은 마음껏 소비하며 자기를 과시했습니다. 온갖 명품으로 자기를 꾸민 아들의 주변에는 사람들이 넘쳐났습니다. 신상품이 나오기만 하면 즉시 구매하며 사람들의 이목을 끄는 그 재미로 인해 결국 자기가 상품이 되어 있음에도 불구하고 아들은 그 삶에 만족하며 살아가는 거죠. 그러면서도 아들은 문득문득 자신이 고향의 아버지의 아들임을 이야기하곤 했습니다. 아버지가 말하는 것을 자신의 삶으로 받아내지는 않으면서 말이죠.

예수께서는 이렇게 말씀하고 계십니다.

> "하나님에게서 난 사람은 하나님의 말씀을 듣는다. 그러므로 너희가 듣지 않는 것은 너희가 하나님에게서 나지 않았기 때문이다." 요한8:47

둘째 아들은 자신이 고향의 아버지의 아들임을 간간이 말하고 있지만, 그 진술은 단지 생물학적인 아들임을 말하고 있을 뿐입니다. 아들은 아버지의 뜻을 받아서 하늘의 소리와 어울리는 삶을 살아내지 못하고 있습니다. 시대정신에 충실한 채로 자기를 물질 만능 시대의 소비 도구로 전락시키면서, 또는 자기를 시대가 생산해 낸 구매자로 대상화시키면서 아버지와는 불협화음을 만들어 내는 삶을 살아가고 있을 뿐입니다.

아들의 삶은 쇠를 두드리는데 나무 소리가 나고 나무를 두드리는데 쇳소리가 나는 이율배반적인 삶을 살아가고 있습니다. 아버지의 말이 아들의 삶에서는 생활로 살아나지 않고 있습니다.

진리는 하나인데 그 진리를 말하는 사람들이 각각이니 따로따로인 진리가 세상을 가득 채우고 있는 형국입니다. 그 각각의 소리가 다름의 소리이면 다행인데 서로를 틀렸다고 손가락질하면서 내가 말하는 진리만이 참 진리라고 주장하는 데서 문제가 발생합니다. 아름다운 화음이 꾸준히 이어지다가 순간 들려지는 불협화음은 다시금 이어지는 화음의 아름다움을 배가시키는 것으로 의미가 있고, 또는 소리를 꾸준히 듣게 하는 각성제의 역할을 하기도 하지만 한없이 이어지는 불협화음은 우리를 불편하게 하니 참 어려운 일입니다.

예수께서 다시 말씀하십니다.

"나의 말을 지키는 사람은 다시는 죽음을 겪지 않을 것이다." **요한8:51**

예수는 아름다운 화음을 만들어 내는 일, 조화로운 삶의 울림을 만들어 내는 일의 바탕을 말씀하고 계십니다. 걸어야 할 길을 걸어가고, 해야 할 말을 단정하게 말하며, 들어야 할 소리를 정확하게 듣는 데서 조화로운 삶이 시작됩니다. 이러한 섬세한 믿음의 발걸음이 사람을 사람답게, 세상을 온전한 삶의 자리로 만들어 내는 기초가 되는 거니까요. 그렇지만 이렇게 권하시는 예수의 이야기는 당시의 사람들에 의하여 거칠게 반박을 당하고 있습니다.

"우리는 당신이 귀신이 들렸다는 것을 알았소." **요한8:52**

이렇게 반응하는 사람들은 자신이 옳다고 하는 생각은 가지고 있으나

타자를 이해하려는 자비로움은 가지고 있지 않은 것으로 보입니다. '자비가 없는 진리'로 무장을 하고 있으니 '살림'의 삶을 살아가는 것을 기대하는 것은 요원한 일입니다.

둘째 아들이 집을 나오는 자기를 만류하는 아버지의 말을 거칠게 거절하고 자신의 욕망을 따라 화려한 도시로 발걸음을 옮겨 놓는 데에는 함의가 있습니다. 지루하고 꾸준한 묵상을 통해서 경험될 수 있는 보이지 않는 진리로는 아름답고 화려하게 피어나는 소비사회의 유혹을 이기기가 힘들다는 것입니다. 백화점의 속삭임은 정교하게 작성된 시나리오에 의하여 다가오니 꾸준히 인내하며 성실하게 갈고 닦아야 하는 믿음의 길에서는 경험하기 힘든 화려하고 높은 자리, 그리고 세간의 부러움으로 가득한 이목이 보장됩니다.

그러니 유하라는 시인은 "바람부는 날에는 압구정동에 간다 2"에서 '바람이 분다. 이곳에 오라. 바람이 불지 않는다. 그래도 이곳에 오라'라고 노래하고 있습니다. 소위 지름신이 강림한 것을 '바람이 분다'라고 기록한 것으로 보이는 이 시는 소비의 자녀가 되어서 살아가는 현대인들의 초상을 그리고 있습니다. 바람이 불지 않아도 압구정동에 오라는 초대는 소비의 관성에 사로잡혀 살아가는 사람들을 풍자하는 듯하고요. 이렇게 사람들은 아버지의 이야기를 염두에 두기는커녕 열심히 시대정신을 따라서 자신의 소비력을 강화하는 데 몰두하는 겁니다.

그러니 이런 상황에서 예수께서는 요한복음 8장 44절에서 이렇게 말씀하십니다.

"너희는 너희 아비인 악마에게서 났으며 또 그 아비의 욕망대로 하려고 한다. 그는 처음부터 살인자였으며 또 그 진리 편에 있지 않다. 그것은 그 속에 진리가 없기 때문이다. 그가 거짓말을 할 때에는 본성에서 그렇게 하는 것이다. 그는 거짓말쟁이이며 거짓의 아비이기 때문이다."

현악기 제작자 마틴 슐레스케는 아름다운 소리를 찾기 위하여 쉼 없이 악기의 재질과 조건을 탐구합니다. 나무의 결, 그리고 그 결의 가공 방법, 도장(칠)의 깊이와 악기 곡선의 형태가 소리에 미치는 영향 등을 꾸준히 살펴나갑니다. 더불어 좋은 악기를 위한 나무가 있다는 소식이 들리기라도 하면 아무리 높은 고산지대라 하더라도 그곳을 올라 나무의 상태를 확인하고 여러 번의 시행착오를 경험하면서도 그 좋은 나무를 확보하는 일에 최선을 다한다고 합니다. 그러면서 슐레스케는 아름다운 울림을 위한 자신의 노력을 '하나님을 찾는 순례의 길'로 고백하면서 시편의 한 구절을 인용합니다. **(마틴 슐레스케. 『울림』 참조)**

"하나님을 찾는 사람들아, 그대들의 심장에 생명이 고동칠 것이다."

시69:32

슐레스케는 아름다운 소리를 가능하게 하는 소재를 찾았을 때의 기쁨을 생명의 박동이라고 고백하고 있는 겁니다.

다행인 것은 둘째 아들이 시행착오 끝에 아버지의 진심 어린 이야기를 이해했다는 겁니다. 더 다행인 것은 둘째 아들이 아버지의 집으로 돌아가기로 했다는 것이고요. 비록 힘에 겹게, 가지 않아도 되는 길로 한껏 돌아서 오기는 했지만 둘째 아들은 아버지와 함께 아름다운 울림을 만들어 내는 소재로서의 '아버지를 향한 신뢰'를 확보했습니다.

둘째 아들은 돼지우리라는 삶의 자리로 급전직하 전락하기도 했습니다. 그러나 그동안에 누리던 쾌락적 삶이 돼지우리에서 돌이켜졌다는 것은 '돌이킴'을 경험하는 보편적 인간의 가능성이 읽혀지는 장면이니 인간은 참된 자기를 위하여 고민할 수 있는 존재라는 것이 드러나는 대목입니다. 어떤 이들은 자신의 생각의 범주 안에서만 평생을 살아가면서 자신의 생각 밖의 이야기를 경험하지 못한 채로 일생을 마치기도 합니다만 다행스럽게도 아들은 아버지와 더불어 아름다운 소리를 만들어 낼 수 있는 소재 하나를 찾았으니 이제 싸구려 소재로 대량 생산되는 '길바닥 은총'으로 살아가던 삶에서 '성인 된 그리스도인'이 되는 길에 들어섰다고 할 수 있습니다.

하나님을 지향하는 믿음의 길은 무르고 약한 나무를 쉽게 얻는 쉬운 길을 걸어가는 여정이 아닙니다. 단단하고 그래서 맑고 깨끗한 소리를 내는 나무를 얻기 위해서는 진리에 대한 목마름으로, 보이지 않지만 소중한 가치를 알아차리는 통찰력을 가지고 꾸준히 걸어가는 인내의 길입니다. 때로 쉬운 것이 은총이 아님을 깨닫는 지혜와 고단하고 힘에 겨운 믿음길이 때로 좋은 소재를 확보하는 길이라는 신념이 이 믿음의 길을 꾸준히 걸어가게 하는 겁니다.

귀 기울이기 작업

제자들이 예수께 물었습니다.

> "선생님, 이 사람이 눈먼 사람으로 태어난 것이 누구의 죄 때문입니까? 이 사람의 죄입니까? 부모의 죄 때문입니까?" **요한9:2**

신화적인 세계관을 살아가는 사람들이니 이러한 질문이 가능합니다. 심각한 질병을 앓고 있거나 장애를 가지고 살아가는 이들을 바라보는 예수시대 사람들의 시선은 단순하기만 합니다. 질병과 장애를 가지고 살아가는 것은 죄의 결과라는 것이죠. 이러한 시대적 생각에 다른 가능성은 허용되지 않습니다.

굳어버린 지식의 관성은 새로운 이해와 삶의 자리로 나아가는 일을 방해합니다. 알고 있는 대로 살아가고 살아가던 대로 계속 살아가려는 수준에서는 반복적으로 같은 질문을 거듭하고 정해진 대답에 만족하는 삶에 머물게 하기 때문입니다. 그러니 생각하는 일은 점점 낯설어지고 근본주의에 기반한 교조적이고 권위적인 사고방식은 때로 성서 읽기에 관해서도 이전의 독법讀法을 따라서 읽어 나가도록 우리를 안내합니다. 유연한 정신을 가지고 있는 새로운 세대가 교회에 들어오기도 하지만 교회 안에 흐르는 기존의 질서에 적응을 마친 젊은 세대는 교회 안에 탄탄하게 흐르는 관성의 자녀들이 됩니다. 그리고 기존의 질서에 질문을 던지는 사람들은 교회가 제공하는 획일적인 대답에 고개를 저으면서 교회로부터 발걸음을 돌리게 되고요. 그렇지만 획일적 대답을 제공하는 교회 질서는 발걸음을 돌리는 청년들은 믿음이 없어서 그렇다고, 기도가 부족해서 그렇다면서 꾸준히 지식이 없는 열정으로 설득하려고 할 겁니다.

이러한 시대정신의 자녀로 살아가는 바리새인들은 자신들의 고정된 관념에 기반해서 이런 결정을 하고 살아갑니다.

> "예수를 그리스도라고 고백하는 사람은 누구든지 회당에서 내쫓기로 유대 사람들은 이미 결의해 놓았기 때문이다." **요한9:22**

자신이 알고 있는 지식이 확고한 진리라는 생각에 굳게 기초하고 있는 사람들, 그래서 자신의 생각을 성찰하기보다는 타자의 생각이 자신의 생각을 따라와야 한다는 강박에 시달리는 사람들과는 대화가 되지 않습니다. 예수에게 대단히 논리적인 질문을 하는 사람들은 나름 탄탄한 논거를 가지고 다른 이들의 생각과 주장을 자기 중심적인 개념화 작업을 통하여 나름 객관적이고 보편타당한 생각으로 정리를 해 나가는데 이렇게 살아가는 사람들이 범하는 우遇는 개인의 특성으로서의 개별적인 것, 독특한 것, 특별한 것을 잘 인정하지 않는다는 것입니다. 아마도 이러한 오류를 범하는 것은 보편적 지식에 익숙해져 있으면서 그 보편의 영역 밖으로의 여행을 할 수 있는 여지를 가지고 있지 못함일 겁니다.

그러므로 통전적인 믿음의 길을 걸어가고자 하는 그리스도인이라면 확고한 자신의 믿음이 때로 자신을 일방적인 믿음의 세계에 가두기도 한다는 것을 인식하고 자신의 지식의 세계에서 벗어나 한 번쯤은 자신이 경험하지 못했던 세상을 경험하려는 노력을 해 볼 필요가 있습니다. 자기가 최고인 줄로만 생각하고 살아가던 사람이 성찰적 대화를 통해서 누군가가 자신이 가지고 있는 이해의 크기보다 훨씬 커다란 이해를 가지고 있다는 것을 깨닫고 스스로의 확장을 위하여 더욱 정진하는 삶의 자리로 나아갔다면, 이런 자각이 가능할 수 있는 것은 자신에게서 빠져나와서 자기 밖으로의 여행을 할 수 있는 존재였기 때문일 겁니다.

이러한 관점에서 종교적 배타주의에 자신의 의식을 잠식당하고 있는 사람들이 보이는 삶의 태도에는 안타까움이 있는데요, 타자의 아픔을 자신의 기준으로 해석하면서 심한 경우에는 조롱을 하고 그렇게 조롱하면서 살아가는 자신이 하나님의 뜻을 따라 살아가는 것이라는 확신에서 벗어나지 못한다는 겁니다.

이러한 장면을 간접적으로 보여주는 이야기가 요한복음 9장에 나타나고 있는데요.

> "우리는 그가 지금 어떻게 보게 되었는지도 모르고 또 누가 그의 눈을 뜨게 하였는지도 모릅니다. 다 큰 사람이니 그에게 물어 보십시오 ... 그 부모는 유대 사람들이 무서워서 이렇게 말한 것이다." **요한9:21-22**

종교적 배타주의에 의식을 빼앗긴 채로 살아가는 힘센 사람들이 주도하는 세상에서는 '이것을 이것'이라고 말하는 일은 어려워집니다. 예수께서 진흙을 개어서 눈에 발라주고 실로암 연못에서 눈을 씻음으로 시각장애를 극복한 것이 객관적인 사실임에도 불구하고 이 시각장애인의 부모들은 진실을 말하는 것을 두려워하고 있습니다. 잘못 정해진 답이 주류로 자리 잡은 세상에서는 일그러진 주류정신에서 벗어나 온전한 삶을 살아가는 일-이것을 이것이라고 하는 일-을 두려워해야 하기 때문입니다.

이런 시절에서 하나님의 본래적인 뜻을 말하는 예수는 자신이 전하는 하나님의 이야기를 이해하지 못하는 군중들이 안타까우셨을 겁니다. 자기들은 잘 보아내고 있다면서 확신을 가지고 살아가는데 실제로는 보아내는 일을 하지 못하고 있고 듣고는 있으나 들리는 소리를 이해하지 못하는 수준에서 벗어나지 못하고 있기 때문입니다. 그러니 예수는 이렇게 탄식을 하고 계십니다.

> "어찌하여 너희는 내가 말하는 것을 깨닫지 못하느냐? 그것은 너희가 내 말을 들을 수 없기 때문이다." **요한8:43**

아마도 사람들이 예수가 전하는 말을 깨닫지 못하는 데는 '무지'와 '욕심'이라는 두 가지 요인이 작용하고 있을 겁니다. 공부를 하기는 하는데 그 학습을 통해 자기를 보기보다는 남을 살피는 데 유용한 척도로 사용하는 무지한 용기, 그리고 일단의 소리를 알아들으면서도 지금 누리고 있는 '좋은 것'들을 포기하기 싫은 데서 오는 이기적 집착으로의 욕심이 그것일 수 있습니다. 이 상황에 대해서 예수께서는 이렇게 말씀하시는데요, '하나님에게서 난 사람은 하나님의 말을 듣는단다. 그렇지만 듣지 않는 것은 너희들이 하나님에게서 나지 않았기 때문이지'(요한8:47)라고 말입니다.

그래도 예수께서 이런 부정적인 상황에 마음을 빼앗기지 않고 꾸준히 이야기를 이어가시는 것은, 인간은 때로 자기를 돌아보는 '자기 성찰'이 가능한 존재이기 때문일 겁니다. 때로 어떤 이들은 자신이 살아온 삶의 여정을 통해서 허무함을 느끼고 삶의 방향을 전환하기도 하니까요. 그리고는 선한 일을 하기도 하고 타자를 향한 좋은 관심을 키워나가면서 살아가기도 합니다. 그리고는 그런 삶의 끝자락에서 문득 자신의 삶을 절대자에게 위탁해야 하는가 하는 초월적 의심의 순간을 경험하게 되기도 할 겁니다. 그래서 키에르케고르라는 철학자는 '신앙이 시작되는 곳은 사유가 끝나는 곳이다'라고 했는지도 모르겠습니다. 사유가 끝나는 지점이 바로 자신의 인간적인 한계를 경험하고 초월적 힘에 자기를 개방하는 수동태로서의 인간의 모습, 즉 신앙의 길에 들어서는 인간으로서의 그 멋짐을 발휘하는 순간이 아닐까요?

예수는 자신의 온 힘을 다하여 백성들의 눈과 귀가 열려서 진실한 것을 보고 듣는 지경에, 그리고 진리를 진리라고 말하면서 살아가는 용기 있는 삶의 자리에 진입하기를 바라고 계시는 겁니다.

예수에 의하여 눈을 뜬 시각장애인은 이러한 예수의 기대에 부응하고 있습니다. 유대인들이 간음하다 잡힌 여인을 예수에게로 데리고 온 것도, 그리고 시각장애인이 눈을 뜬 사건을 가지고 시비하는 것도 실은 자신들이 살아가는 삶의 자리에 위협이 되는 예수를 제거하기 위함입니다. 그리고 유대인들의 질문에 대답하는 시각장애인의 한마디는 그들의 속셈을 폭로하고 있습니다.

"그것은 내가 이미 여러분에게 말하였는데 여러분은 곧이듣지 않았습니다. 그러면서 어찌하여 다시 들으려 합니까? 여러분도 그분의 제자가 되려고 합니까?" **요한9:27**

인간에게는 두 가지의 성향이 동시에 존재한다고 합니다. '유목적인 삶'을 추구하는 것과 '머무르기'를 선호하는 것이 그것이라네요. 이 두 가지 특성 중에 머무르기를 선택하고 살아가는 사람들이 보이는 특성은 명확한데요, 그것은 타자에 대하여 부드러워야 할 마음이 딱딱하게 굳어버렸다는 것입니다. 머물러서 살아가는 사람들은 자신의 신념에 절대적인 확신을 보낼 확률이 높고 그렇기 때문에 타자의 이야기에 성찰적으로 또는 수용적으로 귀를 기울이기보다는 타인의 생각을 정복하려 한다는 것입니다. 그러나 꾸준히 유목적인 삶을 시도하며 '넘어서기'를 추구하는 사람은 말하기보다는 타자의 이야기를 듣는 일에 관심이 있고 합리적이고 타당한 사고를 하려고 노력을 합니다. 그리고 그러한 삶을 추구하는 사람들이 선호하는 작업은 책 읽기, 여행, 듣기로서의 대화 등의 '귀 기울이기' 작업입니다.

예수께서 '이 사람이 눈먼 사람으로 태어난 것이 누구의 죄입니까?'라고 물어오는 제자들의 질문에 시대정신의 관성으로 대답하지 않고 '하나님께서 하시는 일들을 그에게서 드러내시려는 것이다'(요한9:2-3 참조)라고 대답하시는 것은 알지 못하는 지혜의 세계로 우리를 부르시는 초대장 발송 작업일 수 있습니다.

그렇지만 예수는 당시 시대정신의 자녀로 살아가는 이들에 의해서, 그리고 오늘의 시대정신에 매몰되어 있는 이들에게 철저하게 배척을 당하고 있습니다.

언제쯤이면 날마다 유목적인 삶으로서의 '넘어서기'를 경험하며 살아가는 삶이 가능할까요? 기존의 일그러진 질서를 뛰어넘는 삶을 살아내기 위해서 우리를 부르시는 예수의 초대장에 귀를 기울이며 응답하는 일에 마음을 모아야 할 이유입니다.

무논리 대왕과 지혜로운 자아

"이보쇼, 예수 선생, 이 여인이 음행하는 현장에서 잡혀 왔어요. 율법에는 돌로 치라고 되어있는데 이 상황에서 선생은 뭐라고 말할 겁니까?"

"그렇죠, 율법에는 돌로 치라고… 그럼 죄 없는 사람이 이 여인에게 돌을 던지시죠?"

.

.

.

"보세요, 그때, 음행하다가 잡혀 온 여인을 두고 이야기할 때 당신들은 다들 돌아가고 말았죠? 그러니 나의 말을 잘 따르면 영원히 죽음을 겪지 않을 겁니다."

"이거 제정신이 아니구먼, 아브라함도, 예언자도 다 죽었는데 자기 말을 들으면 영원히 죽지 않을 거라니, 이 사람은 귀신이 들린 게 틀림없어...." **(요한8:1~7, 51~52 참조)**

.

.

.

"아니, 앞을 보지 못하던 당신 아들이 눈을 뜨고 보게 됐는데 누가 눈을 뜨게 해줬는지를 모른단 말이오?"

"아니 알아도 말을 할 수가 없죠, 당신들은 예수를 그리스도라고 고백하는 사람들은 회당에서 쫓아낸다는 그런 결의를 하고 있는 거잖아요?" **(요한9:18~23 참조)**

예수는 당시의 종교 지도자들과 나누는 대화가 답답했을 겁니다. 자기들이 가지고 있는 생각을 확인받고 싶은 편집증적 사고방식에 기반한 채로 대화를 나누고 있으니 말입니다. 골방에서 홀로 상상한 자기만의 생각을 세상으로 가지고 나와서 모두에게 적용하며 살아가는, 자기중심성이 활성화된 삶을 살아가는 사람들과의 대화는 이렇게도 힘들고 어렵습니다.

그런데 어쩌겠습니까? 어차피 사람들은 편견의 자녀로 살아가기 마련인 것을요. 일단의 사람들은 자기 생각에 확신을 가지고 살아가는 것을 당연하게 여깁니다. 그 생각이 환경에 따라서, 삶의 조건에 따라서 만들어진 생각이고 다시 환경과 삶의 조건에 따라서 자꾸 바뀌더라도 사람들은 자기 생각이 합리적이라고 주장하며 살아가니까요.

이스라엘 백성들은 이집트에서 오래도록 노예로 살아가는 일이 고단해지기 시작했습니다. 요셉을 아는 '바로'는 이미 오래전에 사라졌고 지금은 이집트 안에서 자신들의 숫자를 늘려가며 일정 세력을 이루고 있는 히브리인들의 기를 꺾어가며 통치를 해야 하는 또 다른 '바로'가 다스리고 있습니다. 이렇게 노예로서 고단한 삶을 살아가는 히브리인들은 대를 이어가며 하나님께 자신들을 해방시켜 달라고 기도합니다. '정말 못살겠다고, 이게 뭐냐고' 하면서 자유와 평등의 정신이 흐르는 삶의 자리를 보장해달라고 간청합니다. 하나님에게 말도 안 되는 독재정권하에서 해방시켜

달라는 간구를 끊임없이 드리고 있는 거죠.

결국 하나님은 모세를 보내시고 냉소적인 바로의 마음을 열 가지의 재앙으로 꺾어 가시면서, 그 격렬한 홍해를 갈라가시면서 이집트의 이스라엘 사람들을 광야로 이끌어 내셨습니다. 그리고는 수로 광야에 자리를 잡았습니다. 이제야 자유를 누리게 된 이스라엘 사람들인데 거친 광야에서 마실 물이 없고 먹을 것이 마땅하지 않게 되자 백성들은 당장 이렇게 말합니다.

> "차라리 우리가 이집트 땅 거기 고기 가마 곁에 앉아 배불리 음식을 먹던 그때에, 누가 우리를 주님의 손에 넘겨 주어서 죽게 했더라면 더 좋을 뻔하였습니다. 그런데 당신들은 지금 우리를 이 광야로 끌고 나와서 이 모든 회중을 다 굶어 죽게 하고 있습니다." **출16:3**

이 장면을 보면서 떠오르는 한마디 말이 있습니다. '사람들은 가야 하는 길을 가기보다는 가고 싶은 길을 가려고 하는구나!' 하는 탄식 어린 말입니다. 이 수준에서는 아무리 길을 찾아 이리저리 다닌다 한들 길이 찾아질 리가 없습니다. 해방의 길을 열어주신 하나님의 은총의 빛 아래를 살아가는 사람들이 자신의 편견 때문에 하나님의 은총을 무력화시키고 다시금 몸의 욕구를 따라 살아가는 모습을 보이는 것은 그리 이상한 일은 아닙니다. 인간이 자신의 편견을 극복하고 보다 객관적인 삶을 살아가는 일이 그리 쉬운 일은 아니니까요. 그래서인가요? 철학자 니체는 이런 말을 합니다.

> “여러 가지 신념을 가져본 적이 없는 자나 최초의 신념에 집착하는 자는 절대로 자신의 신념을 바꿀 수 없다는 바로 그 점 때문에 낙오된 문화를 대표한다. 이런 사람은 경직된 벽창호이며 가르치기 어렵고 유연성이 없는 영원한 비방자이며 자기 의견을 관철시키기 위하여 온갖 수단에 호소하는 무법자이다.” **(박찬국, 『그대 자신이 되어라』 중에서)**

그렇지만 우리 안에는 자신의 자기중심성을 눈치채고 극복해나갈 수 있는 ‘지혜로운 자아’가 있는 것이 다행입니다. 이 지혜로운 자아가 우리의 내면에서 활성화되기만 하면 우리는 자기 모니터링 작업을 하면서, 그래서 자신의 모습을 꾸준히 최적화해 나감으로 더 나은 세상을 만들어가면서 살아갈 수 있을 겁니다. 그러나 이 대목에서 니체라는 철학자는 매우 비관적인 생각을 했나 봅니다. 니체는 대부분의 사람들은 자신의 내면에서 자신의 주인이 활성화시켜 주기를 기다리고 있는 ‘지혜로운 자아’를 활성화시키지 못한 채로 살아가고 있다고 생각하는 듯하니까요.

그런데 니체의 이 비관적 생각은 문제가 될 법합니다. 왜냐하면 자신의 내부에 있는 지혜로운 자아를 알아차리지 못한 채로 그냥 홀로 살아가면 별문제가 없을 듯한데요. 그런 사람들이 권력을 잡고 힘을 갖게 되면서는 문제가 심각해지기 때문입니다. 우리가 잘 알고 있는 대로 중세에는 천동설이 세상의 주류이론이었습니다. 교회는 이 이론을 하나님의 뜻이라며 신념으로 받아내고 있던 시절이었죠. 그렇지만 하늘을 합리적으로 연구하는 이들은 이 시대적 사실에 문제가 있다는 것을 밝혀냈습니다. 그리고 지구를 중심으로 우주가 도는 것이 아니고 태양을 중심으로 지구가 돈다는 사실을 이야기했죠. 이렇게 사실에 기반한 신념을 이야기한 결과는 종교 재판을 통한 사회적, 종교적 죽음이었습니다. 그 모든 과정이야 오래도록 복잡한 양상을 보였겠지만 결국 당시의 시대정신은 자신의 내면에 있는 '지혜로운 자아'를 활성화시키지 못했고 자신의 신념을 배타적으로 지키는 지식이 없는 열정어린 믿음을 가동시킴으로 진리로 향하는 세계의 역사의 속도를 저하시키는 결과를 낳고 만 겁니다.

이집트에서 노예 생활하던 이스라엘 사람들은 자유와 평등의 삶을 위하여 광야의 거친 생활이라는 대가를 지불하지 못함으로 하나님의 책망을 받았고 중세의 시대정신 또한 자신의 내면에 자리하고 있는 '지혜로운 자아'를 활성화시키지 못하는 무력한 모습을 보임으로써 역사 발전을 지연시키는 오류를 범하고 동시에 진리를 이야기하는 이들을 박해하는 어리석음을 저지르고 말았습니다.

한 아버지가 귀신에 들린 아들을 데리고 예수를 찾아왔습니다. 그리고는 이런 상황이 벌어졌죠.

> "선생님, 내 아들을 보아주십시오. 귀신이 그 아이를 사로잡으면 그 아이는 갑자기 소리를 지릅니다. 또 귀신은 아이에게 경련을 일으키고 입에 거품을 물게 합니다 ... 예수께서는 그 악한 귀신을 꾸짖으시고 아이를 낫게 하셔서 그 아버지에게 돌려주셨다. 사람들이 모두 하나님의 위대한 능력을 보고 놀랐다." **눅9:38, 43**

이 이야기를 이렇게 읽어봅니다. 자기중심적 시대정신이라는 귀신이 아이를 사로잡았다고 말이죠. 이 아이는 귀신이 자기를 사로잡을 때마다 소리를 지르기 시작합니다. 무슨 소리를 질렀을까요? '물맛이 왜 이렇게 쓴 거야?' 아니면 '광야에 왜 이렇게 먹을 게 없어?' '아니, 우리가 무슨 풀밭의 양떼야? 왜 매일 맛나만 먹어야 하는 거야? 고기는 없냐고?' 이렇게 소리를 지르다가 그리고 그 소리에 누군가가 응답할 때까지 거품을 물고 소리를 지르는 지경에 이른 건 아닐까요?

언젠가 누군가가 그랬습니다. 예수께서 만드신 것은 포도주가 아니고 포도주스라고요, 그랬더니 그 옆에 있던 다른 분이 그러더군요. '알면서도 그렇게 말하려니 민망하시죠?' 그리스도인의 윤리 문제로 음주 문제를 논의하던 자리였는데 자신의 의견을 주장하다가 대화의 맥락에서 빗나가며 엉뚱한 이야기를 하고 만 겁니다.

내 말을 들어주지 않으니까 입에 거품을 물고 내 의도가 관철될 때까지 앞뒤 없이 소리를 지르며 윽박지르는 무논리 대왕의 삶을 살아가는 모습이 아버지의 마음을 아프게 했을 법합니다.

그리고 예수께서는 그 무논리 대왕으로 살아가도록 작동하고 있는 귀신을 꾸짖고 계십니다. '왜 아이를 앞뒤 없이 소리를 지르면서 살아가게 하느냐? 왜 이 아이의 무논리 대왕의 삶 때문에 아버지의 마음을 아프게 하느냐' 하시면서 귀신을 꾸짖으시고 아이를 낫게 하시는 사역을 하시는 겁니다.

우리 안에 있는 지혜로운 자아가 일하지 못하도록 하는 것은 이런 것들이 아닐까요? 내 생각이 정답이라고 주장하는 무모함, 또는 그 무모한 신념이 자신의 삶을 경영하도록 자기를 무논리에 개방하는 무지한 용기, 그리고 자신과 생각이 다른 사람을 꾸준히 사냥하며 돌아다니는 편집증 환자로서의 모습, 이런 것들이 우리를 우리 되지 못하도록 하는 부정적인 요인인 듯합니다.

바울은 골로새 교회를 향하여 이런 말을 합니다.

> "그러므로 여러분이 그리스도와 함께 살려 주심을 받았으면 위에 있는 것들을 추구하십시오. 거기에는 그리스도께서 하나님의 오른쪽에 앉아 계십니다." **골로새서3:1**

이 권면에서 '위에 있는 것들'은 무엇일까요? 최소한 음행한 여인을 데리고 와서 예수를 골탕 먹일 궁리를 하는 이들의 수준이나, 또는 시각장애인(시대의 소수자)의 눈을 뜨게 해 주신 예수를 귀신 들린 사람이라고 몰아대는 수준으로서의 '위에 있는 것들'은 아닐 겁니다.

아마도 자신의 내면에 있는 '지혜로운 자아'를 작동시키며 살아가는 삶에서의 '위에 있는 것들'을 획득한 사람이라면 타당하고 합리적이며 보편적인 진리를 말하고 있을 겁니다. 꾸준히 대화하고 논의하면서 우리가 경험해보지 못한 세상에 관한 상상력을 키워나가다 보면 우리의 사고思考의 지평은 넓어질 것이고 그렇게 우리 안에 있는 지혜로운 자아가 일할 여지를 확장시켜 나가다 보면 무논리 대왕의 영역을 벗어나서 너그럽고 자비로운 초월적 그리스도인의 지경에 올라있을 거니까요.

암묵적 편향이라니까요

"아니 당신의 눈을 뜨게 해 준 사람이 누구냐고요?"

"그건 내가 여러분들에게 여러 번 말했잖아요? 그런데 여러분들이 내 말을 듣지 않으면서 계속 질문하는 건… 그럼 나보고 당신들이 좋아할 만한 대답을 하라는 거냐고요? 당신들이 원하는 대답을 할 때까지 계속 질문할 심산이 아니냐고요?"**(요한9:13절 이하 참조)**

예수에게 자신의 시각장애로 인해 보지 못하는 문제를 고침받은 사람은 총명한 사람인 듯합니다. 그는 자신에게 질문하는 사람들의 의도를 읽어내기도 하고요, 대단히 이례적인 일이 자신에게서 일어났다는 사실을 이리저리 살펴본 듯 이런 말을 하기도 합니다.

> "나면서부터 눈먼 사람의 눈을 누가 뜨게 하였다는 말은 창세로부터 이제까지 들어본 일이 없습니다." **요한9:32**

이렇게 자신의 주변을 살펴볼 수 있는 것은 때로 하나님의 은총입니다. 자신이 알고 있는 지식의 저편에는 또 어떤 삶의 자리가 존재하는지, 내가 가지고 있는 지식으로 설명이 되지 않는 상황에서는 어떻게 마음가짐을 하고 살아가야 하는지에 관한 꾸준한 탐색을 할 수 있다는 것은 자신의 시야의 지평을 넓히는 작업으로서 매우 유용한 작업이 되기 때문입니다.

그렇지만 시각장애인을 몰아붙이고 있는 바리새인들은 자기들의 이해와 삶의 양식 안에서 스스로 만족하면서 살아가는 모습을 보이고 있습니다. 자신들이 대대로 지켜오는 관습으로 오늘의 상황을, 그리고 내일의 상황도 풀어나가려고 하는 자세를 가지고 시각장애인에게 다가오고 있으니 말입니다. 사고思考의 유연성**Flexibility**과 탄력성**Resilience**을 가지고 있지 못한 채로 과거의 습관으로 오늘의 새로운 환경을 받아들이는 작업은 무리하기만 합니다. 시대 상황에 따라서 발현되는 하나님의 뜻과 섭리를 새롭게 해석해내지 못하는 낡은 해석학적 틀은 끊임없이 다가오시는 하나님을 자기들의 주장에 매몰시키고, 그렇게 삶을 살아가는 사람들은 선지자들이나 예언자들이 하는 말을 받아들이기보다는 예언자들의 이야기를 들을 때마다 더욱 완고하게 저항하는 모습을 보일 뿐입니다.

이렇게 편향**bias**에 시달리면서 살아가는 상황에 대하여 예언자들은 매우 안타까워하기도 했습니다. 그렇지만 예언자들의 말이 시대정신의 아들, 딸로 살아가는 이들에게 받아들여진 예는 그리 많아 보이지 않습니다. 그러니 그건 어떻게라도 다룰 수 있는 일이 아닐지도 모를 일입니다. 암묵적 편향**implicit bias**에 시달리고 있는 사람들은 자신들이 편향에 시달리고 있다는 사실을 깨닫지 못할 확률이 훨씬 높으니까요. 암묵적 편향은 고정관념으로 나타나는데요. 이 고정관념은 전통적이고 반복적인 교육을 통해서 신념이 되고 사람들의 내면에 자리하게 됩니다. 이런 식인데요. 고정된 성 역할을 조장하는, 누구라도 어렸을 때에 한 번 정도는 들어봤음직한 소리들입니다.

"'남자답게 살아야지, 남자애가 왜 이렇게 우니?' '남자는 일생에 세 번 우는 거야.' '여자애가 왜 그렇게 칠칠치 못하니? 예쁘게 해야지.' '단정하게 머리도 빗고, 직업도 여성스러운 직업을 가져야지 무슨 남자들이 하는 일을 한다고 하니?'"

바리새인들은 이런 암묵적 편향에 시달리며 살아가고 있는 지경임에도 자기들이 이런 편향의 희생자로 살아간다는 사실을 깨닫지 못하면서 시각장애인에게 끊임없이 질문하고 있습니다. 이러한 상황은 대체적으로 난감하기만 합니다. 대화를 하자니 합리적인 대화가 가능하지 않고 대응을 하지 않으려니 암묵적 편향을 무기로 사용하는 이들이 덮어씌우는 프레임에 걸려서 시대적 정죄를 받게 될 확률이 높아지기 때문입니다.

그렇지만 조금만 관심을 가지고 이리저리 눈길을 돌려보면 이러한 상황을 극복하기 위한 노력을 하는 이들의 발걸음을 찾아볼 수 있습니다. 일단 한나 아렌트라는 철학자는 자신의 책 『예루살렘의 아이히만』에서 악에 관하여 "악이란 비판적 사유의 부재이다."라고 정의를 내리고 있습니다. 자신의 주변에서 벌어지고 있는 상황에 대하여 비판적 사고의 분석틀을 가지고 살펴보면서 그 상황은 타당한 상황인지, 아니면 조금 더 논의가 필요한 상황인지, 대화의 파트너에게 건네는 나의 의견은 합리적인지, 대화의 상대는 나에게 보편적 가치를 가지고 다가오는지, 그러면서도 서로의 독특함으로서의 개별성을 존중하는 대화가 가능한 마당이 펼쳐지는지를 살펴보는 것이 비판적 사유라면 이것은 보다 나은 삶으로 향하게 하는 대단히 훌륭한 도구가 될 겁니다.

그렇지만 예수님을 힐끗힐끗 쳐다보며 다가오는 바리새인들은 이러한 대화의 자세와 태도를 견지하지 못하고 있는 것으로 보입니다. 그러니 예수께서는 바리새인들에게 이렇게 말씀하고 계십니다.

> "예수께서 그들에게 말씀하셨다. '너희가 눈이 먼 사람들이라면 도리어 죄가 없을 것이다. 그러나 너희가 지금 본다고 말하니 너희의 죄가 그대로 남아 있다.'" **요한9:41절**

예수께서는 자신들은 편향의 영향을 받지 않는 객관적인 삶을 살아가고 있다고 주장하는 바리새인들에게 너희는 여전히 편향의 영향을 받으면서 살아가고 있다는 속내를 거침없이 드러내고 계십니다. 예수는 그들이 자기 스스로를 돌아보는 안목이 없는 것을 알고 계시고 동시에 본래의 뜻을 잃어버린 시대정신에 충실한 삶을 살아가면서 사람들을 힘들게 하고 있다는 것을 직설적으로 말씀하고 계시는 겁니다. 그러나 바리새인들은 이러한 예수의 이야기에 성찰적으로 반응하지 않습니다. 그들은 예수의 이야기를 듣기 힘들어하면서 자기들이 듣고 싶은 이야기를 하지 않는 예수, 그리고 예수에게 고침을 받는 시각장애인에게 적대적인 의사를 꾸준히 표하고 있을 뿐입니다. 그렇지만 한편으로는 이렇게 살아가는 바리새인들을 마냥 비난할 수만도 없는 구석이 있습니다. 그들은 배운 대로 살아가고 있는 편향의 희생자라는 관점에서는 말이죠. 이런 상황에서 바울은 고린도 교회를 향하여 이런 이야기를 전하고 있습니다.

> "속지 마십시오. 나쁜 동무가 좋은 습성을 망칩니다. 똑바로 정신을 차리고 죄를 짓지 마십시오. 여러분을 부끄럽게 하려고 내가 이 말

> 을 합니다만 여러분 가운데서 더러는 하나님을 아는 지식이 없습니다." 고전15:33-34

바울은 고린도 교회 식구들에게 '속지 말라'고 이야기합니다. 고린도에 편만해 있는 이방 문화는 사람들을 반하나님적인 삶으로 이끌어 갑니다. 이방 문화는 이러한 작업을 효율적으로 하기 위해서 가장 친절한 방법으로, 그리고 가장 신뢰도가 있어 보이는 정보를 가지고 고린도 교회 식구들에게 접근하고 있으니 바울은 위와 같은 권면을 하지 않을 수 없습니다. 호세아 선지자와 바울은 각각 시대적 편향에 빠져서 살아가는 이스라엘 백성들과 에베소 교회 식구들에게 이런 이야기를 전합니다.

> "내가 바라는 것은 변함없는 사랑이지 제사가 아니다 불살라 바치는 제사보다는 너희가 나 하나님을 알기를 더 바란다." 호세아서6:6

> "지식을 초월하는 그리스도의 사랑을 알게 되기를 빕니다. 그리하여 하나님의 온갖 충만하심으로 여러분이 충만하여지기를 바랍니다." 에베소서3:19

호세아와 바울이 이야기하고 있는 하나님을 아는 지식은 하나님을 안다고 생각하는 자기를 부정하는 데서 시작이 됩니다. 자기가 가지고 있는 작은 지식을 확신하는 태도에서 벗어나서 창조주 하나님의 무한하신 가능성에 자신을 개방하면서 편향을 극복하는 모습 말입니다. 내가 알고 있는 것 이외에 또 다른 많은 이야기들이 하나님의 창조질서 안에서 서로를 움직이게 하는 요인으로 작용하고 있는 것을 인정하는, 그래서 자신의 무지를 인정하고 꾸준히 새로운 지식과 이해를 지향하는 삶을 살아가는 삶의 자리로 자신을 이끌어가는 것이 하나님을 아는 지식을 향하는 그리스도인의 모습일 겁니다.

그러니 그리스도인은 양질의 질문을 할 수 있어야 합니다. 양질의 질문은 자신을 암묵적 편향에서 벗어나 보다 넓은 사고思考의 세계로 나가게 하고 자신이 설정한 경계를 극복하고 타인을 이기기 위해 사용하고 있는 자신의 왜곡된 프레임 웍frame work을 알아차리며 보다 평화로운 삶의 자리로 나아가게 하기 때문입니다.

우리는 바리새인과의 논쟁에 당당하게 임하고 있는 시각장애인을 기억해야 할 필요가 있습니다. 보지 못하며 살아가던 삶에서 보아내는 삶으로 진입하는 과정에서 일방적이고 야만적인 시대정신으로 무장한 바리새인들이 걸어오는 편향으로서의 프레임 싸움에 당당하게 임하고 있기 때문입니다.

하나님의 나라는 암묵적 편향을 극복하기 위하여 양질의 질문을 던지며, 그리고 끊임없이 위협하는 시대의 편향에 맞서서 당당하게 살아가는 시각장애인 같은 그리스도인들의 올곧은 지향에서 엿보이기도 합니다.

항상성homeostasis 활성화 작업

몇 년 전에 읽은 신문 기사 내용이 문득 생각이 났습니다. '닥터 K'라는 영화의 감독인 곽경택 감독의 인터뷰 내용이었습니다. '감독으로서 아쉬움이 남는 작품은 무엇이었는지요?'라는 질문에 대하여 '닥터 K입니다'라고 대답하면서 이렇게 자신의 생각을 밝히는 부분이 인상적이었습니다.

> '감독으로서의 역량이 무르익지 않은 상태에서 영화를 찍으면서 스스로 타협해서 영화의 수위를 낮추었고 영화의 본래의 취지를 살리지 못하면서 영화의 격을 떨어뜨렸다.'

그래도 이 인터뷰 기사를 읽으면서 참 성실하다는 생각이 들었던 것은 영화를 감독했던 자신의 지난 시간을 돌아보며 자기 성찰을 하는 모습 때문이었습니다. 그런 성찰의 시간을 통해서 곽경택 감독은 '친구'라는 영화를 만들었고 엄청난 대중의 주목을 받게 되었다고 하는군요.

예수께서는 요한복음 10장 27절에서 '내 양들은 내 목소리를 알아듣는다. 나는 내 양들을 알고 내 양들은 나를 따른다.'라고 이야기하고 계십니다. 그러나 그 이야기를 듣는 유대인들은 예수를 잡으려고만 할 뿐 예수의 이야기를 바탕으로 해서 자기들의 살아가는 모습을 성찰하려는 의도를 보이지 않고 있습니다.

항상성homeostasis이라는 개념이 있습니다. 이 개념은 자신의 상태를 안정적인 상태에서의 일정한 수준을 꾸준히 유지함으로 생존을 이어가는 특성을 말합니다. 인간의 몸은 신비로워서 더우면 땀을 흘려서 적정 체온을 유지하기도 하는데 이것은 순간적으로 몸의 균형이 붕괴되었을 때에 항상성이 작동하면서 생명력을 유지하기 위한 몸의 노력이라고 할 수 있답니다. 또는 혈당이 올라가거나 내려가기라도 하면 우리의 몸은 인슐린을 분비하기도 하고 또는 세포에서 혈액의 포도당을 흡수하기도 해서 혈당을 조절하고 몸의 균형을 안정적으로 유지하기도 하는데 이러한 생명의 노력을 항상성이라고 한다는군요.

그러나 예수님의 이야기를 대하는 유대인들의 모습을 보면 자신들의 신앙적 상태를 최적의 상태로 유지하기 위한 신앙적 항상성을 활성화시키며 살아가고 있다고 보기는 어려운 모습입니다. 항상성을 뜻하는 homeostasis는 homeo+stasis로 구성된 말인데 homeo는 '닮았다'라는 의미가 있고 stasis는 standing still, 즉 '잘 유지하고 있다'는 의미가 있습니다. 이 말의 의미를 유대인들에게 적용해 보면 이렇게 정리할 수 있을 텐데요. 이들은 예수께서 '나는 선한 목자다'라는 말을 필두로 대화를 요청하실 때 예수의 이야기를 이해하고 수용하려는 노력을 했었어야 했습니다. 그렇지만 그런 노력은 전혀 하지 않고 오히려 자신들의 신앙적 생명력을 안정적으로 유지할 수 있는 신앙적 균형상태를 망가뜨리고 있는 모습을 보이고 있을 뿐입니다. 이런 상황에서 예수께서는 더욱 직선적인 말을 던지고 계십니다.

"양 우리에 들어갈 때 문으로 들어가지 아니하고 다른 데로 넘어 들어가는 사람은 도둑이요, 강도이다." **요한10:1절**

그렇지만 스승의 직설적인 이야기가 전해지고 있음에도 불구하고 이런 이야기를 듣는 사람들의 반응은 난감하기만 합니다. 나는 도둑이 아니고 강도도 아니며 여전히 신실한 하나님의 사람으로 살아가고 있다는 '자기 의'에 굳건히 기반하고 있는 거니까요. 고정관념에 기반한 종교인의 모습을 유지하고 있는 유대인들에게서는 항상성이 작동하는 모습을 찾아보기는 어렵습니다.

유대인들은 자신들이 발을 딛고 살아가는 자기들의 삶의 자리가 편협하고 제한적이며 특정한 이념에 사로잡혀 있다는 것을 알아차리지 못하고 있습니다. 이 '알아차리기 작업'을 잘 해내지 못하는 한 유대인들이 자기들의 삶의 방향을 새롭게 하고 스승이 걸어가시는 길을 함께 걸어가는 일은 일어나지 않을 겁니다.

오늘도 지연으로, 혈연으로, 학연으로, 성별로 탄탄히 묶여 있는 사람들이 대외적으로는 지연, 혈연, 학연, 또는 성별을 극복하고 하나님의 사람으로 살아가야 한다는 이야기를 하면서 이런 내용을 나름 진정성 있게 나누고 있는 듯하지만, 글쎄요? 상황은 그리 만만해 보이지 않습니다.

왜냐구요?

인간은요, 본성적으로 범주화를 하면서 살아가는 것을 즐거워하고 패거리를 지어서 다녀야만 안정감을 느끼는 존재이니까요. 그래서 어떤 학자는 이러한 인간의 모습을 호모 카테고리쿠스(**김지혜. 『선량한 차별주의자』 참조**)라고 하기도 했습니다. 이렇게 패거리를 지어 살아가는 인간의 모습을 안타까워하는 시대의 선생들은 이런저런 이야기를 나누면서 이러한 인간의 한계를 극복하는 이야기를 전해주기도 했고요.

중국에는 엄청난 크기를 자랑하는 황하라는 강이 있고 그 강의 신은 '하백'이었답니다. 그래봤자 강의 신일 뿐인데도 자기가 최고인 줄로만 알고 호령하며 살아가던 하백이 어느 날 넓디넓은 바다의 신인 '북해약'을 만나고는 자신이 알고 있는 것보다 훨씬 넓고 커다란 삶이 있다는 것을 깨닫게 되었답니다. **(최진석. 『저것을 버리고 이것을』 참조)**

자신의 제한적인 지식에 취해서 살아가면서 자기 생명의 균형을 망가뜨리는 인간에게 항상성을 가능하게 하는 요인은 무엇일까요? 그건 어쩌면 '알아차리기'와 '새로운 지식의 수용'이 아닐까요? 하백이 자신의 제한된 지식을 알아차리고 북해약의 폭넓은 지식을 수용하면서 좁은 틀 속에 갇혀서 위태위태한 발걸음을 옮기는 자신의 불균형한 삶에서 빠져나온 것은 '알아차리기'와 '새로운 지식의 수용'으로 가능했다고 보여지니까요.

그러고 보면 우리를 부르시는 주님의 음성이 심상치 않게 들리기도 합니다.

> "수고하고 무거운 짐을 진 사람은 모두 내게로 오너라. 내가 너희를 쉬게 하겠다." **마태11:28**

자기를 자기 되지 못하게 하는 것이 사실은 우리 안에 강고하게 자리를 잡고 있는 '제한된 지식'이었을 수도 있고 또는 '주관적 신념에 근거한 편견'일 수도 있을 거니까요. 내 것이 아님에도 불구하고 집요하게 내 것이라고 주장하기도 하고요. 결국은 추론에 불과한 것에 집착하면서 절대적인 진리라고 주장하고 자신의 주장에 동의하지 않는 이들을 손쉽게 적으로 규정하며 갈등 상황을 만들어 내면서 하나님의 뜻이라고 말할 수 있는 용기의 근거는 역시 제한된 지식일 겁니다. 이러한 삶의 자리에 기반한 이들이 말하는 이야기는 중심이 잡혀 있는 말이라기보다는 자신의 이익을 구현하기 위한 편향된 이야기이기 때문에 이러한 이야기에 노출되는 모든 이들은 고단함을 경험하게 됩니다.

이렇게 고단한 삶을 살아가는 이들에게 주님은 손을 내어주고 계시는 거죠. 차분히 쉼을 경험하면서, 자기에게 자비로우면서 항상성이 작동하도록 자기를 폭넓은 진리에 개방하라는 부르심이 바로 주님의 부르심입니다. 그리고 이렇게 자신의 내면에서 항상성이 정확하게 작동하도록 자신을 개방하는 사람은 하나님의 형상을 회복하게 되고 자기를 숨기지 않으며 모두와 함께 화해와 일치를 일구는 일에 매진하게 됩니다.

이 대목을 동양의 경구로 표현하면 이런 정도가 되지 않을까요?

"어진 사람은 적이 없다 仁者無敵於天下"

항상성이 정확하게 작동하도록 자기를 진리에 개방하고, 그래서 자비롭고 너그러운 삶의 지경에 진입한 사람은 다투지 않습니다. 자기를 주장하기보다는 상대방을 배려하며 그 의견에 귀를 기울이고 지쳐서 넘어지지 않는 꾸준한 대화를 진행하죠. 그렇게 꾸준히 열린 삶을 살아가다 보니 자신의 제한적인 지식으로 상대방을 손쉽게 규정하고 미워하기도 했던 그 사람이 바로 내가 사랑하며 살아가야 하는 나의 이웃임을 깨닫게 됩니다. 그러니 갈등을 생산하며 살아가던 삶을 청산하고, 그리고 자신의 의를 잠시 유보하면서까지 어떻게 하면 더 많은 사랑을 나누며 살아갈 수 있을까를 궁리하게 됩니다.

그렇지만 요한복음 10장 33절의 유대인들은 여전히 예수를 돌로 치려는 의지를 꺾지 않고 있으니 최소한 이 순간의 유대인들에게는 항상성이 작동할 여지가 전혀 없어 보입니다. 자신의 생각을 꺾고 십자가에 오르신 예수님, 그래서 자기희생과 헌신, 그리고 섬김의 모범을 보이신 십자가 위의 예수님은 호모 카테고리쿠스로 살아가는 인간들에 의하여 철저하게 외면당하고 호모 카테고리쿠스를 지지하는 예수로 부활한 그 만들어진 예수가 다수 대중의 진두에 서 있는 형국입니다.

그래도 십자가에 달리신 예수는 여전히 자기희생과 헌신, 그리고 섬김의 모범으로 십자가에 달려계십니다. 그 십자가에 달리신 예수가 호모 카테고리쿠스의 가슴속에서, 그리고 오늘 우리들의 가슴속에서 부활하시는 날, 항상성이 활성화되는 날, 우리는 하나님의 평화를 누리며 이 땅에서의 화해와 일치의 하나님의 나라를 만끽하는 신앙의 길을 걸어가게 될 겁니다.

모욕을 당할 수 있는 자격

세상을 염려하시며 십자가의 길을 걸어가시는 예수님은 자신에게 벌어질 일들을 예상하고 계신 듯합니다. 걸어가는 길이 고난으로 점철될 십자가의 길이라는 것을 말이죠. 예수 스스로야 각오하고 걸어간다고 하지만 자신을 믿고 따라오던 제자들은 그 십자가의 길이 낯설고 생소한 길이니 자기를 끝까지 따라오지 못하리라는 것이 예수께서 걱정하시는 대목입니다.

왜냐하면 광야의 시험을 통하여 깨달은 길, 경제력으로도 아니고 세상의 권력으로도 아니며 종교적인 야망으로도 아닌 하나님의 말씀을 따라 살아가는 길이 당시의 시대를 장악하고 있는 시대정신과는 꾸준히 충돌한다는 것을 잘 알고 계시니까요. 공생애를 살아가시는 예수의 눈에 비친 당시의 예루살렘 성전 권력은 타도의 대상이었습니다. 그리고 예수는 주저하지 않고 그 성전의 질서를 냉정하게 비판하고 있습니다. 성전을 중심으로 하는 시대정신은 자기중심성을 기반으로 하며 자기의 이익을 추구하는 행보를 거침없이 이어갔고 예수께서 이야기하시는 새로운 질서는 '자기를 부인하고 자기 십자가를 지고 나를 따라오라'는 식의 이야기이었으니 기존의 시대 담론과는 갈등할 수밖에 없습니다. 당시의 시대정신은 예수를 따르는 제자공동체와도 역시 갈등 구조를 가질 수밖에 없었는데 그것은 스승의 지도하에 하나님의 뜻에 관한 학습에 임하고 있는 예수의 제자공동체는 결코 기존의 질서로서의 시대정신에 동의하지 않았기 때문입니다.

그러나 아직 성령의 임재를 경험하지 못한 제자들은 두려움에 떨고 있으니 자신의 십자가 사역을 목전에 두고 있는 예수는 제자들을 위하여 이런 이야기를 하십니다.

> "내가 아버지께로부터 너희에게 보낼 보혜사, 곧 아버지께로부터 오시는 진리의 영이 오시면 그 영이 나를 위하여 증언하실 것이다. 너희도 처음부터 나와 함께 있었으므로 나의 증인이 될 것이다." **요한15:26-27**

예수께서 이렇게 꾸준히 이야기한들 구체적으로, 실천적으로 성령의 임재를 경험하지 못한 제자들과 당시의 사람들은 예수의 행보를 이해하지 못합니다. 그저 당시의 종교 체제가 생산해 내는 싸구려 논리를 구매하면서 그것이 하나님의 뜻이라고 우겨대는 수준에 머물러 있을 뿐입니다.

한번은 예수께서 길을 가시다가 세리 마태가 앉아 있는 것을 보시고 '나를 따라오너라' 하시면서 세리와 죄인들과 함께 식사를 하셨습니다. 이때, 당시의 종교 체제가 생산해 내는 싸구려 신앙으로 무장한 바리새인들은 예수의 제자들에게 이렇게 질문을 합니다.

> "어찌하여 당신네 선생은 세리와 죄인들과 어울려서 음식을 드시오?" **마태9:11**

이 대목이 재미있지 않으신가요? 바리새인임을 자부하며 믿음의 사람이라고, 하나님을 신실하게 믿는다고 떠벌리며 다니는 이 사람들이 예수께서 세리와 죄인들과 밥 먹는 것을 용납할 수 없다는 식의 질문을 하고 있으니 말입니다. 이 대목은 오늘의 교회의 상황이 언뜻 엿보이는 대목이기도 합니다. 그리고 예수는 이 질문에 이렇게 대답을 하십니다.

> "너희는 가서 내가 바라는 것은 자비요, 희생제물이 아니다 하신 말씀이 무슨 뜻인지를 배워라." **마태9:13**

기존의 질서로서의 시대정신은 자신들의 전통과 관습에서, 그리고 자기들의 기준에서 벗어나는 이야기들을 제거하려는 노력을 꾸준히 해 나갑니다. 그리고 그러한 삶은 '죽임'이라는 삶의 방식으로 나타나곤 하죠. 그러나 '죽임'이라는 삶의 방식을 가지고 살아가는 사람들은 자기들의 삶의 방식이 하나님의 뜻이라고 굳게 믿으며 돌이킴이 없는 일방적인 발걸음을 계속 이어갈 겁니다. 그러니 이러한 상황에 대하여 예수께서는 제자들에게 다시 이야기하고 계십니다.

> "사람들이 너희를 회당에서 내쫓을 것이다. 그리고 너희를 죽이는 사람마다 자기네가 하는 그 일이 하나님을 섬기는 일이라고 생각할 때가 올 것이다." **요한16:2**

예수는 유대교를 중심으로 하는 시대정신은 제자들을 회당에서 쫓아내는 데 그치지 않고 죽이기까지 할 것이며 그리고 그렇게 살아가는 자기들의 삶이 하나님의 뜻이라는 확신에 기초할 것이라고 말씀하고 계시는 겁니다. 그리고 이러한 일은 대표적으로 사도행전에서 스데반을 돌로 쳐서 죽이는 일을 정당하게 여기는 사울의 처신에서 극명하게 나타나고 있습니다.

"사울은 스데반이 죽임당한 것을 마땅하게 여겼다." **행8:1**

그러나 종교적 폭력에 의하여 죽어가는 스데반은 성령이 충만한 사람이었습니다. 자신을 죽이기 위하여 음모를 꾸미고 있다는 사실을 잘 알고 있으면서도 그는 흔들리지 않았으니까요. 오히려 그의 얼굴은 천사와 같이 빛나는 당당함을 간직하고 있었습니다. 스데반에게 위압적으로 다가오는 시대정신이라는 폭력은 스데반을 두려움에 가두어 둘 수는 없었습니다.

"공의회에 앉아 있는 사람들이 모두 스데반을 주목하여 보니 그 얼굴이 천사의 얼굴 같았다." **행6:15**

십자가를 향하여 발걸음을 옮기고 계시는 예수는 이러한 상황이 염려되셨나 봅니다. 싸구려 은총으로 무장을 한 폭력적 종교 세력으로부터 제자들이 평화를 누릴 수 있는 방법은 위로자 되시고 신념을 굳건하게 해주시는 성령의 임재를 경험하는 것임을 알고 계시는 예수는 제자공동체를 향하여 성령의 임재를 이야기하고 계십니다.

"내가 너희에게 이 말을 한 것은 너희를 넘어지지 않게 하려는 것이다." **요한16:1**

그리고 제자들은 예수의 십자가 사건 이후 우여곡절 끝에 마가의 다락방에서 성령의 임재를 경험하게 됩니다. 그리고 제자들은 진리의 사람이 되어 흔들림이 없는 복음 전도자의 여정을 걸어가게 됩니다. 제자들은 자기를 배타적이고 일방적인 생각에 가두어 두지 않았고 사울이 걸었던 '죽임'의 길을 걷지도 않았습니다. 예루살렘 성전 권력으로 상징되는 망가진 시대정신은 성전 문 앞에서 수동적인 삶을 살아가던 사람에게 자발적인 삶을 제공해주지 못했지만 성령의 임재를 경험한 베드로와 요한은 '예수의 이름으로 일어나 걸으라'(행3:6)고 이야기하면서 경건의 능력을 보이고 있는 것이 바로 기존 질서로서의 시대정신의 허점을 노린 예수의 멋진 노림수입니다.

이렇게 성령의 임재를 경험한 제자들의 삶에는 엄청난 변화가 찾아왔습니다. 예수의 제자들은 '가서 성전에서 이 생명의 말씀을 남김없이 백성에게 전하여라'(행5:20)라는 말씀을 따라서 열심히 이야기를 전했습니다. 제자들이 전한 이야기는 시대정신과 정면으로 대립하는 이야기임을 짐작하는 일은 그리 어렵지 않을 듯합니다. 그렇지만 이러한 행위가 문제가 되어 성전 권력은 그들을 체포하였고 제자들은 매를 많이 맞고 나서야 풀려날 수 있었습니다. 예수께서 십자가의 길을 걸으며 고난을 경험할 때는 어디론가 도망질을 하고 있던 제자들이었는데 이제는 진리를 말하다가 흠씬 두들겨 맞는 지경에 처하게 된 겁니다. 그러나 이렇게 고통스러운 상황에 처한 제자들의 반응은 이전과는 사뭇 달랐습니다.

"사도들은 예수의 이름 때문에 모욕을 당할 수 있는 자격을 얻게 된 것을 기뻐하면서 공의회에서 물러 나왔다. 그들은 날마다 성전에서

그리고 이집 저집에서 쉬지 않고 가르치고 예수가 그리스도임을 전하였다." **행6:41-42**

진리를 위하여 모욕을 당할 수 있는 자격을 얻게 된 것을 기뻐했다니 그것 참 신기한 일입니다. 그러나 궁금한 것은 제자들을 때린 종교 권력입니다. 예수를 십자가에 매달더니 이제는 예수의 제자공동체에게 폭력을 행사하는 것을 주저하지 않고 있는데 아마도 이들은 예수님의 이야기대로 자기들이 하는 일이 하나님의 뜻을 따르는 진실한 사역이라고 굳게 믿을 거라는 대목 말입니다.

글쎄요?

이들은 자기들의 삶의 방식을 성령의 조명하에서 돌이킬 수 있을까요?

예수가 약속한 성령 임재의 경험은 꾸준히 자기를 돌아보게 하는 경험입니다. 사울은 다마스쿠스로 가는 길에서 예수를 만나고 나서는 눈에서 꺼풀이 벗겨지며 이전의 가치관을 털어버렸다니 성령의 임재는 배타적 자기 신념에 머물게 하기보다는 자기 돌이킴을 가능하게 하고 보다 많은 사람과 함께 살아가는 삶의 자리로 나가게 합니다.

성령의 은총의 빛 아래를 살아가는 사람들은 자기를 배타적이고 일방적인 생각에 가두지 않습니다. 하나님의 한이 없는 개방성을 묵상하면서 폭넓은 자비로움과 너그러움이 작동하는 삶의 자리로 나아가며 더 많은 사람을 사랑하며 살아갈 수 있는 '살림'의 자리를 희망합니다.

엔트로피 법칙 무력화시키기

지난겨울은 유난히도 추웠습니다. 북극의 찬 공기를 가두는 제트기류가 생태 환경의 불균형으로 차가운 공기를 가두지 못하고 남쪽으로 흐르게 하는 생태적 위기상황의 결과라는 진단이 있었더군요. 원인도 심각하고 결과도 어렵지만, 또 한편으로는 이렇게 밀려오는 추운 겨울은 고단한 우리 이웃들의 삶을 더욱 움츠러들게 하는 요인으로 작용하니 참 안타까운 일입니다.

더불어 우리를 힘들게 하는 것은 우리의 내면에서 극성스럽게 활성화되는 자기를 중심으로 세상이 돌아가야만 속이 풀리는 이기심입니다. 또는 일용할 양식을 가지고 있음에도 불구하고 더 많이 소유하기 위하여 우리의 내면에서 고개를 치켜드는 소유 욕심, 그로 인한 상대적인 박탈감, 비교급적 삶의 양식으로 인한 경쟁심 등이 생태 위기를 가져오며 우리를 더욱 힘들게 하는 내부의 요인이기도 합니다.

물리학의 법칙 중에 모든 에너지는 사용 가능한 에너지에서 사용 불가능한 에너지로 전환한다는 '엔트로피 법칙'이라는 것이 있습니다. 형이하학에서는 대단히 중요한 위치를 차지하고 있는 법칙입니다. 이 이론은 여러 연구자들이 연구하며 주목했던 에너지를 소비하지 않고 돌아가는 영구기관이라는 꿈을 무산시키는 역할을 하기도 했다는군요. 이 법칙은 저렇게 밝게 빛나는 태양도 언젠가는 그 빛을 잃을 거라는 논리를 가능하게 하기도 하죠.

그런데 가만히 생각해보면 이 엔트로피 법칙은 신앙생활을 하는 그리스도인들에게도 문득 나타나는 부분이 있어 보입니다. 어떤 그리스도인이 자기 삶의 자리를 생명의 창조가 불가능한 삶의 자리로 만들어 간다면 그 사람의 삶의 자리에 엔트로피 법칙을 적용해서 설명할 여지가 있어 보이기 때문입니다. 서로 사랑을 나누면서 살아가기보다는 미움을 주고받는 삶을 살아가면서 갈등과 분열을 일삼는 사람에게서는 하나님의 재창조의 사역이 가능하지 않을 겁니다. 이렇게 살아가는 사람들은 사랑의 능력이 점점 소멸되어 언젠가는 서로 사랑하는 능력을 완전히 상실하고 미움의 자식으로 전락할지도 모를 일입니다.

요한복음 11장 53절에는 이렇게 살아가는 사람들의 이야기가 그려지고 있습니다.

"그들은 그날로부터 예수를 죽이려고 모의하였다."

복음서 여기저기에서 예수를 죽이려고 모의하였다는 이야기가 보도되고 있지만, 요한복음 11장에서 보도되고 있는 예수 제거 작전의 이야기는 다른 복음서의 보도와는 그 성격이 조금은 달라 보입니다. 다른 곳의 예수 제거 작전과는 달리 요한복음 11장의 논의자들은 공식적인 의결기구인 산헤드린이기 때문입니다. 관계기관 대책회의를 통해서 사람을 제거하는 작업을 한다는 것은 사회가 엔트로피 법칙이 통용되는 구조, 즉 사람을 살리는 사회구조가 아닌 사람을 죽이는 사회구조로서의 생명의 에너지를 소멸시키는 사회구조라는 것을 알아차리게 하는 대목이니 요한복음 11장의 예수 제거 작전 보도는 그 심각성이 사뭇 다른 복음서의 보도보다는 무게감이 다르게 다가옵니다. 실제로 이 유대 사회는 나사로도 죽이려는 계획을 짜고 있습니다.

"그래서 대제사장들은 나사로를 죽이려고 모의하였다." 요한12:10

이렇게 생각을 이어가다 보니 도스토예프스키의 『카라마조프가의 형제들』에 나오는 "대심문관"의 이야기가 생각납니다.

스페인에 다시 오신 예수께서 어린 소녀를 살리는 장면을 지켜보는 늙은 추기경은 저 소녀를 살려내는 사람이 진짜 예수라는 것을 한눈에 알아봅니다. 그리고는 불편해 오는 뱃속을 느끼며 얼굴에는 어두운 그림자가 드리워지죠. 늙은 추기경은 자기의 휘하를 시켜서 예수를 감옥에 가두게 합니다. 한밤중에 구부정한 모습으로, 그리고 완고한 모습으로 예수를 찾아온 늙은 추기경은 이렇게 이야기합니다.

"왜 오셨습니까? 우리가 이렇게도 잘 살아가고 있는데… 그냥 돌아가십시오. 조용히 사라지십시오."

그리고 예수님은 아무 말도 하지 않고 이 늙은 추기경의 얼굴에 입을 맞춘 후에 조용히 사라지십니다.

도스토예프스키는 이 이야기를 기록하면서 무슨 생각을 했을까요? 타락한 교회 기득권은 온전한 예수를 받아들이지 못한다? 교회에 빌붙어서 먹고사는 자본적 종교 장사꾼들은 절대로 참 예수가 교회에 자리 잡는 것을 허용하지 않는다? 뭐 이렇게 비평한 내용을 찾아볼 수 있겠습니다. 그렇지만 늙은 추기경이 하는 말을 가만히 보면 또 다른 생각을 할 수 있을 듯도 합니다.

> "그들은 우리가 그들의 선두에 서서 그들의 자유를 대신 견뎌 줌으로써 그들 위에 군림하는 것에 동의했기 때문에 우리에게 경외심을 가질 것이며 우리를 신으로 간주할 것이니 - 그리하여 그들에게 있어 자유롭게 된다는 것은 결국에 가서는 끔찍한 일이 될 것이다."
>
> **(도스토예프스키. 『카라마조프가의 형제들1』. 민음사.)**

목회를 수행해나가는 중에 가끔 듣는 소리가 있습니다.

"목사님은 왜 특별새벽기도회에 나오라고 강조하지 않으세요? 왜 목사님은 교회의 프로그램을 다양하게 구성하지 않으세요? 목사님은 왜 헌신, 봉사하라고 강조하지 않으세요?"

그러면 이렇게 대답하곤 합니다.

"왜 스스로를 절대적 수동태로 몰아넣으려 하시나요? 자발적 성실함으로 꾸준히 기도하면 더 즐겁게 믿음의 길을 걸어갈 수 있지 않을까요? 여러분들을 내버려 두는 것은 내버려 두는 것이 아니고 자발적으로 복음에 응답하라는 목회적 돌봄으로 이해하시고 자발적 성실함을 담보하는 기쁨이 있는 믿음의 길을 걸어가시면 좋겠습니다."

늙은 추기경은 그리스도인들의 속내를 꿰뚫어 보고 있습니다. 그들은 스스로 자신의 삶을 경영하기보다는 누군가에게 종속되어서 타자의, 그리고 외부의 강제력에 의지하며 살아가는 것을 더욱 편안해한다는 것을요. 이런 모습은 광야에서 이집트를 그리워하는 히브리인들의 모습에서 잘 나타나고 있습니다.

"광야에 나가서 죽는 것보다 이집트 사람을 섬기는 것이 더 나으니 우리가 이집트 사람을 섬기게 그대로 내버려 두라고 하지 않았습니까?" **출14:12**

바울은 이런 상황에 처한 그리스도인들에게 이런 권면을 합니다.

"여러분은 주님 안에서 그분의 힘찬 능력으로 굳세게 되십시오. 악마의 간계에 맞설 수 있도록 하나님이 주시는 온몸을 덮는 갑옷을 입으십시오." **엡6:10-11**

"그래야만 여러분이 악한 날에 이 적대자들을 대항할 수 있으며 모든 일을 끝낸 뒤에 설 수 있을 것입니다." **엡6:13b**

물리학에서의 엔트로피 법칙은 모든 에너지가 사용 가능한 상태에서 사용 불가능한 상태로 진행한다고 말하지만, 바울이 말한 위의 구절은 하나님의 창조 질서를 바탕으로 하는 신앙의 세계에서 보여준 예수님의 사랑은 형이하학의 한계를 극복하는 초월적 하나님의 사랑으로 다가온다는 것을 보여주고 있습니다. 그 사랑을 발현시키면 발현시킬수록 사랑의 양은 많아지고 하나님의 사랑을 바탕으로 공의로운 사회는 이루어지며 화해와 일치가 만들어지는 세상이 가능해진다는, 엔트로피 법칙을 넘어서는 사도 바울의 지혜로운 깨달음이 빛을 발하는 성서 구절로 읽혀집니다.

늙은 추기경의 얼굴에 입을 맞추고 무력하게 돌아서는 예수는 패배감에 사로잡히셨을까요? 예수는 무력하게 십자가에 달려 돌아가셨지만, 그리스도인의 자유를 담보로 기득권을 누리고 있는 늙은 추기경의 추상같은 호령(?)에 묵묵히 물러나셨지만, 그의 십자가를 향한 발걸음은, 늙은 추기경에게서 돌아서는 그의 물러남은 부활을 향하는 발걸음이었습니다.

그리스도인은 추운 겨울을 보내면서도 새순이 움트는 봄을 기다리는 사람들입니다. 봄은 하나님이 주시는 은총이지만 그 봄을 봄으로 맞이하기 위한 그리스인들의 수고는 고단한 삶의 자리 한가운데에서도 여름의 푸르름으로, 가을의 소중한 열매로 꾸준히 이어져야 합니다. 그리고 그렇게 살아가는 그리스도인은 '진리가 너희를 자유하게 하리라'를 가능하게 하는 자발적 성실이라는 가치 위에 서 있어야 합니다. 그것이 엔트로피 법칙을 무력화시키는, 삶의 소멸성을 극복해내는 그리스도인들이 살아가는 법입니다.

찢어지고 해어진 발

예수께서 이 땅에 오셨을 때의 상황은 그리 만만하지 않았습니다. 종교는 순수한 역할을 다하는 것으로서의 순기능을 하지 못하는 지경이었고, 종교에 빌붙어서 살아가는 지도자들이라는 사람들은 탐욕과 방종(마태23:25)으로 자기들의 이기적인 삶을 도모해 나가는 지경이었으니까요. 시대의 이념으로 무장한 종교는 하늘의 순수함을 자기들의 자의적인 잣대로 재단하고 세상을 향한 하나님의 온전한 뜻은 이리저리 흩어버리는 수준이었습니다.

가끔씩 예언자라는 사람들이 나타나서 하나님의 이야기를 전해주고 하기는 했습니다. 그리고 사람들이 예언자들이 전하는 말을 받아들여 꾸준한 자기 정화작업을 해냈다면 이데올로기화된 종교에 빌붙어 먹고 사는 종교 지도자들이 발 디딜 자리는 없었을 겁니다.

세상은 항상 그랬나 봅니다.

힘센 사람들이 나타나서 의제를 선점하고 자기들이 주장하는 의제가 순수함을 가지고 있다고 소리를 높이면서 사람들을 모으고, 그렇게 선점한 의제를 중심으로 세력을 형성하고 난 후에는 자기 세력의 이익을 중심으로 하는 이기적 집단이 됩니다. 그리고 집단은 자신의 존재 근거를 꾸준히 유지하기 위하여 자기 집단을 지지하는 이론적 배경을 만들어 내면서 자신들의 이론에 이의를 제기하는 세력은 적으로 규정하고 적대시하며 때로 여론몰이를 통해 제거하기도 하는 무지막지한 태도를 드러내게 되는 것이죠.

예수는 그런 위협적인 상황을 경험하고 계시는 겁니다. 요한복음 11장 57절에는 이념적 종교 권력의 핵심적 위치에 있는 대제사장들과 바리새인들이 사람들에게 예수가 어디에 있는지를 알릴 것을 명령하고 있습니다. 이러한 상황을 잘 알고 있는 예수는 일단 그 자리를 피해서 위협적이지 않은 곳으로 물러나시는 모습이 그려져 있죠.

> "그래서 예수께서는 유대 사람들 가운데로 더 이상 드러나게 다니지 아니하시고 거기에서 떠나 광야에서 가까운 에브라임이라는 마을로 가서 제자들과 함께 지내셨다." **요한11:54**

그러나 이념적 종교 권력에 매몰되어 있는 이들은 자기들의 삶의 자리를 위협하는 이가 자기들의 영역 밖으로 물러났다고 해서 안도하거나 위해危害하는 일을 멈추지 않습니다. 이들은 끝까지 따라다니면서 왜곡된 자기들의 신념이 만족할 수 있는 수준까지로 상황을 몰아가니까요. 그리고는 사람이 죽는 지경에 이르더라도 이들은 애도하기보다는 타자를 죽음으로 몰아내면서 지켜낸 자기들의 삶의 자리를 바라보며 축배를 드는 모습을 보이기도 합니다. 이 사람들은 가난한 사람들을 위하여 구제사업을 벌이고 넉넉한 나눔도 실천하지만, 그 실천의 후반부에는 반드시 사진을 찍고 홍보작업을 하는 자기 과시욕을 노출시키기도 합니다.

예수는 자신의 시간이 다가오고 있음을 느끼고 있습니다. 죽음에서 살아난 나사로를 위한 작은 식사 자리를 거부하지 않고 그 자리에 참여하기 위하여 베다니로 나아가는 예수의 발걸음은 예루살렘을 향한 첫 번째 발걸음입니다. 그 예수의 발걸음은 구제사업을 벌인다는 이들이 예수를 향하여 던질 돌팔매질을 향한 발걸음입니다. 구제사업을 한다는 이들은 자신들의 숨겨놓은 의도가 예수로 인해 드러나는 것을 싫어하니까요. 그리고 나눔 후에 사진을 찍어야만 직성이 풀리는 이들의 시기 어린 눈초리는 길을 걸어가는 예수의 발을 찢어지게 하고 해어지게 하는 원인입니다.

이렇게 예수는 찢어지고 해어진 발을 내디디면서, 그러나 걸어가야 하는 자신의 발걸음을 멈추지 않고 찢어지고 해어진 발을 꾸준히 움직이는 모습으로 이웃들에게 다가갑니다. 예수께서 걸어가시는 발걸음은 고단하기만 합니다. 온갖 풍문에 휩싸이면서, 온갖 조롱을 견뎌내시면서, 가난한 이웃들이 기다리는 갈릴리로, 그리고 죄인들을 향하여 내딛는 발걸음이었으니 그 발이 온전할 일이 없습니다.

자신의 집에 찢어지고 해어진 발로 방문한 예수를 맞이하는 마리아는 아픈 가슴을 부여잡고 예수를 맞이합니다. 마리아의 섬세한 믿음의 직감인가요? 마리아는 예수가 죽음을 향한 발걸음을 옮기고 있다는 것을 느끼게 됩니다. 그리고 그 예수의 발걸음을 따라가기라도 할라치면 고난과 고통이 수반되는 여정이 될 것이라는 것을 직관적으로 통찰하면서 자신이 가지고 있는 값진 향유를 예수의 발에 붓고 그 상처투성이의 찢어진 발을 자신의 온 존재로 품어내고 있는 겁니다. 자신도 예수를 따르겠노라고, 선생님이 죽음의 지경을 향하여 발걸음을 하더라도 예수를 향한 자신의 신념을 지키며 스승이 가시는 그 여정을 따라가겠노라며 그렇게 죽음을 향하여 걸어가시는 주님의 발걸음을 자신의 삶으로 품어내고 있는 겁니다.

이렇게 자신의 삶으로 스승이신 예수를 받아내고 있는 마리아의 헌신에 대하여 딴지를 거는 사람이 있습니다. 바로 가룟 유다입니다. 유다는 실용주의자였을까요? 일설에 의하면 로마로부터의 독립을 추구하는 열심당원이었다는 소리도 있었으니 뭐 그럴 수도 있었을 겁니다. 그렇지만 요한복음을 기록하고 있는 사도 요한의 관점은 조금 달라 보입니다. 이렇게 기록하고 있으니까요

> "그가 가난한 사람을 생각해서 이렇게 말한 것이 아니다. 그는 도둑이어서 돈자루를 맡아 가지고 있으면서 거기에 든 것을 훔쳐내곤 하였기 때문이다." **요한12:6**

사도 요한이 가룟 유다를 왜 이렇게 평가했는지는 잘 알려져 있지 않습니다. 그러나 이러한 표현은 유다가 예수를 자신의 목적을 구현시키는 수단으로 사용했을 수도 있다는 상상을 가능하게 하는 대목일 수 있습니다. 예수 제자단의 살림을 꾸려가면서 아름아름 자신의 유익을 추구하는 탐욕스러운 유다의 모습이 사도 요한의 눈에 읽혔을 가능성도 있을 수 있겠고요. 하여간 유다는 탐욕의 아들로 묘사가 되고 있으니 마리아의 순결하고 올곧은 헌신이 이해에 밝고 손익분기의 계산에 재빠른 탐욕의 아들과 함께할 수는 없는 노릇입니다.

자기 이익을 재빠르게 계산하는 일에 익숙해 있으면서 살아가는 사람들은 전적인 헌신을 실천하는 사람들을 잘 이해하지 못합니다. 자기 전체를 포기하면서 하늘의 진리를 수용하고 살아가는 사람들의 삶의 양식은 자기들에게 방해가 되는 이들을 제거하고 자기들이 항상 이길 수 있는 방

식으로 규칙과 제도를 바꾸려는 의도를 가지고 있는 사람들에게는 받아들여질 수 없는 삶의 양식이기 때문입니다.

예수에게 향유를 붓는 기사는 마가복음 14장에도 기록되어 있는데요. 마가복음에는 '한 여자가 매우 값진 나드 향유 한 옥합을 가지고 와서 그 옥합을 깨뜨리고 향유를 예수의 머리에 부었다.'(마가14:3)라고 기록이 되어 있습니다. 여기에는 '깨뜨리고'라는 표현이 나타나고 있는데 이것은 스승 앞에서 지금까지의 자신이 살아왔던 방식을 포기하는 것을 의미한다고 볼 수 있습니다. 여인이 경험한 '죽은 나사로의 살아남' 속에는 스승이 자기들에게 주시는 함의가 있음을 깨닫게 했고, 이 여인이 자신의 삶의 근거가 되는 '향유를 담은 옥합'을 깨뜨리는 것으로 살아가는 방식의 전환을 시도하고 있는 장면이라고 할 수 있으니까요.

굳이 따지자면 한 데나리온이 일용직 근로자의 하루 품삯이고 그러면 300데나리온은 일용직 근로자의 일 년 연봉에 해당하는 액수라 하니 여인은 그 정도의 가치를 포기하는 모습을 보이는 겁니다. 자기 삶의 씨앗이 되는, 또는 자신의 삶의 근거로서 때로 홀로 방에 앉아서 그 옥합을 열어보면서 든든해했던 그것, 나를 나 되게 하는 줄 알았던 그 보석상자가 깨어져 나가고 그래서 상처투성이인 예수의 발 앞에서 상자의 용도가 바뀌고 있고, 동시에 여인은 인식의 전환을 경험하고 있는 것입니다.

자기에 관한 이기심이 내면에서 강고하게 작동하는 사람들은 예수님의 해어진 발을 알아차리지 못합니다. 설사 그 거친 발을 본다고 할지라도 왜 그렇게 발이 찢어져 있고 상처가 많은지를 알아차리지 못할 겁니다. 그들은 보고 싶은 대로 보고 이해하고 싶은 대로 이해하는 지극히 주관적인 사람들이기 때문입니다.

믿음의 길을 걸어가면서 지식이 없는 열정으로 살아가게 되면 광신도가 될 확률이 높습니다. 또는 열정이 없는 풍부한 지식을 가지고 믿음의 길을 걸어간다면 자비로움이 없는 냉정한 믿음의 소유자가 되어 쉽게 규정하고 정죄하는 지경에 머물 수도 있을 겁니다. 그리스도교 신앙은 시대의 이데올로기가 제공하는 비애와 모순을 고발하고, 돌로 빵을 만들라는 유혹을 극복하며 자신의 보석상자를 깨뜨려 주님의(이웃의) 찢어지고 해어진 발을 감싸는 삶의 방식을 요청하고 있습니다.

예수의 찢어지고 헐어버린 발과 여인이 옥합을 깨뜨려 예수의 발에 붓는 향유가 만나면서 예수와 이 여인은 몇몇 손님들이 함께하는 그 공간을 향기로운 공간으로 만들어 내고 있습니다.

예수와 돼지 나폴레옹

갈라디아 지역에 교회를 세운 바울은 갈라디아교회를 꾸려가고 있는 사람들이 예루살렘에서 온 유대인 그리스도인들의 말에 귀를 기울여 하나님의 전적인 은총에 기반하는 믿음으로부터 행함(할례의식)을 전제하는 믿음으로 돌아서고 있다는 소식을 듣고 속상해하는 마음으로 편지를 씁니다.

> "여러분을 그리스도의 은혜 안으로 불러주신 분에게서 여러분이 그렇게도 빨리 떠나 다른 복음으로 넘어가는 데는 나는 놀라지 않을 수 없습니다." **갈1:6**

> "여러분은 그렇게도 어리석습니까? 성령으로 시작하였다가 이제 와서는 육체로 끝마치려고 합니까? 여러분의 그 많은 체험은 다 허사가 되었다는 말입니까? 참말로 허사였습니까?" **갈2:3-4**

바울은 갈라디아교회의 구성원들과 함께 인간을 자유하게 하는 복음에 관한 이야기-믿음으로 의롭게 되는(갈2:16)-를 열심히 나눈 것 같습니다. 그런데 바울은 속이 많이 상합니다. 이후에 갈라디아교회 교인들은 자신들을 찾아온 또 다른 교사들과 학습을 하면서 믿음의 방향, 실천의 방향을 엉뚱한 쪽으로 몰아가고 있으니까요. 다른 교사들은 갈라디아 지역의 문화적 전통을 존중하지 않고 자기들의 문화를 갈라디아 교회에 일방적으로 투사시키고 있는 듯합니다. 다른 문화의 다양성을 존중하지 않는 인간의 행위가 세상을 조화롭게 만들어 낼 수 있을까요?

인간은 질문이 가능한 이성적 존재이니 이 세상의 모든 문제를 신이 해결해 주지 않는다는 것을 깨닫는 데는 그리 오래 걸리지 않았습니다. 신을 중심으로 하는 세계관을 살아가면서 천동설을 수호하던 이들은 지동설을 주장하는 이들을 죽이기까지 하면서 새롭게 다가오는 진리를 외면하기도 하지만 이후 계몽된 인간의 능력을 경험하면서는 신의 영역인 줄 알았던 곳에 거침없이 들어가면서 무한해 보이는 인간의 능력을 마음껏 만끽하고 있는 형국입니다. 동그라미의 효용성을 발견한 인간은 동그라미 위에 쇳덩어리를 올려놓고 빠른 속도로 달리게 하면서 인간의 삶에 엄청난 변화를 가지고 왔고요, 그 옛날에는 언감생심 엄두를 내지 못했던 하늘을 나는 일을 가능하게 한 이후로는 신의 생명 주머니인 줄 알았던 우주를 향해서 날아가는 세상을 만들어 내고 말았습니다. 신이 주관하는 창조 질서인 줄 알았던 생명의 탄생에 관해서는 시험관에서 아기가 태어나게 하면서 인간의 이성이 신의 질서에 관여하는 지경이 되었으니 정말 엄청난 세상이 되었습니다.

그렇지만 이렇게 계몽된 인간의 이성과 이를 바탕으로 하는 문명의 발전은 마냥 좋기만 한 것은 아닌 것 같습니다. 이러한 세상의 발전은 기득권층을 형성하고 그 문명의 발전에서 소외를 경험하는 계층도 만들어낸다는 문제를 가지고 있으니까요. 기득권층은 소외계층을 도구화해서 자기들의 이익을 극대화시키기도 하죠. 그렇더라도 인간은 그렇게 부조리한 세상에 저항을 할 수 있는 이성적 순기능도 가지고 있는 것이 다행스러운 일입니다. 문제는 대부분의 사람들은 소수의 지배계층이 만들어 내는 이념 아래에서 그 이념이 진리인 줄로 알고 살아가는 수준을 벗어나지 못한다는 데 있기는 하지만요.

이러한 상황을 통찰한 조지 오웰은 『동물농장』이라는 흥미로운 소설을 씁니다. 이 소설은 제정 러시아를 비판하며 혁명을 일으킨 1900년대의 소련의 상황을 그린 소설로 볼셰비키 혁명(1917년), 그리고 거기에 등장하는 칼 막스, 레닌, 그리고 스탈린과 트로츠키 등의 인물, 그리고 당시의 시대 상황을 풍자로 그려내면서 타락한 혁명 주체들의 변질과정을 그려낸 소설입니다.

농장의 동물들은 돼지를 중심으로 뭉쳐서 인간을 몰아내고 농장의 세력을 잡았는데 인간의 착취(제정 러시아)를 극복하자는 것이 인간을 몰아내는 이유였습니다. 존경받는 돼지인 메이저 영감(레닌, 혹은 칼 막스)은 죽음을 눈앞에 두고 “혁명하라, 혁명하라”라는 유언을 남기고요, 그리고 이 유훈을 받아들인 돼지 나폴레옹과 스노볼은 인간을 쫓아내고 동물농장(소비에트 연방)을 세우게 되죠. 그렇지만 혁명에 성공하고 나서 세운 새로운 삶의 터전에서는 이전과 똑같은 상황이 벌어지게 됩니다. 권력을 잡은 돼지들은 누릴 것을 다 누리고 농장의 짐승들은 죽을 만큼 노동을 해야 하는 상황이 계속됐으니까요.

그런데 혁명이 성공한 세상을 살아가는 대부분의 동물들이 존재의 존엄을 존중받지 못하고 살아가는 것은 나폴레옹과 스노볼의 권력 때문이 아니라 자신들의 무지 때문이라는 사실을 주목할 필요가 있습니다.

이 이야기 중에는 백성을 상징하는 '복서'라는 말이 나옵니다. 복서는 넘치는 힘으로 풍차 건설 현장(스탈린의 경제 개발 5개년 계획)에서 가장 효율적으로 일하지만 결국에는 권력자 돼지들이 마실 위스키를 구입하기 위하여 팔려 가는 신세가 되는데요, 그가 팔려 가는 장면에는 민중은 지배 계층의 이익을 위한 도구였다는 의미가 담겨 있다는 것입니다. 복서는 내가 열심히 일해서 풍차를 건설하면 풍차가 만들어 내는 막강한 동력으로 백성들이 잘살게 될 것이라는 믿음을 가지고 있었습니다. 그러나 그것은 명분을 내세우는 돼지들의 의도를 알아차리지 못한 채 굳세게 지켜낸 '지식이 없는 무지한 자기 신념'으로서의 희망일 뿐이었던 것이었죠. 그리고 백성들은 여전히 힘들고 가난했고 돼지들만 풍요로운 삶을 살아가는 것으로 이 소설은 끝을 맺고 있습니다.

예수는 요한복음 12장 25절에서 이렇게 이야기를 하고 계십니다.

> "자기의 목숨을 사랑하는 사람은 잃을 것이요, 이 세상에서 자기의 목숨을 미워하는 사람은 영생에 이르도록 그 목숨을 보존할 것이다."

예수님이 이야기하시는 '자기 목숨을 사랑한다'고 할 때 '자기 목숨'은 무엇을 의미하는 것일까요? 혹시 학연, 혈연, 지연 등 패거리 문화는 아닐까요? 세상을 올바르게 하겠다고 나선 사람들이 자기 안에 온정주의를 품고 학연, 혈연, 지연 등에 매몰된 자기를 알아차리지 못한 채, 또는 이념적 갈라치기 등에 익숙해서 이념을 넘어서는 화해와 일치를 만들어 내지 못하면서 살아가는 자기를 알아차리지 못한다면 그것이 바로 자기를 보아내지 못하는 무지에 기반한, 또는 지식이 없는 신념으로 삶을 살아가는 겁니다. 그러니 바울도 갈라디아교회를 향해서 당신들의 정신을 파고드는 엉뚱한 가르침을 눈치채라고 강하게 권면하고 있는 거고요.

동물농장에서 돼지 나폴레옹이 혁명에 성공했으나 세상을 이전의 고단한 세상과는 다른 새로운 세상으로 만들어 내지 못하고 자신은 개혁의 대상이 되어버린 것은 세상을 새롭게 하겠다는 구호를 외치며 혁명을 수행하기는 했으나 자기 자신을 돌아보아 꾸준히 '새로운 피조물'이 되는 작업을 해내지 못했기 때문입니다. 이런 상황에 대하여 니체는 이런 이야기를 했다고 합니다.

> "괴물과 싸우는 사람은 그 싸움 속에서 스스로 괴물이 되지 않도록 조심해야 한다." **(페르하에어. 『우리는 어떻게 괴물이 되어가는가?』)**

그러니 예수께서는 자기 목숨을 미워하는 사람이 되라고 말씀하고 계시는 겁니다. 자신의 존재와 살아가는 삶의 양식을 끊임없이 의심하라고 말이죠. 이렇게 자기를 끊임없이 의심하는 사람이 더욱 합리적이고 객관적인 성장을 꾀해 나갈 수 있습니다. 그럴듯한 명분을 내걸고 조직의 규칙과 구조를 바꾸려는 이들을 의심의 눈으로 쳐다보고 그렇게 정正에 대한 반反을 제안해서 합合을 만들어 내고 다시 정의 자리에 오른 합을 의심하는 반복적인 과정을 통해서 명분의 의도를 순수하게 이끌어 낼 수 있으면 의도가 나쁜 돼지 나폴레옹의 출현을 막을 수 있을지도 모를 노릇입니다.

그렇지만 사람들은 의심하고 회의懷疑하는 정·반·합의 작업을 귀찮아

하고, 지식이 없이 무지하게 일만 하는, 또는 꾸준히 등장하는 권력에 부역하고 있는 자신의 처지를 돌아보는 일을 게을리한다는 문제를 안고 살아갑니다. 한편으로는 충직한 백성의 캐릭터인 복서(말)가 자신이 열심히 일함으로써 결국에는 백성들이 잘살게 되고 조직은 건강성을 담보하게 될 것이라는 '무지한 또는 지식이 없는 열정'에 사로잡힌 채로 성실하고 책임적인 삶을 살아가는 것처럼 일단의 사람들도 껍데기 신념인 당근 몇 조각에 마음을 빼앗긴 채로 그렇게 살아가기도 합니다.

이러한 상황에서 에베소서는 우리들에게 아래와 같은 이야기를 들려줍니다.

> "그리스도는 우리의 평화이십니다. 그리스도께서는 유대 사람과 이방 사람이 양쪽으로 갈라져 있는 것을 하나로 만드신 분이십니다. 그분은 유대 사람과 이방 사람 사이를 가르는 담을 자기 몸으로 허무셔서 원수 된 것을 없애시고…" **엡2:14**

예수의 정신은 어둠으로부터의 해방의 정신이고 무지로부터 벗어나게 하는 계몽의 정신입니다. 예수께서는 사람을 도구화하고 수단화하는 망가진 질서에 격렬하게 저항하시고, 또는 사람 사이에 다툼을 허용하지 않으시며 오히려 창칼을 녹여서 농기구를 만들라고 하시는 분이십니다. 그러니 예수가 선도하고 계시는 계몽의 영성으로서의 해방의 영성의 길을 걸어가는 사람들은 기존의 질서에 매여 있는 자기를 부정하는 작업을 시작해야 합니다. 자신의 내면에서 정교하게 작동하고 있는 막힌 담으로서의 '자기중심성', '지식이 없는 무지한 열정' 등을 알아차리고 자기를 땅에 떨어뜨려 썩는 밀알로 내어놓을 수 있도록 신앙적 학습에 몰두해야 하는 이유입니다.

> "내가 진정으로 진정으로 너희에게 말한다. 밀알 하나가 땅에 떨어져서 죽지 않으면 한 알 그대로 있고 죽으면 열매를 많이 맺는다."
>
> **요한12:24**

허리를 굽히시는 예수

예수의 부르심을 받은 제자들은 3년이라는 시간을 스승과 함께 지내면서 스승의 이야기를 꾸준히 들어왔습니다. 스승의 이야기는 항상 심상치 않았습니다.

> "인자는 섬김을 받으러 온 것이 아니라 섬기러 왔으며 많은 사람을 위하여 자기 목숨을 몸값으로 치러 주러 왔다." **마가10:45**

> "누구든지 물과 성령으로 나지 아니하면 하나님 나라에 들어갈 수 없다." **요한3:5**

> "내가 진정으로 진정으로 너희에게 말한다. 너희 가운데 한 사람이 나를 팔아 넘길 것이다." **요한13:21**

그렇지만 제자들은 이런 스승의 이야기에 귀 기울이며 그 뜻을 이해하고 있는 것 같지 않습니다. 왜냐하면 베드로는 예루살렘에 가서 고난을 받게 될 것이라는 스승의 이야기에 반대한다는 의견을 냈다가 스승으로부터 '사탄아 물러가라'라는 소리를 듣는 수준에서 한 발자국도 앞으로 나가지 못하고 있으니까요.

스승은 겟세마네 동산에서의 기도를 통하여 하늘의 부르심에 자기를 내어주며 십자가를 향한 발걸음을 옮기고 있지만, 제자들은 그런 스승의 속내와는 무관하게 '누가 크냐' 하는 논쟁에 몰입하고 있는 형국입니다.

> "여자가 대답하였다. '나의 두 아들이 선생님의 나라에서 하나는 선생님의 오른쪽에, 하나는 왼쪽에 앉게 해주십시오.'" **마태20:21**

> "야고보와 요한이 예수께 다가와서 말하였다… '선생님께서 영광을 받으실 때 하나는 선생님의 오른쪽에 하나는 선생님의 왼쪽에 앉게 하여 주십시오.'" **마가10:35, 37**

3년 동안 스승을 따라다니며 수없이 스승의 이야기를 들은 제자들의 수준이 이 정도라면 딱히 할 말이 없습니다. 하기야 한평생 신앙생활을 했다는 이들도, 교회를 개혁하겠다고 소리를 높이는 이들도 결국 밥그릇을 다투는 판이 벌어지면 당연하다는 듯이 패거리를 지으며 이리저리 몰려다니는 모습을 보이기도 하니 단순하게 신앙생활을 오래 해 나가는 일에는 별 기대가 없는 이유입니다.

사람들은 자신의 이기적인 관점으로 세상을 바라봅니다. 제자들은 자신의 스승이 예루살렘에 들어가서 정권을 잡으면 한 자리를 잡아낼 생각에 미리 논공행상을 하는 수준에 머물러 있습니다. 가룟 유다는 자신이 추구하는 상황에 자신의 스승이 역할을 하지 않을 것이라는 판단이 서자 주저하지 않고 종교 권력을 찾아가서 예수를 팔아버리는 수순을 밟아갑니다.

"열두 제자 가운데 하나인 가룟 유다가 대제사장들에게 예수를 넘겨줄 마음을 품고 그들을 찾아갔다. 그들은 유다의 말을 듣고 기뻐하여 그에게 은돈을 주기로 약속하였다. 그래서 유다는 예수를 넘겨줄 적당한 기회를 노리고 있었다." **마가14:10-11**

교권주의자들에게 가룟 유다 같은 처신은 더할 나위 없이 바람직한 행동으로 받아들여집니다. 그 불편하고 걸림돌이기만 한 예수를 돈으로 조종할 수 있는 상황이 되니 이보다 더 좋은 세상은 없는 겁니다. 국밥 한 그릇에 구성원들의 투표할 권리를 내 것으로 만드는 재미, 그렇지만 그 부적절한 행동으로 권력을 잡으면 모든 부정한 일들이 없었던 일들이 되니 교권주의자들은 예수를 돈으로 살 수 있도록 뚜쟁이 노릇을 하는 가룟 유다가 두말할 나위 없이 고맙기만 합니다.

하여간 스승을 따라다니면서 삼 년간의 마음공부를 한 제자들의 수준이 그냥 '누가 크냐'의 논쟁에 매몰되어 있으면서 이 밥그릇은 누구 건지, 저 밥그릇은 누구 건지를 따지는 수준이니 스승은 답답하기만 합니다. 이러한 상황에서 스승 예수는 한마디 합니다.

"너희도 서로 발을 씻겨주어야 한다. 내가 너희에게 한 것과 같이 너희도 이렇게 하라고 내가 본을 보여준 것이다." **요한13:14-15**

이 스승의 제안에 제자들은 '할 수 있다'고 소리를 질러 대지만 스승은 알고 있습니다. 자신이 십자가에 매달려있을 때 그 십자가 아래에 자신의 제자들은 한 명도 남아 있지 않으리라는 것을요.

> "네가 나를 위하여 네 목숨이라도 바치겠다는 것이냐? 내가 진정으로 진정으로 네게 말한다. 닭이 울기 전에, 너는 세 번 나를 모른다고 할 것이다." **요한13:38**

때때로 스승은 쓴웃음을 짓습니다. 한 시간 후에 자신의 태도를, 일주일 후의 자신의 말을, 한 달 후에 자신이 한 약속을 지켜내지 못할 제자들과 함께 살아가야 하는 자신의 처지가 한심스러웠을까요? 그래도 스승은 예루살렘에서의 자신의 고난을 묵상하면서 한이 없는 사랑을 실천하십니다.

> "유월절 전에 예수께서는 자기가 이 세상을 떠나서 아버지께로 가야 할 때가 된 것을 아시고 세상에 있는 자기의 사람들을 사랑하시되 끝까지 사랑하셨다." **요한13:1**

그리고 스승이신 예수께서는 수건을 허리에 두르시고 대야에 물을 준비하셔서 제자들의 발을 씻어주는 일을 위하여 허리를 숙이십니다. 만일 제자들이 꾸준한 마음공부를 통하여 스승의 가르침을 잘 받아들이면서 '누가 크냐'는 논쟁의 수준을 잘 극복해냈다면 아마도 예수께서 발을 씻어주겠다시며 허리에 수건을 두르지 않으셨을지도 모를 일입니다. 그리고 제자들이 서로의 발을 씻어주면서 '누가 크냐'의 논쟁으로 살벌함이 팽배한 제자공동체의 분위기를 따듯한 사랑의 공동체, 서로를 인정하는 환대공동체로 꾸려냈을 겁니다. 그렇지만 제자들은 여전히 값싼 은총이 지배하는 싸구려 신앙에 머물러 있으니 가늘게 뜬 눈으로 서로를 경계하고 있는 제자들을 안타깝게 여기는 예수께서 선제적으로 자신의 허리를 굽히시는 겁니다.

이렇게 보면 예수는 급진적으로 사회구조를 바꾸시는 혁명가라 할 수 있습니다. 제자들의 내면에서 강고하게 작동하고 있는 경쟁적 구조를 스승인 자신의 허리를 굽혀서 해체시키고, 그리고 서로의 발을 씻어주는 새로운 질서를 제자들의 마음속에 자리하게 하는 작업을 하고 계시니까요. 성전권력이 자본과 결탁한 상황을 정화하실 때에도 '넉넉한 시간을 줄 테니 그동안 망가진 질서를 하나님이 기뻐하실 수 있는 질서로 바꾸어 놓아라' 하지 않으시고 현장에서 잘못된 관행의 고리를 질책하시면 매대를 엎으시는 모습을 보이셨으니 예수는 기존의 망가진 삶의 질서를 해체시키시고 하나님 나라의 새로운 질서를 도입하시는 일에 '지금 여기here and now'에서 전력을 다하시는 분이십니다.

그렇지만 급진적 혁명가라고 하여 사랑하는 일에 차별을 두지는 않으셨습니다. 제자들의 발을 씻어주시는 자리에서도 자신을 팔아버릴 계획을 가지고 있는 가룟 유다의 의도를 뻔히 알고 계시면서도 서슴없이 유다의 발을 씻어주셨으니까요.

이렇게 따듯한 가슴으로 사랑을 베푸시는 예수를 경험하는 제자들이 '생각하기'라는 믿음의 지경에 들어섰으면 좋겠습니다. '생각하기'는 익숙한 삶의 자리를 꾸준히 의심하는 작업입니다. 이 작업은 현재의 삶의 자리가 불편하지 않고 너무 편안하게 받아들여지는 사람은 손쉽게 해내기가 마땅하지 않은 그런 작업입니다. 특히 권력의 중심을 기웃거리며 그것이 하나님의 뜻이라는 자폐적 신앙생활에 익숙해져 있는 이들에게는 거의 불가능에 가까운 작업이라고 할 수 있습니다. 그런 사람들은 믿어야 하는 하나님이 잘 보이지 않고 믿고 싶은 하나님을 너무도 잘 보아내는 믿음의 길을 걸어가고 있는 사람들일 거니까요.

여우와 사자가 이웃하고 살아가다가 동시에 새끼를 낳았습니다. 여우는 열 마리를 낳았고요, 사자는 한 마리를 낳았습니다. 몸조리가 끝나가면서 여우가 사자네 집을 들여다보니 사자의 새끼는 딸랑 한 마리였던 거죠. 여우가 조롱하듯이 사자보고 그랬습니다.

"겨우 한 마리를 낳았네."
사자가 대답했습니다.
"그래 한 마리를 낳았지. 그런데 그 한 마리가 사자야~"

(최진석. 『나를 향해 걷는 열 걸음』 참조)

여우는 자기 생각으로 상대를 조롱하지만, 상대의 세계관에서는 여우의 조롱이 귀에 들어오지 않습니다. 사자에게 여우는 상대해야 하는 '깜'이 아니기 때문이니까요. 여우는 수적인 우세로 상대를 제압하려다가 질적인 열등감에 사로잡히는 처지가 되고 말았습니다. '생각하기'를 하지 않으면서 살아가는 상황은 이렇게 난감한 상황을 만나게 하기도 합니다. 여우가 생각하기를 통해서 자기답게 살아가는 자기 이야기를 가지고 있었다면 10마리의 새끼를 낳고 새끼를 잘 키워나가는 자신의 삶을 존중받는 삶의 자리를 경험할 수 있었을 겁니다.

그러니 제자들은 자신의 발을 씻어주는 예수를 보면서 '생각하기' 작업을 할 수 있어야 합니다. 스승이신 예수가 발을 씻어주었지만 결국 종교 권력에 예수를 팔아넘긴 가룟 유다는 예수와 함께 자기 이야기를 만들어 내지 못한 싸구려 신앙의 희생자가 되고 말았습니다. 또는 예수께서 자신의 발을 씻어주는 그 손길에 감격해하지 못하는 제자들이라면, 그래서 세족식을 경험하며 '나의 예수 이야기'를 만들어 내는 지경에 들어서지 못한다면 그것도 마땅하지는 않습니다.

스승이신 예수는 '누가 크냐'하는 논쟁에 나타나고 있는 제자들의 의식구조를 부정하고 높은 이가 낮은 이의 발을 씻어주는, 아니 서로가 서로의 발을 씻어주는 겸손과 섬김이라는 새로운 질서를 우리들에게 보여주고 계시니 '생각하기' 작업을 통해서 허리를 굽히시고 우리에게 다가오시는 예수님의 이야기를 우리의 실천으로 재구성해야 하는 숙제장이 펼쳐졌습니다.

밧줄에 꽁꽁 묶인 예수

제자들은 자신들의 스승에 대하여 참 무정합니다. 아니 무지하기 때문에 무정하다는 표현이 더 적절할 수도 있을 것 같습니다. 스승이신 예수는 자신의 여정을 예감하시고는 제자들과 함께 기도하기 위하여 산에 오르십니다. 그리고는 제자들에게 자신과 함께해 주기를 당부하시죠.

"내 마음이 괴로워서 죽을 지경이니 너희는 여기에 머무르며 나와 함께 깨어 있어라." **마태26:38절 참조**

그리고는 혼신의 힘을 다해서 기도를 드리기 시작합니다. 그 기도가 얼마나 힘들고 고통스러운 기도이었으면 성서는 땀이 핏방울과 같이 되어서 땅에 떨어졌다고 기록하고 있습니다. **(누가22:44 참조)** 그렇게 처절한 기도를 하고 제자들이 있는 곳으로 돌아온 스승의 눈에 보이는 제자들은 깊은 잠에 빠져 있습니다. 스승은 잠에 빠져 있는 제자들을 흔들어 깨우면서 한마디 하십니다.

"너희는 한 시간도 나와 함께 깨어 있을 수 없느냐? 시험에 빠지지 않도록 깨어서 기도하여라." **마태26:40-41**

제자들의 무지와 무심함은 이 장면뿐만이 아니라 스승을 따라다니는 내내 드러납니다. 예루살렘에 들어가겠다고 말씀하시는 스승에게 그러지 마시라고 했다가 '사탄아'라는 소리를 들은 베드로의 이야기를 다시 언급하지 않더라도 말이죠. '나를 따라오려거든 자기를 부인하고 십자가를 지고 나를 따라오너라' 하고 말씀하시지만, 제자들은 '주님이 예루살렘에 들어가시면 나는 오른쪽에 그리고 저 친구는 왼쪽에'라는 자기 욕심을 어떻게 하면 현실화시킬 수 있을까 하는 생각에 사로잡혀 있으니 수년간 스승을 따라다녔지만, 아직도 속내는 욕망의 자녀들입니다.

예수님을 따라다니는 제자들은 스승과 이런저런 이야기를 나누면서 나름 꾸준히 대화하는 시간을 보내고 있는데 대화의 초점을 맞춰내지 못하고 자기 생각에 매몰되어 있는 형국입니다. 제자들은 자신의 스승을 따라다니면서도 자기 생각에 굳게 머물러 있음으로써 스승의 희망을 산산이 부숴버리는 수준에 머물러 있는 겁니다.

그건 아마도 인간이라는 존재가 악의 유혹에 꾸준히 노출된 채로 살아가는 존재이기 때문일 겁니다. 나쁜 생각(惡)은 인간의 마음을, 그리고 인간의 사고체계를 꾸준히 공격합니다. 그 공격은 인간을 흔들리게 하고 자기를 중심으로 생각하게 하며 객관적인 삶의 자리에 나가지 못하게 합니다. 그러면서도 인간은 내면의 엉뚱한 움직임을 알아차리지 못한 채 자기가 걸어가는 길에 대하여 확신을 가지고 열심히 걸어갑니다. 자기는 지금 공의와 진리의 길을 걷고 있다는데 추호의 의심도 하지 않으면서요. 이렇게 살아가는 사람들에게 예수는 한마디 던지고 계십니다.

"나는 주님을 위하여는 내 목숨이라도 바치겠습니다."

“네가 나를 위하여 네 목숨을 바치겠다는 말이냐? 내가 진정으로 진정으로 너에게 말한다. 닭이 울기 전에 너는 나를 세 번 모른다고 할 것이다.” **요한13:37-38**

베드로는 자신의 스승에 대하여 잘 알고 있고 자신에 대하여도 잘 알고 있다고 생각하는 듯합니다. 스승이 예루살렘에 들어가고 거기에서 고난을 당할 거라고 하자, 진지한 마음으로 그 길을 가로막는데 그것은 자기의 배타적 신념을 따라 스승을 사랑하는 방식이었을 겁니다. 그렇지만 스승은 유아기적인 수준을 살아가는 자기 제자의 모습을 어머니와 같은 자애로운 마음으로 섬세하게 통찰하고 계시는 겁니다.

베드로는 번쩍거리는 영광의 자리에 머물고 싶기는 한데 그 영광을 담보하는 고난의 자리에 머무는 것에 대하여는 거부하고 있는지도 모르겠습니다. 그러니 스승이 걸어가시는 길을 가로막는 것이겠지요.

제자들은 이런 자기들의 방식을 가지고 자기들의 스승을 제한하고 있습니다. 어쩌면 권력을 획득해야 한다는 신념의 밧줄로 자신의 스승을 꽁꽁 묶어놓고 있는 지경인지도 모르겠습니다. ‘스승님, 고난을 받으시면 안 됩니다. 꼭 예루살렘에 들어가셔서, 왕이 되셔서 로마를 물리치시고 더불어 우리들의 출세의 길을 열어주셔야 합니다’라는 자기들의 속내에 응답하는 그 예수를 자신들의 스승으로 받아들이는 제한적 신뢰 말입니다.

부자호은*父子互隱*이라는 말이 있습니다. ‘양을 훔친 아들을 아버지가 숨겨 준다’는 뜻이 부자호은이라는 말에 담겨 있죠. 양을 도둑질한 아들을 잘했다고 할 수는 없지만, 아들이 남의 물건을 훔쳤을 때 아들을 걱정하는 안타까운 마음이 아버지의 마음에 본성적으로 들어오는 순간을 표현하는 말입니다. 이 표현에 관해서 최진석 교수는 서양의 이성주의는 죄를 죄로 규정하지만, 동양의 정신은 잘못된 것을 잘못된 것이라고 하면서도 마음 깊은 곳에 잘못을 저지른 사람에 대한 긍휼히 여기는 마음을 갖는 것이 세상을 따듯하게 하는 근본이라는 이야기를 전해주고 있는 내용이라고 설명하기도 합니다.

제자들에게 결여되어 있는 것은 혹시 긍휼히 여기는 마음, 즉 스승의 마음속 깊은 곳을 들여다보는 헤아림의 마음은 아닐까요? 스승을 헤아리려는 노력보다는 자기들의 욕망에 집중하면서 스승을 도구화하는 패륜을 저지르는 것은 아닐까요? 예수가 활동하시던 당시의 유대인들은 -바리새인들과 사두개인들 그리고 율법 학자들을 중심으로- 이념적 사고에 빠져 있어서 살아온 대로 살아가는 삶의 양식을 정당하다고 주장하며 이의를 제기하는 예수를 밧줄로 꽁꽁 묶어대는 모습을 보여주고 있습니다. 자신의 이익을 지키기 위하여, 누려야 하는 교권을 획득하기 위하여 본래적인 하나님의 뜻을 이야기하는 예수를 자꾸 주변으로 밀어내야 하는 자기중심적 임무에 충실한 모습을 보이니 이것 참 어려운 노릇입니다. 죄는 미워하지만 죄인은 미워하지 않는다고 얼굴이 벌게지도록 힘주어 이야기하는 이들은 결국 자기들의 교권을 지키고 나아가 세력을 확장하기 위하여 사람을 짓밟는 일을 서슴지 않으니 스승이신 예수는 결국 이들에 의하여 죽음의 지경으로 밀려나시게 됩니다.

"너희 가운데 한 사람이 나를 팔아넘길 것이다." **요한13:21절**

그렇지만 스승은 묵묵히 자신의 길을 걸어가십니다. 자신을 팔아버릴 제자의 발까지도 씻어주시는 예수는 이제 자신의 제자들에게 성숙의 길로 나설 수 있는 새로운 계명을 소개해 주고 계십니다.

> "이제 나는 너희에게 새 계명을 준다. 서로 사랑하여라. 내가 너희를 사랑한 것 같이 너희도 서로 사랑하여라. 너희가 서로 사랑하면 그것으로써 너희가 내 제자인 줄 알리라." **요한13:34-35**

스승이신 예수는 대안적 사고에 익숙하신 분으로 보입니다. 왜곡된 현실적 상황을 살아가는 사람들이 대안적 인식을 할 수 있게 되면 왜곡된 현재의 인식을 흩어버리는 일을 할 수 있게 될 겁니다. 대안적 인식은 제대로 작동하지 않는 현실적 삶의 구조를 의심하게 하고 그 현실적 삶이 우리를 불편하게 할 때 대안적 인식을 가지고 있는 이들은 그 현실을 비판적으로 바라보면서 새로운 삶의 방식을 모색하게 되니까요. 대표적인 이야기가 예루살렘 성전의 정화 이야기입니다. 대안적 사고에 익숙한 예수의 눈에 보이는 당시의 성전 상황은 받아들이기 어려운 상황이었습니다. 그러니 예수는 성전에서 이루어지는 지나친 매매상황을 보시면서 당황하시고, 그리고는 극도의 분노와 함께 성전 정화작업에 나서게 되시는 거죠.

이렇게 대안적 사고에 익숙한 예수께서 자기를 배신할 제자들에게 대안적 삶의 양식을 소개해 주시고 계시는 겁니다. 그것은 바로 '서로 사랑하라'입니다.

> "이제 나는 너희에게 새 계명을 준다. 서로 사랑하여라. 내가 너희를 사랑한 것 같이 너희도 서로 사랑하여라. 너희가 서로 사랑하면 그

것으로써 너희가 내 제자인 줄 알리라." **요한13:34-35**

예수는 제자공동체를 향하여 대안적 지혜로서 서로 사랑하라는 삶의 방식을 제안하고 계십니다. 자신의 제자들이 꾸준히 이어가고 있는 '누가 크냐' 하는 경쟁적 논쟁에 종지부를 찍고 다툼이 없는 삶을 살아가는 방법은 '서로 사랑'하는 길뿐임을 예수는 제자들에게 진심으로 요청하고 있는 것입니다.

'서로 사랑'은 자기 욕심에 갇혀 있는 사랑이 아닌 자기 사랑의 지평을 확장하는 사랑이며 더 많은 사람을 사랑하기 위하여 자기 진영의 논리를 넘어서는 사랑이고 궁극적으로는 십자가를 지고 골고다 언덕을 향하여 걸어가시는 주님의 길을 따라가는 것으로서의 '서로 사랑'입니다.

'서로 사랑'은 타자를 사랑하는 일을 방해하는 나쁜 생각을 지워버리는 작업입니다. 사랑하는 일을 방해하는 가장 커다란 걸림돌 중의 하나는 집착, 정죄, 상대를 악마화하기 등 과거의 나쁜 생각과 생활 습관이니 '서로 사랑'을 대안적 삶의 양식으로 제안하시는 주님의 의도에는 사랑하는 일을 방해하는 이전의 나쁜 생각을 이겨내라는 격려와 조언이 담겨 있다고 해도 무리는 아닐 듯 싶습니다.

베드로를 향하여 '너는 나를 모른다고 할 거야'라고 말씀하시는 주님의 시선은 오늘 우리에게도 닿아 있습니다. 별다른 일이 없는 상황에서는 열심히 예수를 섬기겠노라고 소리를 높이며 진지한 눈빛으로 다짐하는 우리의 모습을 바라보시는 주님의 눈에는 그렇게 요란을 떠는 우리가 갓난아기로 보일지도 모를 일입니다. 그 주님께서 우리에게 말씀하십니다.

"미움을 넘어서서 '서로 사랑'을 할 수 있도록 꾸준히 기도하도록 해라. 그렇게 해서 획득한 서로 사랑의 능력은 왜곡된 기존의 성전질서를 무너뜨릴 수 있고, 그리고 하나님 나라의 백성의 삶을 경험할 수 있을 것이니…"

그러니 차분히 마음을 모으고 우리에게 세미하신 음성으로 말씀하시는 주님의 음성에 귀를 기울일 필요가 있습니다. 그리고 듣고 싶은 소리를 듣겠다는 강한 의지를 내려놓고 들어야 하는 주님의 음성에 귀를 기울이는 것으로 우리는 예수를 꽁꽁 묶고 있는 밧줄을 끊어내며 '서로 사랑'이 마음껏 일하는 삶의 지경에 들어설 수 있을 겁니다.

고장 난 수신기

“얘들아, 내 이야기를 잘 들어야 한다. 길을 걷다 보면 힘들고 고단한 상황을 많이 만나게 될 텐데, 그래도 흔들림 없이 길을 잘 걸어가야 한다.”

“하지만 걸어가야 할 길이 너무 멀고 그 과정이 힘이 듭니다. 두렵습니다.”

“그렇지, 힘센 사람들은 자기들 마음대로 세상을 주무르려고 하니 신념을 가지고 걸어가는 이들은 고달플 수밖에 없지. 그래도 힘센 이들을, 그리고 고단함을 두려워하지 말고 꿋꿋하게 걸어가야 한다.”

주님께서 제자들에게 전하시는 말씀이 사뭇 진지합니다. 아마도 십자가의 길을 걸어가시는 중에 자신의 고난에 참여하지 못하는 제자들의 나약함과 세상 권력이 질린 나머지 두려움에 사로잡혀 도망갈 것을 예정하고 있는 제자들을 염려하시면서 제자들에게 굳건하게 살아갈 것을 권하고 있기 때문일 겁니다.

> “사람이 내 안에 머물러 있지 아니하면 그는 쓸모없는 가지처럼 버림을 받아서 말라 버린다. 사람들이 그것을 모아다가 불에 던져서

태워버린다." **요한15:6**

그렇지만 제자들은 이런 이야기를 하시는 스승의 속내를 이해하지 못합니다. 그러니 그 말의 뜻을 알아차리지 못하면서 표면적으로만 스승을 따라다니는 모습을 보입니다. 결과적으로 제자들은 자신의 스승이 십자가에 달리실 때 -여인 몇 명만이 예수의 곁을 지키고 있을 뿐- 그 누구도 스승의 곁에 머무르지 않았습니다. 그들은 스승의 이야기를 정확하게 들어내는 수신기를 가지고 있지 못합니다. 그저 자기들의 생각을 가지고 '그럴 것이다' 하는 수준의 확증 편향적 인식을 드러내며 스승을 따라다니고 있을 뿐입니다.

성서를 통하여, 그리고 여러 가지 경로를 통하여 하나님의 뜻이 우리에게 전해지고 있는데 하늘의 뜻을 받아들이는 수신장치가 제대로 작동하지를 않으니 고장 난 수신기를 가지고 있는 사람들이 하늘의 뜻과 교감하는 일은 불가능합니다. 하늘의 음성은 '나눔'과 '더불어 살아감'을 이야기하고 있는데 그 이야기를 '섭섭함'과 '이기적 이해'라는 불량한 부품으로 만든 수신기로 들으려 하니 이것처럼 어려운 일이 없습니다. 이런 상황은 성서에서 어렵지 않게 찾아볼 수 있는데 바로 예수를 찾아온 부자 젊은이 이야기입니다.

"네가 완전한 사람이 되고자 하거든 가서 네 소유를 팔아서 가난한 사람에게 주어라. 그리하면 네가 하늘에서 보화를 차지하게 될 것이다. 그리고 와서 나를 따라라. 그러나 그 젊은이는 이 말씀을 듣고 근심하면서 떠나갔다." **마태19:21-22**

인생의 문제를 가지고 스승을 찾아왔는데 스승은 자신의 소유를 포기하라고 하십니다. 그런데 이 젊은이가 가지고 있는 수신기는 '섭섭함'과 '이기적 이해'라는 부품으로 만들어져 있으니 자신의 소유를 팔아서 가난한 사람에게 나누어주라는 스승의 해법이 받아들여질 리가 없습니다.

스승을 찾아오는 사람들, 그리고 스승과 3년여의 시간을 보내는 제자들은 스승과 함께 어떠한 신앙적 경험을 이어갔을까요? 사실 신앙적 경험이라는 것은 거룩한 실재와의 관계로 들어가는 것을 의미한다고 할 수 있습니다. 거룩한 존재와의 관계를 경험한다는 것은 자기중심적 사고방식을 비판적으로 성찰하고 그러한 성찰을 통해서 전향적으로 새로운 삶의 양식이 살아지는 지경으로의 편입을 의미합니다. 전에는 이해하지 못하고 또는 경험해 보지 못한 그 본래적인 마음과 삶의 양식을 깨닫게 되고, 그러니 이전에는 아무 생각 없이 말하고 행동하면서 상대방에게 아픔을 주던 삶의 방식을 돌이켜 미움을 사랑으로, 갈등을 화해로, 분열을 일치로 만들어 나아가게 합니다.

그러나 예수는 자신이 걸어가야 할 십자가의 길 때문에 제자들이 흔들리며 제자공동체에서 이탈할 것을 염려하고 계시는 것으로 보입니다. 십자가를 향하여 걸어가시는 예수님을 끝까지 따라간다는 것은 예수님을 박해하는 이들에게 예수님과 함께 박해를 받는 것과 십자가에 달리시는 예수님처럼 자신들도 십자가에 달릴 것을 충분히 예상할 수 있게 합니다. 그러니 예수는 제자들에게 포도나무와 포도나무 가지 이야기를 하시면서 신앙적 결속을 요청하고 계시는 겁니다.

"나는 포도나무요, 너희는 가지이다. 사람이 내 안에 머물러 있으면

그는 많은 열매를 맺는다. 너희는 나를 떠나서는 아무것도 할 수 없다." **요한15:6**

그러나 이러한 스승의 노력은 제자들의 무지함과 게으름으로 인해서 무력화되고 맙니다. 사람들이 해 나가는 하나님 경험은 하나님 종교를 의미 있게 존재하게 하고 하나님의 사람들을 하나님의 사람으로 살아가게 합니다. 그러나 이러한 선순환적 하나님 경험은 인간의 내면에 있는 부정적인 요인에 의하여 그 양상이 확연하게 틀어지기도 합니다.

인간의 내면에는 두 개의 성품이 있다고 합니다. 하나는 선한 마음이고 또 하나는 자기중심적인 악한 마음이 그것입니다. 이 두 마음은 적절하게 긴장관계를 이루면서 마음의 평화를 유지하는 것이 아니라 격렬하게 갈등하면서 우리의 마음을 고단하게 하고 우울하게 하기도 합니다.

이 두 마음은 하나님 경험에도 영향을 주는데요, 선한 마음은 하나님의 소리를 명확하게 받아내려 하지만 자기중심적인 악한 마음은 하나님의 소리를 하나님의 소리를 받아들이지 않고 왜곡된 소리로 들리도록 작동합니다. 왜냐하면 자기중심적인 악한 마음이 바로 '이기적 이해'라는 나쁜 부품으로써 수신기의 성능이 저하되도록 엉뚱하게 작동하는 녀석이거든요.

이렇게 고장 난 수신기를 가지고 살아가는 사람들이 오래도록 믿음의 길을 걸어가기라도 하면 그들이 가지고 있는 확고한 믿음은 배타적인 믿음이 되고 그 배타적인 믿음은 칼이 되어 자신의 생각에 동의하지 않는 생각들을 찾아다니며 자신이 신뢰하는 자기중심적 의義의 이름으로 상대를 함부로 규정하고 솎아내는 삶을 살아가게 되는 겁니다. 이렇게 살아가는 사람은 진리 앞에서의 떨림이 없습니다. 자신의 생각이 정답이라는 확신을 가지고 살아가기 때문입니다.

이 대목에서 신영복 선생이 소개하는 '떨리는 지남철'이라는 시의 한 부분이 생각이 나는데요, '바늘 끝이 불안스러워 보이는 전율을 멈추고 고정될 때 우리는 그것을 버려야 한다고, 그것은 이미 지남철이 아니기 때문'이라고 노래하고 있는 대목입니다.

하나님 경험을 자신의 선한 마음에 개방하고 꾸준히 이어가는 사람은 자신의 마음을 바르게 하는 모습을 보이는데요, 그는 삶의 방향에 관하여 떨리는 마음으로 꾸준히 고민하면서 매 순간 자신의 삶을 수정해나가는 삶을 살아갈지언정 자신의 신념으로 상대방을 규정하고 공격하는 무리한 삶을 살아가지는 않을 겁니다.

스승이신 예수께서는 이렇게 고장 난 수신기를 고치시는 수리공을 자임하고 계십니다. 스승은 이렇게 이야기를 하고 계십니다.

> "내가 너희에게 이러한 말을 한 것은 내 기쁨이 너희 안에 있게 하고 또 너희의 기쁨이 넘치게 하려는 것이다." **요한15:11**

예수께서 우리에게 요청하는 것이 하나 있습니다. 자기 자신에 관해서 성찰하라는 것입니다. 자신의 살아가는 방식에 관하여 꾸준히 의심하며 질문하라는 것이죠. 나는 그 누구의 시선도 미치지 않는 아무도 없는 곳에서 끝내 진실한지, 하나님이 계시지 않음직한 시간과 공간을 확보하고 그곳에서 자신의 욕심을 마음껏 채우면서 살아가는 모습은 없는지, 고장 난 수신기를 가진 채로 하나님의 사람으로 살아가고 있는 것은 아닌지를 꾸준히 성찰하라는 것입니다.

이렇게 수리공 되시는 예수께서는 우리들이 가지고 있는 고장 난 수신기의 불량부품을 정상적으로 작동하는 건강한 부품으로 교체하는 작업을 요청하고 계시는 겁니다. 이제 수리공 예수의 손길에 우리들이 응답할 시간입니다. 꾸준히 나의 삶을 의심하고, 자기 삶의 이야기에 질문을 하며 살아가야 합니다. 어떻게 떨리는 마음으로 스스로의 내면을 바라보며 우리의 발걸음을 조심조심 옮기는 삶을 살아갈 것인지는 우리가 가지고 있는 수신기의 성능에 달려 있습니다.

하나님의 마음이 다가왔습니다

참 암담한 시절입니다.

일 년을 넘기고 있는 우크라이나 전쟁의 상황은 인간의 욕심이 얼마나 잔인하게 나타나는가를 보여주는 단면이 되고 있고 튀르키예의 지진은 자연 앞에서의 인간이 얼마나 무력한 존재인가를 보여주고 있습니다. 사람들의 욕망은 편안한 삶을 추구하느라고 끊임없이 일회용 플라스틱 용기를 사용하면서 지구의 속살까지를 갉아대고 있지만 그렇게 살아가는 삶을 일거에 포기할 것으로 보이지는 않습니다.

이제 코로나의 상황은 일상을 회복하는 수준으로 들어서고 있습니다. 교회는 지독했던 코로나 시절을 보내면서 경험한 지난 시간을 돌이키고 스스로를 성찰하며 보다 나은 내일을 준비해야 하는데 그러한 움직임이 교회의 주류를 이룰 것으로 기대되지 않는 것이 안타까움입니다.

돌이켜보니 코로나 상황에서 교회가 보여준 처신은 난감하기만 했습니다. 어느 교회는 자기 교회의 성도들은 하나님께서 코로나로부터 보호해준다면서 비대면을 요구하는 사회적 요구가 있음에도 불구하고 기도회 모임을 강행하다가 코로나 확산의 원인을 제공하는 반사회적인 행태를 보이기도 했으니까요. 그런데 더 안타까운 것은 이러한 상황을 자신을 돌아보는 기회로 삼기보다는 더욱 자기중심적인 신앙생활에 몰입하려는 의도를 숨기지 않고 드러내고 있는 모습입니다.

세상은 전쟁의 소문으로 어지럽고 생태계도 뒤흔들리는 상황에서 그것을 온전하게 해야 하는 교회공동체도 중심을 잃고 휘청거리고 있으니 우리들이 살아가는 오늘의 삶의 자리에서 희망하는 일이 어려운 이유입니다.

예수께서는 요한복음 14장에서 '아버지께서 보혜사를 너희에게 보내셔서 영원히 너희와 함께 계시게 하실 것이다'라고 말씀하고 계십니다. 이천년 전을 살아가시는 예수께서 제자들에게 말씀하시는 이 이야기에는 곰곰이 생각해야 할 내용이 있어 보입니다. 오늘의 세상은 '살림'을 중심으로 하는 세상이라기보다는 '죽임'을 중심으로 하는 세상처럼 보이고 있기 때문입니다. 공의로움은 패거리 문화에 묻혀서 절차적 정당성을 상실한 채 기울어진 판단을 이어가고 있고 자비로움을 담보해야 하는 삶은 치열한 경쟁적 구조를 기반으로 전투적인 삶을 잘 살아가는 사람이 능력 있는 사람으로 인정받도록 그 양상을 달리하고 있는 세상이니까요.

이렇게 '죽임'의 삶을 열심히 살아가던 사람이 바로 '사울'이었습니다. 그는 다소에서 태어나서 양질의 교육을 받으면서 성장했습니다. 자신의 고백으로도 '바리새인 중의 바리새인'이었다고 자임하고 있으니 참 대단한 사람입니다. 그렇게나 공부도 많이 하고 사회적인 지위도 가지고 있는 사람이니까요. 그런데 이렇게 좋은 입지를 가지고 있는 사울은 지금 누군가를 해치려 하는 여정을 걸어가고 있습니다.

"사울은 여전히 주님의 제자들을 위협하면서 살기를 띠고 있었다."

행9:1

사울은 '도道'를 믿는 사람은 남녀를 가리지 않고 닥치는 대로 잡아 오려는 의지를 가지고 다마스쿠스로 가고 있습니다. 그 발걸음을 가능하게 하는 것은 유대교가 제공하고 있는 신념입니다. 사울은 자신의 발걸음의 공신력을 대제사장들의 편지로부터 공급받고 있으니까요. (행9:2)

사울이 기독교인들과 대화를 했다는 대목은 보이지를 않습니다. 그는 유대교의 신념을 따라서 그에 반하는 모든 정신을 적으로 규정하고 잡아 죽이는 '죽임'의 길을 걷고 있으니 제임스 바(제임스 바는 자신의 책 『근본주의 신학』에서 근본주의자들의 특징을 '자신의 의견에 반하는 사람을 진정한 기독교인이 아니라는 확신을 갖는다'라고 정리하고 있다.)라는 학자의 시선을 통해서라면 사울은 유대교 근본주의의 길을 걷고 있다고 해도 무리는 아닐 겁니다. 만나서 꾸준히 대화하며 소통하고, 그리고 상대를 이해하려는 노력과 더불어 살아가려는 노력을 하지 않고 -예수께서 문제가 있다고 지적하고 계시는- 일반적인 바리새인의 모습을 적나라하게 드러내고 있는 이가 바로 사울입니다.

그렇게 살아가던 사울은 다마스쿠스로 가는 여정에서 환한 빛에 둘러싸이며 예수를 만나는 경험을 하게 됩니다. 이 경험은 사울이 자기 객관화 작업을 해 나가는 장면으로 이해할 수 있는 대목입니다. 성서는 이 경험을 통해서 앞을 보지 못하게 된 사울이 아나니아를 만나고 난 이후에 눈에서 비늘 같은 것이 떨어져 나갔다고 이야기하고 있으니 그의 관점이 '죽임'에서 '살림'으로 전환되었다고 읽을 수 있는 대목입니다.

사울이 자신의 삶의 기조를 '죽임'에서 '살림'으로 전환할 수 있었던 데에는 하나님의 마음을 경험하는 다마스쿠스 도상의 경험이 중요했을 겁니다. 정신없이 자신의 주관적인 신념을 따라 살아가면서 이런 식의 삶이 하나님의 뜻에 응답하는 삶이라고 하는 자기 확신에 포로가 되어 살아가는 사람에게도 하나님의 은총은 찾아오나 봅니다. 자기 열정에 사로잡혀서 열심히 길을 걸어가던 사울은 길 위에 넘어지고 말았습니다. 문득 찾아온 하나님의 마음은 사울의 자기중심적 삶을 낱낱이 조명해내고 있으니 그렇게 드러난 자신의 삶의 기조는 '죽임'이었다는 것으로 확인되고 말았습니다. 글쎄요? 사울은 당황스러웠을 법도 합니다.

그리스도인들이 하나님의 마음의 임재를 경험하고 자신의 일상이 그 하나님의 마음에 의하여 조명되는 경험을 한다면 그것은 은총입니다. 하나님은 스스로 계시는 분이시고, 하나님의 은총은 인간의 의지와는 상관이 없이 하나님으로부터 오는 선제적인 사건이니 이건 비용을 지불하면서 살 수 없는, 그래서 값없이 주시는 은총임에 틀림이 없습니다.

예수께서 요한복음 14장을 통하여 이야기하시는 보혜사의 임재는 바로 이런 구조를 바탕으로 하고 있습니다. 예수는 '보혜사, 곧 아버지께서 내 이름으로 보내실 성령께서 너희에게 모든 것을 가르쳐 주실 것이며 또 내가 너희에게 말한 모든 것을 생각나게 하실 것이다'라고 이야기하고 계시는 것이 심상치 않습니다.

'가르쳐주시고 생각나게 하신다'니, 뭘 가르쳐주시고 생각나게 하는 걸까요?

사울에게 다가간 하나님의 마음은 사울이 진리를 따라 살아가게 했을 겁니다. 일반적으로 자연과학에서의 진리는 변하지 않는 것, 절대적인 값으로 이해하지만 지금 하나님의 마음을 경험한 사울에게 다가오는 진리는 진리에 대한 공감으로서의 하나님 나라의 실현일 겁니다. '죽임'의 삶을 지향하는 것으로는 하나님의 나라를 실현해내기가 매우 어려울 거고, 그러니 그는 자신의 삶의 방향을 전환시키고 '살림'의 작업을 통해서 하나님 나라를 지향해나가야 하니까요. 하나님의 마음은 사울의 삶의 방향을 그렇게 바꾸어 놓았습니다. 아무리 공부를 많이 한 사울이라도 하나님 나라에 관해서는 무지無智하기가 짝이 없을 테니 사울의 발걸음에 임재한 하나님의 마음은 사울을 무지에서 지혜로움으로 돌아서게 한 겁니다. 이제 하나님 나라의 실현을 위한 진리의 능력을 공급받은 사울은 자신의 지식에 근거한 일방적인 판단과 상대를 가차 없이 규정하는 삶에서 자신의 의로움을 주장하기보다는 스스로 십자가에 오르셔서 자신을 내려놓으며 삶의 여백을 보여주시는 십자가에 달리신 주님을 묵상하는 삶으로 전환하게 되었습니다. 이제 사울은 자신의 이름을 바울이라고 부르기 시작하며 복음을 위하여 고난을 받는, 십자가를 따르는 삶에 자발적으로 들어서게 됩니다.

그리고 예수께서는 복음을 위하여 고난의 여정을 걸어가는 또 다른 바울들에게 희망 어린 이야기를 전해주고 계십니다.

> "나는 평화를 너희에게 남겨 준다. 나는 내 평화를 너희에게 준다. 내가 너희에게 주는 평화는 세상이 주는 것과 같지 않다. 너희는 마음에 근심하지 말고 두려워하지도 말아라." **요한14:27**

유대교 근본주의의 포로로 살아가던 사울은 상대방을 제압해야만 하는 경쟁적인 삶이 자신의 삶의 전부인 줄로 알고 살아가고 있었습니다. 그렇게도 전투적이고 투쟁적인 삶을 살아가던 사울이 그 삶을 통해서 누구에게도 빼앗기지 않는 평화를 누렸을까요? 아니면 홀로 있는 그 적막한 밤에 불안에 떨며 잠을 이루지 못했을까요?

그렇지만 다마스쿠스의 도상에서 문득 다가온 하나님의 마음이 자신의 내면에 풍성하게 자리 잡고 난 후에는 자신과 이웃을 긍휼히 여기는 삶을 살아갈 수 있게 되었습니다. 하나님의 나라는 자신과 생각을 달리하는 사람들을 제거하면서 홀로 세워나갈 수 없다는 것을 깨달은 바울은 이웃을 사랑하기 시작했고 자신과 전통을 달리하는 이방인들과의 생활에서도 그들의 삶을 존중하는 너그럽고 자비로운 삶에 진입할 수 있게 된 겁니다. 그는 평화를 누리고 있습니다.

하나님의 마음이 우리 안에 자리하도록 자기를 개방하는 것은 매우 중요합니다. 언젠가 성서를 많이 읽어야만 좋은 목회자가 된다는 단순한 생각을 주장하는 이와 나눈 대화가 새삼스레 떠올랐습니다.

"그 전도사님은 지금까지 성서를 몇 번 읽었대요?"

"한 삼십 번 정도 읽었다는데요."

"참 문제예요. 그 나이 정도면 성경을 50번 이상은 읽었어야 하는데 말이에요."

"제가 성경을 500번 이상 읽은 분을 알고 있는데요, 문제는 그분은 성경대로 살지 않더라고요. 성경이 자기를 읽도록 자기를 하나님의 말씀에 개방하지 않았나 봐요."

"..."

오늘도 하나님의 마음이 우리들의 마음속에, 일상 위에 다가오시기를 기도합니다. 그러면 우리의 마음을 읽어주시는 하나님의 마음이 '죽임'의 방식을 극복하고 나와 조금 다른 생각을 가진 사람들에게 열심히 귀를 기울이고 소통을 시도하며 함께 살아갈 수 있는 실천적인 '살림'의 길을 탐색하도록 도와주시겠지요. 그렇게 하나님의 마음이 우리에게 다가오면 암울한 마음, 온몸에 힘을 주고 상대방을 노려보기만 하던 마음이 조금은 밝아질 수 있지 않을까요?

보이지 않는 것을 바라봅니다

요한복음 13장에서 16장까지는 예수의 고별설교라고 알려져 있는 부분입니다. 예수께서는 제자들에게 자신이 걸어갈 길이 십자가의 길이라는 것을 꾸준히 이야기하셨습니다. 그리고 이제는 제자들도 자신들의 스승인 예수께서 머지않아 자신들의 곁을 떠나갈 것을 조금씩 느끼고 있는 모양새입니다. 또한 스승도 자신이 십자가에 오르게 되면 제자들은 두려움에 사로잡혀 스승인 자신을 부정하거나 떠나갈 것이라는 것을 온몸으로 예감하고 있다는 정황이 여기저기에서 나타나고 있습니다.

> "네가 나를 위하여 네 목숨이라도 바치겠다는 말이냐? 내가 진정으로 진정으로 너에게 말한다. 닭이 울기 전에, 너는 세 번 나를 모른다고 할 것이다." **요한13:38**

뭔가 자기들의 기대를 충족시켜줄 법한 스승의 모습이 보일 때에는 그렇게도 열심히 따라다니면서 '주님을 위해서는 내 목숨이라도 바치겠습니다'(요한13:37)라고 말하는 제자들이지만 스승의 눈에는 그러한 고백이 가당치도 않습니다. 더불어 자신들의 선생님이 하는 이야기도 알아듣지 못하는 수준에서 한 발자국도 나아가지 못하는 제자들을 보며 깊은 한숨을 뱉어내는 스승은 이런 이야기도 합니다.

> "아직도 내가 너희에게 할 말이 많으나 너희가 지금은 감당하지 못한다." **요한16:12**

제자들은 아직도 연약한 수준에 머물러 있습니다. 제자들은 많은 순간 스승의 이야기를 알아듣지 못하고 스승의 일하는 방식에 대하여 의심하기도 했습니다. 왜냐하면 그들은 확증편향에 사로잡혀 있었거든요. 듣고 싶은 이야기, 보고 싶은 스승의 모습을 보는 편견에 사로잡혀 있으니 스승이 들려주는 이야기가 받아들여지고 이해될 리가 없는 겁니다.

> "여기에 보리빵 다섯 개와 물고기 두 마리를 가지고 있는 아이가 있습니다. 그러나 이렇게 많은 사람에게 그것이 무슨 소용이 있겠습니까?" **요한6:9**

한편 예수께서 활동하시던 시절의 유대인들도 참 난감한 사람들이었습니다. 그들의 살아가는 법에 관해서 예수께서는 이렇게 말씀하고 계시니까요.

> "사람들이 너희를 회당에서 내쫓을 것이다. 그리고 너희를 죽이는 사람마다 자기네가 하는 그러한 일이 하나님을 섬기는 일이라고 생각할 때가 올 것이다." **요한16:2**

누구라도 자신이 살아가는 삶의 양식과 생활이 악을 위한 일이라고 인정하며 살아가는 사람은 없을 겁니다. 모두들 자신의 방식이 하나님의 뜻에 기반한 진리를 구현하는 올곧은 삶의 방식이라는 확신을 가지고 살아가고 있을 거니까요. 그들은 안식일 법에 기반해서 예수를 십자가에 못박는 작업을 진행하고 있는 것이고 레위기의 정결 법전을 잘 준수하면서 살아가는 자신들의 삶이 하나님의 뜻을 올곧게 세우는 삶의 방식이라고 하는 시대정신에 굳게 기반하고 있습니다. 그러나 예수께서는 안식일 법과 레위기 법전을 앞세우며 사람들을 갈라치고 그러다가 서로를 죽이기까지 하는 사람들도 자신들이 하는 일에 대해서 하나님의 뜻에 기반한 삶이라고 생각한다는 사실을 지적하면서 이 상황이 돌이켜지기는 매우 어려울 거라는 눈길을 주고 계시는 겁니다.

그러니 스승이신 예수는 자신의 제자들에게 보혜사 성령을 보내주겠다고 약속을 하고 계십니다. 그리고 진리의 영인 보혜사가 임재하는 날, 자신이 살아가는 삶의 양식에 대해서 더욱 객관적으로 성찰할 수 있을 것이라는 이야기를 나누어주십니다.

> "그러나 내가 가면 보혜사를 너희에게 보내주겠다. 그가 오시면 죄와 의와 심판에 대하여 세상의 잘못을 깨우치실 것이다." **요한16:7b-8**

예수께서 예루살렘에 들어오실 때 겉옷을 벗어서 길에 깔고 '호산나'를 외치던 군중들은 어떨까요? 그들은 예수를 환영하던 자신들의 입장을 한순간에 뒤집으며 빌라도의 법정에서는 바라바를 놓아주라고, 그리고 예수를 십자가에 못 박으라고 소리를 지르는 성전 권력의 앞잡이로서 '빼

꾹 뻐꾹' 울어대는 뻐꾸기 같은 삶을 살아가고 있습니다. 그리고 예수가 십자가에 달리신 것은 자신들의 무지한 열정으로 적용한 안식일 법과 레위기의 정결 법전을 따라 판결한 결과라고 굳게 믿고 있겠지요. 그렇지만 성령의 조명을 경험하게 되면 예수가 십자가에 올라가는 것은 변덕이 죽 끓는 듯한 군중들도 사랑하시는 하나님의 은총에 기반한 사랑이라는 것을 깨닫게 될 겁니다.

예수는 제자들에게 다시 이야기를 하고 계십니다.

> "그분 곧 진리의 영이 오시면 그가 너희를 진리 가운데로 인도하실 것이다." **요한16:13**

제자들은 3년이라는 시간 동안 스승을 물리적으로만 따라다니며 생각의 힘을 키워내지 못했으니, 너그럽고 자비롭게 살아가는 법을 깨우치지 못한 듯합니다. 스승의 말을 삶으로 받아내지를 못했으니 자신의 몸과 마음을 이완시키며 평화를 누리는 지경을 배우지 못한 채로 조금이라도 어려운 삶에 직면하게 되면 힘들어하고 스승을 부정하는 모습을 보이는 겁니다. 예수의 제자들은 스승의 부재를 두려워하고 있고 그 제자들을 둘러싸고 있는 세상의 주류 세력은 자신들이 하는 일이 하나님을 섬기는 일이라며 위협적인 자세로 제자들에게 다가오고 있습니다. 이렇게 어려운 상황에서 예수는 제자들에게 진리의 영을 경험하면서 용기 있는 신념의 사람들이 될 것을 주문하고 계십니다.

그리고 진리의 영을 경험한 제자들은 결국 하늘의 소리가 자신들의 내면의 공간에 자리를 잡는 경험을 하게 됩니다. 자신들의 내면으로 하늘의 뜻을 받아들인 제자들은 두려움을 극복하고 핍박과 고난의 한가운데에서 진리를 따라 살아가는 삶을 받아들이는 고백을 하고 있습니다.

> "베드로와 사도들이 대답하였다. '사람에게 복종하는 것보다 하나님에게 복종하는 것이 마땅합니다.'" **행5:29**

진리의 영의 임재를 경험한 사람은 자신의 내면에 비밀한 신앙적 공간이 있다는 것을 깨닫게 되고 그 공간에 하늘의 뜻이 머무르는 신비로운 경험을 하게 됩니다. 그리고 그 공간을 울림통으로 사용할 수 있는 신앙의 경지에 이르는 순간 우리는 힘으로 살아가던 삶을 청산하고 공간을 울리는 울림의 균형을 이용한 여유롭고 넉넉한 삶을 살아가게 될 겁니다. 그 공간에서 흘러나오는 울림은 우리의 삶 전체를 풍성하게 가꾸어 주니 자신이 살아온 삶을 돌이켜 보게 되고 수정하게 되며 이성적이고 합리적인 삶으로 나아가게 합니다.

마치 핍박자로 살았던 사울이 다마스쿠스로 가는 길에서 '하늘에서 환한 빛이 그를 둘러 비추었다.'**(행9:3)**라는 경험을 하고 눈에서 비늘 같은 것이 떨어지면서 살아가는 법의 전환점을 경험한 상황처럼 말이죠. 그리고 사울은 바울이라는 이름을 사용하면서 '보이지 않는 것을 바라본다'는 울림이 있는 고백을 하게 됩니다.

> "지금 우리가 겪는 일시적인 가벼운 고난은 비교할 수 없을 정도로 영원하고 크나큰 영광을 우리에게 이루어줍니다. 우리는 보이는 것을 바라보는 것이 아니라 보이지 않는 것을 바라봅니다. 보이는 것은

잠깐이지만 보이지 않는 것은 영원하기 때문입니다." **고후4:17-18**

우리의 내면에 공간을 마련하고 그곳에 하나님의 임재를 가능하게 하는 것이 숙제입니다. 이 숙제를 잘 수행해 내는 날, 우리는 진리가 우리를 자유하게 하는 경험을 하게 되겠지요.

스승이신 예수는 자신의 내면에 있는 그 넉넉한 공간을 울림통 삼아 주먹을 움켜쥐고 힘으로 살아가던 삶을 넘어서서 공간의 울림에 자신의 삶을 실어내고 물 흐르듯이, 자비롭고 너그러운 삶을 살아가는 그런 세상을 바라시며 십자가를 향하여 걸어가고 계십니다.

알을 깨뜨리는 작업

"그가 우리에게 '조금 있으면 나를 보지 못하게 되고 또 조금 있으면 나를 볼 것이다' 하신 말씀이나 '내가 아버지께로 가기 때문에'라고 하신 말씀은 무슨 뜻일까... 우리는 그가 무엇을 말씀하시는지 모르겠다 하였다." **요한16:17-18**

예수가 아무리 이야기를 해 줘도 제자들은 스승의 이야기를 수용적으로 받아 낼 준비가 되지 않은 것으로 보입니다. 또는 자신의 생각에 깊이 빠져 있으니 경험해 보지 못한 상황을 설명하는 스승의 이야기가 이해되지 않는 상황일 수도 있을 거고요. 스승은 깨달았는데 제자들은 아직 스승의 깨달음에 도달하지 못했으니 제자들은 성장해가는 과정 중에 있는 것으로 보입니다.

그러나 제자들은 아직도 주관적 생각의 창을 통해 보이는 세상의 가치에 사로잡혀 있으니 스승의 이야기가 귀에 들어올 일이 없습니다. 일그러진 시대정신은 있는 것을 '없다' 하기도 하고 없는 것은 '있다' 하기도 하니 이것을 이것이라고 하면서 살아가는 사람들은 세상의 체계에 핍박을 받기도 하며 고단한 삶을 살아가게 됩니다.

세상의 체계인 시대정신은 정교하게 조직되어 있으면서 대단히 정밀한 방법으로 인간의 내면을 공격합니다. 그러면 인간의 내면은 정교하게 짜여진 시대정신을 자신의 생각을 통해서 확대 재생산해내는 작업을 하면서 자신의 주관성에 의해서 가공된 이야기를 상대방에게 주장하게 되는 거고요. 이러한 과정을 반복하다 보면 인간은 배타적인 신념의 자녀로 살아가게 되는 겁니다.

아, 이런 상황이 있을 수도 있겠군요.

정교하게 짜여진 세상의 생각이 허망하다는 것을 알아차리는 사람들이 있을 수 있습니다. 그러나 그들은 그 허망한 생각을 받아들입니다. 왜냐하면 그 생각을 자기들의 이익을 추구하는 도구로 사용하기 때문입니다. 참 안타까운 상황이기는 한데 그렇게 자기 이익을 추구하는 이들은 세력을 만들고 키워서 지배력을 갖추게 되니 그 상황에서 애매한 이들은 세력을 만드는 이들에 의해서 고단한 삶을 살아가는 백성들입니다. 이런 상황에 대해서 바울은 이렇게 이야기합니다.

> "사람들은 하나님을 알면서도 하나님을 하나님으로 영화롭게 해드리거나 감사를 드리기는커녕, 오히려 생각이 허망해져서 그들의 지각없는 마음이 어두워졌습니다. . . 하나님의 공정한 법도를 알면서도 자기들만 이런 일을 하는 것이 아니라 이런 일을 저지르는 사람을 두둔하기까지 합니다." **롬1:21, 32**

세상의 생각은 자신에게 유리한 상황이 담보되어야만 이웃을 사랑하고 자신의 이해관계에 맞아떨어지는 조건에서만 진리를 앞세우는 삶을 살아갑니다. 그러니 바울은 다시 이렇게 이야기합니다.

"사람들은 하나님을 인정하기를 싫어하므로 하나님께서는 사람들을 타락한 마음자리에 내버려 두셔서, 해서는 안 되는 일을 하도록 놓아두셨습니다." **롬1:28**

참 어려운 상황입니다. 어떻게 이 어려운 상황을 타개할 수 있을까요? 내면의 자아는 자신의 확고한 생각-욕망, 집착 등-을 세상에 투사시켜 그것을 진리라고 믿으면서 살아가는데 이것을 어떻게 극복하고 본래적인 가치를 알아차릴 수 있을까요?

사람들이 삶의 여정을 걸어가면서 잘 해내지 못하거나 어려워하는 일이 하나 있습니다. 그것은 '자기를 들여다보는 작업'입니다. 사람들은 때로 자신의 내면에서 일어나는 역동을 눈치채지 못하고 또는 그 역동이 저지르는 일을 감지하지 못합니다. 자신의 내면에 똬리를 틀고 있는 '일그러진 자아'가 실상이 아닌 허상을 투사시켜 엉뚱한 결과물을 만들어 내는 일을 눈치채지 못하는 겁니다. 욕망을 삶으로 현실화시키고 자신이 집착하고 있는 것을 생활에서 구현하면서 살아가는데 그렇게 자신의 내면에서 뭔가를 꾸미고 있는 자기중심성의 꿈틀거림을 잘 알아차리지 못한다는 것이죠.

그렇기 때문에 우리는 '자기를 들여다보는 작업'을 꾸준히 해 나가야 합니다. 어제의 삶의 방식을 가지고 여전히 오늘을 살아가려는 사람은 유아기적인 삶의 자리에 머무르려는 사람입니다. 그러나 어제의 삶의 자리였던 곳에서 오늘의 삶을 살아가는 사람이 그 삶의 자리를 의심하고 회의懷疑하면서 새로운 삶의 양식을 탐색할 수만 있다면 그 사람은 성인 된 삶의 자리로 나갈 수 있을 겁니다. 자신의 내면에서 일하는 이기적 자아의 작업이 때로 자기를 일그러지게 한다는 것을 성찰할 수만 있다면 말입니다. 이러한 작업을 해 나가기 위해서 꾸준히 자기를 들여다보는 사람들에게 예수께서는 이렇게 말씀하십니다.

> "내가 이것을 너희에게 말한 것은 너희가 내 안에서 평화를 얻게 하려는 것이다. 너희는 세상에서 환란을 당할 것이다. 그러나 용기를 내어라. 내가 세상을 이겼다." **요한16:33**

소설 『데미안』에는 싱클레어라는 인물이 등장합니다. 싱클레어는 대단히 안정적인 가정에서 바른 생활을 하며 살아갑니다. 그러다가 학교에 진학하면서 우연히 사과를 훔쳤다는 거짓말을 하게 되는데요. 이 거짓말은 싱클레어가 살아왔던 획일적인 삶이 흔들리게 합니다. 거짓말로 인한 삶의 역동이 생기게 된 것이죠. 자신의 거짓말로 인해서 크라머라는 친구에게 고통을 당하게 되는데 그건 싱클레어가 경험해 보지 못한 삶의 자리였죠. 이때 나타난 사람이 데미안입니다. 데미안은 크라머의 괴롭힘으로부터 싱클레어가 벗어날 수 있도록 해 주면서 비판적 사고를 할 수 있는 여지를 제공해줍니다. 이후 싱클레어는 데미안에게 '알을 뚫고 날아오르는 새'의 사진을 보내고 이에 데미안은 다음과 같은 답장을 보내옵니다.

> "새는 알을 뚫고 나오려고 투쟁한다. 알은 세계다. 태어나려는 자는 한 세계를 파괴해야만 한다. 새는 신에게로 날아간다."

그리고 싱클레어는 꾸준히 알을 깨는 작업으로서의 자기를 돌아보는 작업을 수행하는 삶을 살아가게 됩니다. 이렇게 자기의 삶에 균열을 내는 삶을 살아가던 싱클레어는 에바 부인을 만나면서 참으로 아름다운 사랑을 하는 경지를 경험하게 됩니다. 싱클레어가 에바 부인을 만나는 경험은 절대자를 만나는 경험으로도 읽을 수 있는 대목입니다.

예수의 제자들은 스승과의 여정을 통해서 자기 자신의 삶의 근거가 흔들리는 삶의 전환점을 경험했을까요? 싱클레어가 에바 부인과의 사랑에 빠지는 경험을 통해서 절대자를 만나는 경험을 하는 것처럼 예수의 제자들은 스승과의 여정을 통해서 하나님을 만나는 경험을 해 나가고 있는 걸까요? 제자들은 스승 예수와의 대화를 통해서 뭔가를 깨달았다는 느낌을 받은 듯 한마디 이야기를 합니다.

> "이제야 우리는 선생님께서 모든 것을 알고 계시다는 것과 누가 선생님께 물어볼 필요가 없을 정도로 환히 알려 주신다는 것을 알았습니다. 이것으로부터 우리는 선생님이 하나님께로부터 오신 것을 믿습니다." **요한16:30**

그렇지만 예수께서는 이러한 제자들의 이야기에 대하여 이렇게 대답을 하십니다.

> "보아라. 너희가 나를 혼자 버려 두고 제각기 자기 집으로 흩어져 갈 때가 올 것이다. 그때가 벌써 왔다. 그런데 나는 아버지와 함께 계시니 나는 혼자 있는 것이 아니다." **요한16:32**

제자들은 스승에 대한 이해의 폭을 넓혀가고 있는 것처럼 보이지만 아직은 스승을 헤아릴 수 있는 신념 어린 삶으로 진입하지는 못하고 있습니다. 아직 제자들은 세상에 속해 있으면서 하나님의 나라를 경험하는 통전적 삶의 지경에 이르지 못한 겁니다. 그러나 예수께서는 세상에 속해 계시면서 동시에 하나님의 나라를 실현하시는 통전적인 삶을 살아내고 계십니다. 그러면서 제자들을 그 삶의 지경으로 부르고 계시는 겁니다.

이제 제자들은 자신들의 내면을 들여다보면서 이전의 자신의 삶에 균열이 오게 하는 작업을 수행해야 합니다. 이 작업이 전제되지 않으면 제자들은 자신들의 알을 깨고 나오지 못할 거니까요. 이러한 작업에 나서야 하는 제자들에게 예수께서는 다시 한번 용기를 북돋아 주는 이야기를 전해주십니다.

> "아버지께서는 친히 너희를 사랑하신다. 그것은 너희가 나를 사랑하였고 또 내가 아버지께로부터 온 것을 믿었기 때문이다." **요한 16:27**

획일적이고 배타적인 삶을 살아가고 있는 자신에게 흠집을 내고 자신의 안정적인 삶을 흔들어 댈 수 있는 사람이 자신이 원하는 삶, 하나님을 기쁘시게 해드리는 삶으로 나갈 수 있습니다. '생각의 힘'이 있는 사람만이 자신을 가두고 있는 알을 깨뜨리고 새로운 피조물의 삶을 살아갈 수 있습니다.

무기력 극복기

“아버지, 어차피 이렇게 살아가게 된 거니… 겟세마네 동산에서 다 맡겨드린 거니… 그래도 호흡은 가빠오고 가슴은 둥당거리니 함께 해 주십시오… 그리고 아버지, 창세 전에, 이 땅에 오기 전에 내가 아버지와 함께 누리던 그 영광으로 나를 아버지 앞에서 영광되게 해 주십시오.” **요한17:5 참조**

예수께서 이렇게 기도하는 것은 하나님의 뜻을 온전히 따르는 삶을 살아가게 해달라는 위임의 기도입니다. 그리고 이 땅 위에 하나님의 나라가 이루어지는데 자신의 삶을 헌신하겠다는 예수의 결단 어린 기도이기도 하고요. 예수는 하나님의 이름을 도구 삼아서, 먹고 사는 일에 집중하고 있는 이들에 의하여 십자가에 달리기 직전입니다. 그러나 예수는 자발적으로 십자가를 향하여 발을 내딛음으로써 자기를 십자가에 매달려고 하는 종교 지도자들을 부끄럽게 하고 있습니다. 물론 당시의 종교 지도자들은 십자가에 달리신 예수를 쳐다보며 자기들이 이겼다고 승전가를 부르겠지만요.

더불어 예수께서는 ‘아, 저 친구들은 내가 십자가에 올라가면 흩어지겠지’라고 제자들의 속내를 헤아리면서 제자들을 위한 기도를 하나님께 드리고 있습니다.

"거룩하신 아버지께서 내게 주신 아버지의 이름으로 그들을 지켜주셔서 우리가 하나인 것 같이 그들도 하나가 되게 하여 주십시오." **요한17:11**

제자들은 예수께서 십자가에 달리시는 순간 스승인 예수를 떠날 준비를 하고 있습니다. 사실 예수의 제자들은 예수를 따라다닐 때부터 자기들의 명확한 생각을 가지고 있었습니다. 예수가 예루살렘에 들어가시면 왕이 되실 거고, 로마로부터 유대를 독립시키실 것이며 그렇게 되면 자신들은 예수의 오른쪽 왼쪽에서 한 자리씩 자리를 차지할 것이라는 자기들의 생각 말입니다. 그런데 그런 기대는 스승이 십자가 운운하면서 물거품이 되고 말았으니 제자들은 당연하다는 듯이 스승을 떠나는 겁니다.

그런데 예수는 제자들의 이런 생각을 눈치채고 있음에도 불구하고 제자들을 위한 기도를 이어가고 있으니 정말로 너그럽고 자비로운 선생님이 아닐 수 없습니다.

"나는 세상을 위하여 비는 것이 아니고 아버지께서 내게 주신 사람들을 위하여 빕니다. 그들은 모두 아버지의 사람들입니다." **요한17:9**

왜냐하면 스승은 제자들이 결국은 하나님의 나라를 실현시키는 일에 투신할 것이고 그렇게 되면 세상의 미움을 많이 받을 것을 예견하고 있는 듯하니까요.

"나는 그들에게 아버지의 말씀을 주었는데 세상은 그들을 미워하였습니다. 그것은 내가 세상에 속하여 있지 않은 것과 같이 그들도 세상에 속하여 있지 않기 때문입니다." **요한17:14**

그런데 궁금한 것은 삼 년이나 함께 생활한 스승인 예수가 십자가를 향한 여정을 걷고 있는데 그 스승을 외면하려는 제자들의 현재적인 마음 상태입니다. 제자들은 왜 냉정하게도 스승을 버리고 엠마오로, 그리고 고기를 잡는 어부의 생활 등 이전의 삶의 자리로 돌아가는 걸까요?

혹시 스승을 따라다녔던 일이 무력한 일이라는 의심과 회의에 사로잡혀서 그런 건 아닐까요? 인간은 누구라도 자신이 걸어가는 일에서 결과물을 얻을 수 없다는 판단에 직면하게 되면 당황스러워하면서 소외와 고독을 경험하게 됩니다. 스승과 함께 몇 년 동안을 살았는데 그 스승이 제자들이 가지고 있는 기대를 충족시켜주지 못한다는 판단이 밀려올 때 제자들은 그동안 애를 쓰며 스승을 따라다닌 여정에서 무력감을 느끼고 삶의 무의미성을 느낄 법도 하니까요.

이러한 상황을 잘 보여주고 있는 것이 시지프스의 이야기일 겁니다. 시지프스는 신들의 삶에 간섭하다가 골짜기에서 산꼭대기로 끊임없이 돌을 굴려 올려야 하는 징벌을 받게 됩니다. 신들은 시지프스에게 정말로 가혹한 징계를 내린 것이죠. 열심히 뭔가를 하는데 결과는 주어지지 않고 반복되는 삶이 신선하게 다가오지 않는 '일함의 무효화'는 삶의 의지를 꺾어버리게 됩니다.

어떠신가요?

꾸준히 기도하는데 삶에는 아무런 변화가 일어나지 않고, 수없이 읽은 성서의 구절은 나의 삶에 경건의 능력으로 다가오지 않는 것 같은 이 절

박한 삶의 자리 한가운데서, 일상은 무미건조하게 반복되고, 나의 신앙적 노력이 아무런 빛도 발하지 못하며, 왜곡된 시대정신이 기승을 부리는 이 상황에서 우리는 어떻게 이리도 무료한 신앙의 여정을 이어가야 할까요?

이러한 상황에 대하여 스테판 에셀은 자신의 책 『분노하라』에서 이런 삶을 살아감의 지혜를 제공하고 있는데요. 스스로를 부정하거나, 쓸데없이 낙심하는 것을 극복하고, 그리고 우리를 힘들게 하고 낙심하게 하는 삶의 요인들을 당황하게 하는 용기 있는 삶을 살아갈 필요가 있다고, 즉 우리를 무료하게 하는 부조리함에 저항하는 삶을 살아가야 한다는 이야기를 전하고 있습니다.

무의미성이 강화되는 무료한 징벌을 받는 시지프스를 바라보는 알베르 카뮈는 돌을 밀어 올리는 시지프스의 얼굴을 이렇게 묘사했다고 합니다.

> "돌덩이에 바싹 붙은 채 고통스러워 하는 시지프스의 얼굴은 그 자체가 돌이다." **(김용규. 『철학 카페에서 문학읽기』 참조)**

시지프스는 신들의 징계를 자발적으로 받아들이면서 자신이 해야 할 일을 즐겁게 수행함으로 자신을 징계한 신들을 머쓱하게 하고 있는 모습으로 해석하는 대목입니다. 즉 시지프스는 자신을 무의미하고 무기력한 삶으로 밀어낸 신들에게 자신이 살아야 할 지루한 삶을 자발적으로 살아내는 모습으로 보여줌으로써 명확한 저항의 의사를 표시하면서 '의미 없음'의 삶을 '의미 있음'의 삶으로 새롭게 만들어나가는 주체적인 삶의 모습을 보여주고 있다는 겁니다.

성서에는 이런 삶을 살아가는 사람들의 이야기가 기록이 되어 있습니다. 바로 바울의 이야기입니다. 바울은 자신의 내면에서 자기를 무기력하게 하는 요인을 성실하게 성찰하는 모습을 보여줍니다.

> "나는 내가 하는 일을 도무지 알 수가 없습니다. 내가 해야겠다고 생각하는 일은 하지 않고 도리어 해서는 안 되겠다고 생각하는 일을 하고 있으니 말입니다." **롬7:22-24**

아마도 바울이 고백하고 있는 저러한 삶의 모습은 누구라도 한 번 정도는 모두 경험하는 상황일 겁니다. 해야 할 일은 게으름, 무지 등을 핑계 삼아 하지 않으면서 하지 말아야 할 일은 자신의 욕망을 따라 살아가는 것이 아닌 척하면서도 결국은 하고야 마는, 그리고는 자기합리화에 나서는 우리들의 모습 말입니다.

그렇지만 바울은 인간적이고 너무나도 인간적인 자신의 모습을 성령의 도우심에 의지하여 극복해나가고 있노라고 다시 고백하고 있습니다.

> "그러므로 그리스도 예수 안에 있는 사람은 정죄를 받지 않습니다. 그것은 그리스도 예수 안에서 생명을 누리게 하는 성령의 법이 당신을 죄와 죽음의 법에서 해방하여 주었기 때문입니다." **롬8:1-2**

자신을 성찰하면서 믿음의 길을 걸어가는 사람들은 힘들고 어려운 삶의 지경을 살아가지만, 성령의 조명하에서 꾸준히 긍정적인 마음을 찾아내는 믿음의 길을 걸어갑니다. 비록 적극적으로 저항한다고 해서 단시간에 세상이 좋아지지 않으리라는 것을 알고 있지만, 그럼에도 불구하고 그리스도인은 희망하는 일을 멈추지 않습니다. 왜냐하면 우리에게 다가오는 무의미한 삶에 맞서는 것이, 죽음의 세력에 맞서는 것이 믿음으로 살아가는 삶이라는 것을 통찰하고 있기 때문입니다.

스승이신 예수는 자신이 십자가에 올라가는 순간 제자들이 스승인 자기에게 등을 돌리고 삶의 무의미성에 빠질 것을 염려하면서 하나님에게 기도를 드리고 있습니다. 고난의 자리에서도 진리에 투신하는 삶으로 나아가기를, 힘들고 어려운 삶의 자리에서도 그 삶의 자리를 기뻐할 수 있는 마음의 지경에 도달하기를 스승은 기도하고 있습니다. 왜냐하면 그렇게 살아가는 삶이 우리를 힘들게 하는 삶의 무의미성, 무기력을 부끄럽게 하는 일이고 무덤에서 일어나 부활의 소식을 전해주시는 예수의 삶을 살아내는 여정이기 때문입니다.

자기 존중감 드높이기

예수는 제자들을 바라보면서 '끌끌' 혀를 차고 있습니다. 아무리 이야기를 해 줘도 결국은 자기 생각에 집중하면서 오른쪽이니 왼쪽이니 하며 밥그릇 싸움에 몰입하고 있고 십자가에 오르실 스승을 생각하면서는 도망갈 생각이나 하고 있는 사람들이니 안타까우신 겁니다.

> "아버지, 세상에 나쁜 생각이 많이 있고 그 생각은 때로 사람들의 삶을 피폐하게 하기도 합니다. 그러나 저는 아버지께서 내게 주신 영광을 그들에게 주고 싶습니다. 그래서 우리가 하나인 것처럼 저들도 나쁜 생각을 넘어서서 하나가 되어 살아가게 하려는 마음 때문입니다." **요한17:22 참조**

십자가에 달려서 고난 당할 것을 예감하시는 예수는 고별기도를 드리면서 제자들과 성도들이 하나가 되게 해달라고 기도하고 있습니다. 이렇게 예수께서 기도하시는 이유 중의 하나는 제자들 안에 있는 자기중심성으로 인한 심각한 분열상 때문이었습니다. 제자들은 예수께서 걸어가시는 길을 헤아리지 못하고 스승이 세울 왕국에 대한 배타적인 상상을 하면서 마음속으로는 밥그릇을 나눠 먹는 작업에 대한 동상이몽을 꿈꾸고 있었습니다.

마태복음 20장에 명확하게 기록되어 있는 제자들의 모습은 그저 표층적으로만 '예수 따름이'를 자처하는 오늘의 일부 그리스도인들과 다름이 없습니다. '나의 두 아들을 선생님의 나라에서는 하나는 선생님의 오른쪽에, 하나는 선생님의 왼쪽에 앉게 해 주십시오'라는 이 엉뚱한 상황에 또 다른 열 명의 제자들은 '저 엉뚱한 소리를 하는 녀석들'이라고 뒷담화를 하면서 그러한 요청을 하는 두 제자에게 분개하였다니, 오른쪽 왼쪽을 입에 담는 제자들이나 그런다고 화를 내는 열 명의 제자들이나 '고만고만'하기는 마찬가지입니다.

신앙공동체는 계층이나 계급, 또는 피부색이나 성별을 넘어서는 평등한 공동체이어야 합니다. 바울은 고린도 교회를 향하여 파벌을 짓는 교회 내부의 논리를 극복하라고 강하게 권면하고 있기도 하고요. 그렇지만 그렇게도 강조하는 스승의 이야기를 체화體化시키지 못하고 결정적인 순간에 자기들의 속내를 드러내는 이 제자들을 바라보는 스승의 마음은 안타깝기만 합니다. 그러니 스승 예수는 이렇게 기도합니다.

> "내가 아버지께 비는 것은 그들을 세상에서 데려가시는 것이 아니라 악한 자에게서 그들을 지켜주시는 것입니다." **요한17:15**

다윗은 아버지의 심부름으로 블레셋과의 전쟁에 소환되어 전장에 나가 있는 형들에게 가게 됩니다. 그리고 그곳에서 이스라엘의 걸림돌이 되는 거대한 골리앗의 존재를 알게 됩니다. 그렇지만 상황은 그렇게 녹록하지 않아서 이스라엘은 골리앗을 넘어서지 못하며 두려워하고 있습니다. 그러나 다윗은 골리앗과 맞서 싸워 이기면서 나를 나 되지 못하게 하는 걸림돌로서의 두려움을 넘어서고 있는 겁니다. 아마도 다윗이 가지고 있는 고백적 신념이 이 싸움을 가능하게 했을 겁니다.

> "흥, 네가 하나님을 모욕한다고? 나는 네가 모욕하는 이스라엘 군대의 하나님 곧 만군의 주님의 이름을 의지하고 너에게 왔으니 한번 겨루어 보자." **삼상17:45 참조**

밥그릇을 놓고 싸움을 하며 서로를 질투하고 있는 제자들의 모습을 바라보시는 예수는 마음이 답답합니다. 그렇게도 마음을 모아서 하늘의 이야기를 들려주고, 삶으로 보여주며, 함께 먹고 마시며, 생활을 해왔지만, 제자들은 스승의 가르침에 마음을 모아주지 않았던 겁니다. 그렇지만 어쩌겠습니까? 제자들을 염려하는 스승은 악한 자들에게서 제자들을 지켜달라는 기도를 하나님께 드리고 있습니다. 마치 다윗이 하나님을 깊이 신뢰하며 골리앗과 맞서는 것처럼 제자들도 성령의 임재를 경험하고**(요한16:5절 이하 참조)** 하나님을 깊이 신뢰함으로 평등적 신앙공동체를 가능하게 하는 신앙공동체의 구성원으로 살아갈 수 있기를 기도하고 있는 겁니다.

한편, 스승이신 예수께서 제자들을 위하여 이런 기도를 해야 하는 지경이라면 이러한 상태에 있는 제자들의 모습은 자아존중감이 대단히 낮은 수준에 있는 사람들로 읽어볼 수 있을 듯합니다. 자아존중감이 낮은 사람들은 자신의 어깨에서 계급장이 떨어지면 불안해하고 망망한 바다와 같은 곳에 잠시라도 홀로 있게 되기라도 하면 안정된 삶을 살아가지 못하는 경향을 보이니까요. 여럿이서 몰려다닐 때에는 당당하고 강한 사람처럼 보이지만 무리가 흩어지고 난 후 홀로 있으면서 고독을 받아내야 하는 상황에라도 처하게 될라치면 잠시를 견디지 못하면서 불안해하니 다시 무리를 지어 살아가는 습관적 삶의 모습을 보이기도 합니다. 마치 예수께서 예루살렘에 들어오실 때는 '호산나' 하며 예수를 맞이하던 사람들이 다시금 떼를 지어 빌라도의 법정에 몰려와서는 '바라바요' 하며 예수를 십자가에 못 박으라고 소리를 지르는 무리의 속성이 바로 그런 것일 겁니다. 몰려다니는 것이 힘이라는 착각에 빠져 있는 채로 앞뒤 없이 무리하게 소리만 지르며, 그렇게 막무가내로 자기들의 목적을 이루는 것이 당연한 삶이라며 살아가는 모습이 안쓰럽기도 합니다.

또한 무리를 지어서 다니는 일에 익숙해져 있는 사람들은 쉼 없이 권력을 좇아다니면서 자신의 위치를 확인하고 한시라도 자신의 자리가 보장되지 않으면 불안에 시달리니 격렬하게 화를 내며 자기 자리를 보장해달라며 소리를 지르기 시작합니다.

이쯤에서 우리는 헤밍웨이의 작품인 『노인과 바다』 이야기를 생각해볼 필요가 있을 듯합니다.

어부인 산티아고라는 노인은 무려 84일 동안이나 고기를 잡지 못합니다. 결국 마노아라는 노인을 돕는 소년도 40여 일 이상 고기를 잡지 못하는 산티아고의 모습에 실망한 부모의 권유를 이기지 못하고 결국 산티아고를 떠나가게 됩니다. 그러나 노인은 실망하기보다는 자신을 신뢰하면서 먼 바다로 나가서 커다란 청새치를 낚아 올리는 데 성공하게 되죠. 물론 돌아오는 길에 청새치의 피 냄새를 맡은 상어들의 공격에 결국 청새치는 머리와 뼈만 남게 되지만, 노인은 자신이 어부임을 자각하며 끝까지 청새치를 가지고 항구로 돌아옵니다. 그리고는 그 피곤함에 겨워 잠을 자면서도 사자의 꿈을 꿉니다. 서양에서의 사자는 위대함, 명예, 왕의 상징이기에 노인이 꿈속에서 사자의 꿈을 꾼다는 것은 자신의 삶을 최상급으로 신뢰하고 스스로를 격려한다는 것을 의미하는 것일 겁니다. 노인은 온갖 실패와 고난을 겪으며 살아가지만, 어부로서의 자신의 정체성을 흔들림 없이 지켜내며 그 실패의 과정마저도 자기 삶의 일부로 받아들이는 신념 어린 모습을 보이고 있는 거니까요. 그러니 그런 노인의 모습은 비록 함께 배를 타지 못하게 되었지만 마노아라는 소년이 끝까지 노인을 지지하게 하는 중요한 요인입니다.

자아존중감이 드높은 노인은 홀로 바다에 나갔지만 외로움 때문에 일을 그르치지는 않았습니다. 망망한 바다에서는 계급장으로 위로를 받는 엉뚱한 삶의 양식에 신경을 쓸 여유가 없습니다. 오히려 거대한 청새치와의 밀고 당기는 싸움이, 그리고 상어들과의 싸움이 힘겹고 어려웠지만, 그리고 그 싸움 끝에 얻은 것은 머리와 뼈만 남은 청새치였지만 노인은 보이지 않는 가치, 즉 어부로서의 자기 정체성을 성실하게 지키며 자신의 삶에 충실한 모습을 보이고 있는 것으로써 자신이 살아가야 하는 당당한 최상급의 삶을 살아내는 모습을 보여주고 있는 겁니다. 노인은 패거리를 지어 몰려다니기보다는 홀로 자신의 길을 묵묵히 걸어가는 모습을 보임으로 그 발걸음을 주목하는 소년의 관심과 지지를 받고 있습니다.

예수님의 제자들은 예수께서 십자가에서 돌아가신 후에는 땅끝까지 진리를 이야기해야 하는 일을 해야 하는 사람들입니다. 그런 제자들이 계급장에 욕심을 내고 패거리를 지어 몰려다니면서 힘을 얻으려는 패거리 문화에 익숙한 그룹이 되는 것을 걱정하시는 예수는 제자들이 바다 한가운데 홀로 있다 하더라도 고독을 즐거워하는 드높은 자아존중감을 가지고 있는 진중한 사람들이 되기를 기도하고 있는 겁니다.

어부인 산티아고는 바다 한가운데서 청새치와의 싸움을 수행하면서 소년을 생각합니다. 노인은 소년이 자기를 지지하고 있다는 것을 떠올리면서 고단한 바다의 시간을 견뎌내고 있습니다. 망망한 바다에서 밀려오는 고난과 외로움을 이겨낼 수 있는 것은 누군가의 관심과 사랑을 받고 있기 때문입니다. 그러니 누군가가 사람들에게 둘러싸여 있으면서도 외로움에 몸을 떨고 있다면 그건 단지 사람이 없기 때문이 아니라 사랑과 관심을 보내는 이가 없기 때문일 겁니다.

예수께서는 무리를 짓는 일과 어깨에 올려놓는 계급장에 관심을 보이는 제자들을 위하여 기도를 드리고 있습니다.

> "내가 그들 안에 있고 아버지께서 내 안에 계신 것은 그들이 완전히 하나가 되게 하려는 것입니다. 그것은 또 아버지께서 나를 보내셨다는 것과 아버지께서 나를 사랑하신 것과 같이 그들도 사랑하셨다는 것을 세상이 알게 하려는 것입니다." **요한17:23**

제자들은 언제나 이런 스승의 마음을 헤아릴 수 있을까요? 스승이 하시는 이야기를 뜻으로 받아내지 못하고 여전히 자기들의 허술한 분석틀로 받아내는 제자들은 일단 '꾸준히 참아내는 법'을 배워야 할 듯합니다. 섣부르게 자신의 생각을 내뱉기보다는 생각을 많이 하며 스승이 하시는 말의 이면에 담겨 있는 의도를 알아내기 위한 노력을 꾸준히 해나가는 것으로서의 '참아내는 법' 말입니다.

한 마리분의 쇠고기를 한입에 다 먹을 수는 없는 노릇이니 한 점 한 점

먹다 보면 언젠가는 다 먹게 되고 꾸준히 섭취한 쇠고기는 영양분이 되어 우리의 삶을 풍요롭게 하는 날이 오겠지요. 제자들이 그렇게 마음을 모으면서 스승의 이야기를 자기들의 내면에 차곡차곡 쌓아가다 보면, 어느 날 문득 자신들이 사랑이신 스승 안에 있는 것을 느끼게 되고 그리고는 홀로 걸어야 하는 자신의 길을 스승의 사랑의 지지를 받으면서 걸어가게 될 겁니다. 그러면 각각 존재하나 서로를 존중하며 하나가 되는 제자공동체를 이루게 되겠지요.

칼을 칼집에 꽂아라

아~ 이것 참 난감합니다.

유다가 자신의 스승인 예수를 잡아들이려고 성전경비대를 이끌고 기세등등하게 예수에게로 가고 있으니 말입니다.

고별 설교와 고별 기도를 마치신 예수는 기드론 골짜기 건너편 동산으로 향하셨습니다. 아마도 예수는 제자들과 그 동산에서 여러 번 모임을 하신 듯합니다.(요한18:2) 왜냐하면 성전경비병들을 데리고 가는 유다는 익숙한 발걸음으로 예수가 머물고 있는 동산을 오르고 있으니까요. 상황은 격렬하게 전개됩니다. 놀란 예수의 제자들은 무장한 성전경비대에게 강력하게 저항하는 듯합니다. 베드로는 칼을 빼 들고 휘두르며 대제사장의 종인 말고의 귀를 잘라버리고 말았습니다. 그런데 그런 상황에서 예수께서 한마디 하십니다.

"칼을 칼집에 꽂아라." **요한18:11**

스승과 제자는 심각한 상황에 직면하고 말았습니다. '죽임'을 삶의 방식으로 받아들이고 살아가는 이들이 스승인 예수의 생명을 위협하는 일촉즉발의 상황을 만났으니 말입니다. 그런데 이 상황에 대처하는 스승과 제자 사이에는 간극이 있어 보입니다. 스승은 자신을 낮추어 상대를 대하고 있지만, 제자들은 무장한 성전경비대에 무력으로 대항하는 모습을 보이고 있습니다. 3년 동안이나 스승을 따라다닌 제자들은 아직도 스승의 문제 대처 방식에 관한 이해를 가지고 있지 못합니다. 문제 상황에 직면한 스승은 자신을 낮추면서 죽음의 세력을 이기는 길을 걸어가고 있는데 제자들은 무력武力을 사용하고 있습니다. 그러나 제자들이 문제를 해결하기 위해서 사용한 무력은 스승에게서 받아들여지지 않았습니다.

제자들은 자기들이 살아가는 방식을 읽어내지 못한 채로 무지無知와 오지誤知에 기반한 삶을 살아가고 있습니다. 자신이 알지 못한다는 사실을 깨닫지 못한 상태에서 진실하게 살아가고 있으니 제자들의 스승을 향한 진실함은 허공을 때리는 허망함이 되고 만 겁니다. 자신이 뭔가를 알고 있다며 과도한 행동을 하는 것은 결국은 알지 못하는 수준에 있다는 것의 방증일 텐데 제자들은 자기들의 얕은 지식을 신뢰하면서 스승을 향한 헛헛한 진정성을 드러내고 있습니다. 그러나 스승은 '칼을 칼집에 꽂으라'고 말씀하심으로 제자들의 진정성이 얄팍한 지식에 근거한 것임을 일깨워 주고 계십니다. 칼로 부숴버린 평화를 칼로 다시 재구성해낼 수 있을까요? 대포를 쏘아서 부숴버린 화해와 일치를 대포를 쏘아서 다시 세울 수 있을까요? 스승은 제자들에게 묻고 계신 겁니다. 너희들의 방식이 세상에 평화를 가져올 수 있는 온전한 방식일 수 있느냐는 거죠.

잠이 오지 않는 어느 날 밤, 중, 고등학교 시절에 좋아했던 중국 무술영화를 보게 되었습니다. 중원을 장악하려는 세력이 한 문파를 멸문시키면서 영화가 시작되는데 간신히 살아난 멸문당한 집안의 한 아이가 자라나서 무술의 고수가 되고는 복수를 하는 영화였습니다. 그런데 자라나서 무술의 고수가 된 멸문당한 가문의 아이에게 또 다른 고수가 나타나서 복수하는 장면이 이어지더니 다시 누군가가 나타나서 복수를 이어가는 이야기가 거듭되는 것이 당황스럽게도 인상적이었습니다. 그 영화의 후속편은 약 30여 년이 흘러서 제작이 되었답니다. 궁금해서 대충 영화를 찾아서 보니 후속편에서도 복수의 이야기는 계속 반복되고 있었습니다.

그러니 복수의 연속성, 폭력의 반복성을 이해하고 있는 스승이신 예수는 제자들에게 '칼을 칼집에 꽂으라'고 말씀하시는 겁니다. 칼을 휘둘러서는 세상에 견고하게 자리하는 평화를 가능하게 할 수 없으니 누군가가 복수하는 일을 멈추고 자기를 생명의 양식이 되는 밥으로 내어놓음으로 세상이 생명을 누리도록 하는 방식의 평화 만들기를 해 나가야 한다는 당부일 겁니다. 칼을 칼집에 꽂으라는 이야기를 들은 베드로는 칼을 칼집에 꽂아 넣었겠지만, 마음속으로는 계속 칼을 휘둘렀을지도 모를 일입니다. 자신의 스승을 잡아가는 적대자들에 대한 분노와 잡혀가는 스승을 바라보는 안타까운 마음은 마음속에서 칼을 칼집에 꽂지 못하도록 하는 동력일 테니까요.

그러나 자기를 하나님께 위탁한 스승은 평화롭습니다. 자기를 잡으러 오는 이들과 그들의 배후에서 이 상황을 연출하고 있는 이들의 의도를 헤아리고 있기 때문입니다. 기존의 세력을 형성하고 그 세력에 빌붙어서 자신의 밥그릇을 챙기는 이들은 예수께서 세상에서 하나님의 뜻을 펼치는 것을 싫어합니다. 그리고 예수께서 자신들의 실체를 폭로하는 것에 온몸을 부들부들 떨며 강하게 저항하기도 하죠. 실제로 예수는 당시의 종교지도자들에 대해서 이렇게 이야기를 하셨으니까요.

> “지금 너희 바리새파 사람들은 잔과 접시의 겉은 깨끗하지만, 너희 속에는 탐욕과 악독이 가득하다.” **누가11:39**

사실 당시의 종교 지도자들은 자기들의 직무를 성실하게 수행하지 않았습니다. 하나님의 순결한 뜻을 백성들에게 있는 그대로 전하지 않았죠. 이러한 내용은 호세아의 일갈에서도 잘 나타나고 있는데요, 호세아는 ‘제사장이 늘어나면 늘어날수록 하나님에게 짓는 죄도 늘어난다’라고 고발하고 있으니까요.**(호4:7)** 종교 지도자들은 자기들의 죄악을 폭로하는 예수를 그냥 두고 볼 사람들이 아닙니다. 그들은 모일 때마다 예수를 없애버릴 방도를 논의하였습니다.

> “대제사장들과 율법 학자들은 예수를 없앨 방책을 찾고 있었다. 그들은 백성들을 두려워하였다 ... 유다는 어떻게 예수를 그들에게 넘겨줄지를 의논하였다. 그래서 그들은 기뻐하여 그들에게 돈을 주겠다고 약조하였다.” **누가22:2-5**

전면에는 하나님의 이름을 내세우면서 뒤쪽에서는 돈놀이를 하는 종교 지도자들의 정체가 이 구절에서 명확하게 나타나고 있습니다. 종교 지도자들의 의도가 저런 상황이니 자기들의 주머니 채우는 것을 방해하는 예수를 얼씨구나 하며 그냥 놔둘 사람들이 아닙니다.

“왜 갑자기 나타나서 우리들의 일을 방해합니까? 조용히 없어지십시오. 우리는 우리들의 방식대로 백성들을 지도해서 하나님을 잘 섬기도록 하겠습니다."

그러나 예수는 이러한 위협적인 상황에서도 자신의 삶의 방향을 온전히 설정하면서 걸어가야 할 길을 잘 걸어가고 있습니다. 어차피 예수께서 겟세마네 동산에서 하나님에게 드린 기도는 자기를 응원하는 기도였으니까요. '내 뜻대로 마시고 아버지의 뜻대로 하십시오'라는 예수의 기도는 하나님의 뜻을 따르는 것을 힘들어하고 회피하려는 자기를 이기기 위한 기도이었습니다. 그러니 예수의 발걸음은 차분하고 당당합니다. 이런 예수를 마음 아프게 보아냈을까요? 윤동주는 자신의 시 "십자가"에서 이렇게 노래합니다.

(전략)
괴로웠던 사나이,
행복한 예수 그리스도에게처럼
십자가가 허락된다면

모가지를 드리우고
꽃처럼 피어나는 피를
어두워 가는 하늘 밑에
조용히 흘리겠습니다.

그런데 한 가지 궁금한 것이 있습니다. 칼을 휘두르는 이들의 생각 말입니다. 그들은 어디에서 무엇을 어떻게 배웠길래 칼을 휘둘러서 자신의 삶의 자리를 확보하는 식의 삶을 살아가게 된 것일까요? 이런 식의 삶은 극복하기 어려운 것일까요?

막 태어난 갓난아기의 의식의 세계는 '비어있는 공간'이라고 표현할 수 있습니다. 그리고 이어지는 삶의 여정을 통해서 눈, 귀, 감각 등의 입력기관을 통해서 받아들여지는 경험들은 우리들의 지식이 되고 '나의 생각'으로 우리의 내면에 자리 잡게 되는 것이죠. 그리고 그것이 신념이 되면서 우리는 '나의 생각'을 따라 자신의 삶을 경영하며 살아가게 되는 겁니다. 여기까지는 별문제가 없는 것 같은데 문제는 인간은 이렇게 받아들인 자신의 생각을 고정화시키는 경향이 있다는 것이죠. 이 고정된 자기 생각은 때로 타자와의 대화를 통해서는 갈등하게 하는 요인으로 작용하기도 합니다. **(홍세화. 『생각의 좌표』. 한겨레출판)**

그러니 자신의 고정된 생각을 수정하는 작업을 하기 위해서는 자신이 가지고 있는 기존의 생각을 비판적으로 검토하며 의심하는 작업을 할 수 있어야 합니다. 그리고 이 작업을 성실하게 수행해 나가는 사람이 '칼을 칼집에 꽂으라'는 스승의 제언을 이해하고 마음속에서조차도 칼을 칼집으로 거두어들이는 삶을 살아가게 되는 겁니다. 그러나 일단의 사람들은 자신의 생각을 주장하고 지키려는 수구적인 생각과 자세만을 가지고 있으면서 매 순간 칼을 뽑아 들고 죽임의 칼춤을 추고 있으니 이 상황이 참 안타까운 일입니다.

이런 상황에서 스승이 베드로에게 하신 말씀, '칼을 칼집에 꽂으라'는 이야기를 곰곰이 생각해보면 '너의 구원을 이루라'는 말씀으로도 받아들일 여지가 있어 보입니다. 어둠의 세력을 이기는 힘은 꾸준히 이어지는 깊은 성찰 능력으로부터 나온다고 할 수 있으니까요. 우리 내면에 받아들여져서 활성화된 성찰 능력은 자기를 성찰하고 세계를 성찰할 수 있습니다. 칼을 칼집에 꽂으라는 스승의 말을 알아들을 수 있는 것은 그런 방식으로 살아가고 있는 너의 진정성은 얕은 이해에 기반한 헛헛한 진정성임을 깨닫고 보다 본래적인 삶의 자리로 나아가라는 스승의 가르침을 알아들을 수 있는 성찰 능력을 구비해야 한다는 것과 맥이 닿아 있습니다.

복잡하고 다원화되어 있는 현대 사회를 위하여 이방인에게 복음을 전했던 바울은 우리에게 한마디 팁**tip**을 주며 칼을 칼집에 꽂기를 요청하고 있습니다.

> "먹는 사람은 먹지 않는 사람을 업신여기지 말고 먹지 않는 사람은 먹는 사람을 비판하지 마십시오. 하나님께서는 그 사람도 받아들이셨습니다." **롬14:3**

드러내 놓고 말하였소

"저 사람들이 선생님을 어디로 데리고 가는 거죠? 저기가 혹시 대제사장의 집 아닌가요?"

"그러네요, 잠시 있어봐요. 내가 한번 살펴볼 테니…"

요한복음 18장에는 예수께서 잡혀가시고 심문을 받는 이야기가 기록되어 있습니다. 이 와중에 우리를 안타깝게 하는 장면들이 나타나고 있는데요. 그 장면 중의 하나는 예수께서 안나스 대제사장의 집에 잡혀가셨는데 제자 가운데 한 명이 대제사장을 잘 알고 있다는 것을 이용해서 제사장 집의 안뜰에 들어갔다고 하는 내용입니다. 이 제자는 다시 안뜰에서 나와서 베드로도 대제사장 집의 안뜰에 데리고 들어가고 있습니다.

> "그 제자는 대제사장과 잘 아는 사이라서, 예수를 따라 대제사장의 집 안뜰에까지 들어갔다 ... 그런데 대제사장과 잘 아는 사이인 그 다른 제자가 나와서 문지기 하녀에게 말하고 베드로를 데리고 들어갔다." **요한18:15-16**

이런 장면들은 우리를 난감하게 합니다. 사회를 운영하는 정당한 규칙과 룰rule이 인맥 등, 사사로운 관계에 의하여 손쉽게 무너지는 장면이라고 보여지는 대목이기 때문입니다. 물론 슐라터라는 학자는 요한이 이 대목을 기록한 이유에 관하여 어떻게 제자들이 대제사장의 안뜰에 들어갈 수 있었는지를 설명하는 단순한 기록이라고 설명하고 있습니다. (A.슐라터. 『요한복음 강해』. 종로서적.)

그렇지만 그렇다고 하더라도 예수의 제자가 채택한 방식이 정당한 방식이라고는 선뜻 받아들여지지는 않습니다. 문을 지키고 있는 문지기 하녀에게 말하고 베드로를 데리고 들어갔다는 대목에서는 문을 지키는 일조차도 권력으로 읽히는 함의가 느껴지고 그 권력을 넘어서기 위하여 정당한 과정과 절차를 밟아나가기보다는 '인맥'이라는 사사로운 방식을 적용하는 모습이 그리 합리적으로 받아들여지지 않기 때문입니다.

또 한 가지 우리를 놀라게 하는 장면은 베드로가 예수를 부인하는 장면입니다. 방금 전, 베드로는 예수를 잡아가려는 이들에 맞서서 칼을 휘두르며 강력하게 저항했던 강골로 기록되었습니다. (요한18:10) 그랬던 베드로였는데 갑자기 그 태도를 바꿔서 당황스럽게도 스승을 모른다고 강하게 부인하고 있습니다. 더 황당한 것은 '당신이 동산에서 그와 함께 있는 것을 내가 보았는데 그러시오?'(요한18:26)라고 사실관계를 정확하게 제시하며 다가오는 사람에게조차도 '나는 그 사람을 모릅니다'라며 사실 관계조차도 뭉개 버리는 베드로의 모습입니다.

베드로가 이렇게 자신의 스승인 예수를 부인하는 이유는 무엇일까요? 공포스러운 대제사장 안나스의 집 안뜰의 분위기에 짓눌려서요? 아니면 그러한 분위기의 연장으로 예수와 함께 고난을 당할 거라는 상상에 지레 겁을 먹어서요? 뭐 그렇게도 생각해 볼 수 있을 듯합니다. 그렇지만 이 대목에서 또 다른 상상이 가능할 듯한데요, 이런 베드로의 모습은 사람들이 선택하고 자신의 삶에 적용하는 삶의 태態에 관한 묵상을 가능하게 한다는 것 말입니다.

베드로는 자신의 스승이 '너는 지금은 나를 따라오지 못할 거야' 하는 말에 대하여 '나는 주님을 위하여는 내 목숨이라도 바치겠습니다.'(요한 13:36-37)라고 응답하기도 했던 제자입니다. 이렇게 스승의 질문에 대하여 자신의 의지와 욕심으로 스승을 따라가겠다고 호언장담한 강골 제자인 베드로였지만 결국 그는 자신이 장담한 그 길을 걸어가지 못하고 허언虛言에 갇혀서 길을 잃어버리고 말았습니다. 스승은 자신을 하나님에게 전적으로 위탁하며 수동태의 길을 걸어가고 있는데 베드로는 자신의 의지로 걸어가는 능동태의 길을 걸었기 때문에 자신을 십자가에 던지면서 희망을 찾아가는 예수의 여정에 참여하지 못하는 겁니다.

또 한 가지 난감한 상황이 요한복음 18장에 나타나고 있습니다. 그것은 예수에게 질문하는 안나스와 안나스의 질문에 대답을 하고 있는 예수의 뺨을 때리는 경비병의 모습입니다. 이 사람들이 예수를 잡아오고 예수를 심문하는 그 의도는 명확합니다. 예수를 죽여 기존의 시대정신을 지키기 위함입니다. 그러니 이들은 논리적이고 타당한 대화를 하고자 하는 의도를 가지고 있지 않습니다. 어떻게 하면 상대방에게 상처를 입히고 자신들이 누리고 있던 기득권을 잘 지켜낼 수 있을까 하는데 골몰하고 있을 뿐입니다.

> "그 즈음에 대제사장들과 백성의 장로들이 대제사장의 관저에 모여서 예수를 속임수로 잡아서 죽이려고 모의하였다." **마태26:3~4**

대제사장이 자신의 지위를 이용해서 자신의 의견에 반하는 의견을 말하는 이들을 힘으로 누르려고 하는 성전 구조는 성전을 지키는 말단 경비병도 피의자(?)의 뺨을 함부로 때리는 권위적인 삶을 살아가게 하는 행태를 가능하게 합니다. 이렇게 경직된 사회적, 종교적 권위가 작동하는 분위기에서는 평등에 기반한 민주적인 대화를 불가능하게 합니다. 그리고 이런 식의 질서를 묵인하며 속 편한 기득권층의 삶을 살아가는 유대의 종교 지도자들을 향하여 예수는 이렇게 일갈하고 있습니다.

"그들은 과부들의 가산을 삼키고 남에게 보이려고 길게 기도한다. 이런 사람들이야말로 더 엄한 심판을 받을 것이다." **마가12:40**

대화는 일단 편견을 확인하는 작업으로부터 진행이 되며 서로의 다른 생각이 확인된 후에는 그 다름을 어떻게 인정하고 또는 그 다름을 어떻게 피차 수용하며, 각각의 생각을 가지고 있으나 어떻게 함께 살아갈 수 있는지의 방법을 찾아내고 그리고는 공감이라는 지점으로 나가는 작업입니다.

만일 누군가가 상대방과의 대화를 차단하고 홀로 골방에 앉아서 깨달은 자의적인 하나님의 뜻을 일방적으로 삶의 자리에 적용하는 식의 삶을 살아간다면 그런 식의 삶이 정당성을 확보하기는 매우 어려울 겁니다.

샐린저라는 작가는 『호밀밭의 파수꾼』이라는 소설을 통해서 순수한 삶의 자리와 위선과 가식의 삶의 자리를 대비적으로 묘사합니다. 이 소설에 나오는 홀든이라는 학생은 여러 번의 퇴학을 경험하면서 자신의 이야기를 나눌 수 있는 대화의 상대를 찾습니다. 순수의 자리에서 꾸준히 살아가고 싶은데 그 누구도 자신의 이러한 내면의 세계를 이해해주지도 않고 대화해주지도 않는 경험을 합니다. 퇴학을 당한 후에 한 번 찾아오라고 하는 선생님의 집에 기대감을 가지고 방문하지만, 기대와는 달리 자신을 찾아오라던 선생님은 낮은 점수가 기록되어 있는 홀든의 시험지를 흔들면서 퇴학의 정당성을 주장하기만 할 뿐, 힘들어 하는 홀든의 내면을 읽어주지는 않습니다. 홀든은 자신과의 대화를 나누어줄 상대방을 찾아다니지만 결국에는 순수의 삶의 자리에 머물고 있다고 생각하는 자신의 여동생 피비와의 대화를 나누면서 자신의 생각을 이야기합니다. 자신은 위선과 가식의 세계로부터 순수의 세계를 지키는 삶을 살아가고 싶다고 말이죠.

> "나는 늘 넓은 호밀밭에서 꼬마들이 재미있게 놀고 있는 모습을 상상하곤 했어 ... 그리고 난 아득한 절벽 옆에 서 있어. 내가 할 일은 아이들이 절벽으로 떨어질 것 같으면 재빨리 붙잡아 주는 거야. 애들이란 앞뒤 생각 없이 마구 달리는 법이니까 말이지. 그럴 때 어디선가 내가 나타나서 꼬마가 떨어지지 않도록 붙잡아 주는 거지. 말하자면 호밀밭의 파수꾼이 되고 싶다고나 할까?" **(제롬 데이비드 샐린저, 『호밀밭의 파수꾼』, 민음사.)**

예수를 심문하는 안나스와 예수의 뺨을 때리는 경비병은 의도가 분명합니다. 예수는 죽어야 한다는 것입니다. 그들은 가식과 위선의 삶의 자리에 기반하고 있으면서 위선적이고 가식적 삶인 자기들의 삶의 자리를 보전하고 누리고 있는 이익을 지켜낼 수 있으면 사람을 죽이면서까지 자리를 굳건히 유지해내는 삶을 살아갑니다. 그들에게서는 자기 성찰이라는 작업의 흔적을 찾아보기가 어렵습니다. 그렇지만 예수는 이러한 사람들과 서로의 입장을 확인하고 그리고는 서로의 입장을 이해하며 공감하고 싶어 하는 자세를 유지하고 계십니다. 꾸준히 대화하고 싶어 하시고 함께 살아가고 싶은 마음을 드러내고 있는 겁니다. 그리고는 그동안의 자신의 입장을 이렇게 표현하고 있습니다.

> "나는 드러내 놓고 세상에 말하였소. 나는 언제나 모든 유대 사람이 모이는 회당과 성전에서 가르쳤으며 아무것도 숨어서 말한 것이 없소." **요한18:20**

객관적이고 보편타당한 이야기를 어둠 속에 숨어서 하지 않고 모두가 듣는 삶의 자리에서 자분자분 나누었다고, 그러니 내 이야기를 들은 사람들의 의견에 귀를 기울이면서 합리적이고 이성적인 대화를 하고 싶다고, 예수는 당시의 일그러진 시대정신에게 요청하고 있는 겁니다. 그러나 일그러진 시대정신이 예수의 제안을 받아들일 리가 없습니다. 그들은 제사보다는 잿밥에 더 관심이 많기 때문입니다. 그러니 예수는 묵묵히 십자가를 향한 발걸음을 옮겨 놓으십니다.

> '너희들이 나를 죽이려고 하는 거냐? 그러나 나는 나의 자의로 십자가를 향하여 발걸음을 한다. 너희들은 너희들의 힘으로는 나를 죽이지 못한다. 나는 하나님의 뜻을 따라서 자발적으로 십자가에 올라가는 거다.'

이렇게 자신의 여정에 의미를 부여하면서 십자가를 향하여 발걸음을 옮기는 예수는 우리들에게 '함께 이야기해보자. 꾸준히 서로를 이해할 수 있는 가능성에 관하여 이야기를 나누어보자'라는 청을 보내고 계시는 겁니다. 모두가 함께 있는 자리에서 타당한 언어로 서로의 공감을 만들어내는 예수의 삶이 오늘의 시간 속에서 뜻으로 부활하는 날, 그날이 하나님의 나라가 이루어지는 날입니다.

바라바를 놓아주시오

꽤 오래전,

고등학교 시절에 교회에서 학생부 예배를 드리는데 갑자기 지도하시는 선생님이 학생들에게 물어왔습니다. 그리고는 한 학생이 자신만만하게 대답을 했습니다.

"너희들은 왜 예수를 믿는 거냐?"

"예, 예수 믿고 구원받아 천당 가려구요."

이런 유類의 대답이 뭐 그닥 틀린 대답은 아니니 '예, 그렇군요' 하고 수긍하게 됩니다. 그러나 이 대화 속에 나오는 '구원'과 '천국'은 그 이해의 지평이 대단히 넓다는 것을 염두에 두어야 합니다. 구원은 삶의 전환(turn away from your sin. Matt 4:17)이라고 할 수 있고, 천국(하나님의 나라)은 하나님의 통치 질서가 적용되는 그곳(마태5:3-12)이라고 할 수 있습니다. 이에 관해서는 삭개오의 이야기를 생각해 볼 수 있는데요. 군중 속의 고독을 경험하고 있던 삭개오는 예수와 밥상을 마주하고 앉은 자리에서 자기의 고독의 원인을 간파하고 자신의 소유를 내려놓겠다는 고백을 하게 됩니다. 그리고 그런 고백을 하는 삭개오에게 예수께서는 '오늘 구원이 이 집에 이르렀다'(누가19:9)고 선언을 하시죠.

이 상황을 조금 다른 말로 표현을 해보자면 구원은 객관적 사고의 자리에 도달함이라는 표현도 가능해 보입니다. 자기만의 생각을 가지고 살아가던 삭개오가 해내고 있는 함께 살아가는 법으로서의 자기 포기 선언은 또 다른 시각으로는 객관적 사고가 가능한 사람으로의 전환으로 읽어낼 수 있을 테니까요. 이렇게 이야기를 풀어나가다 보면 누군가가 왜 신앙생활을 하느냐는 질문에 대하여 '보다 타당하고 객관적인 사고의 자리에 이르기 위하여'라고 대답을 한다고 해서 크게 빗나간 대답은 아닐 듯합니다. 그러나 예수를 오래도록 신뢰하며 살아가는 사람들 모두가 삭개오와 같은 삶의 전환을 경험하는 것은 아닌 듯합니다.

요한복음 18장에는 믿음의 길을 걸으면서 획득해야 하는 객관성과 보편타당성이 상실된 유대인들과 로마 총독, 그리고 이들이 제공하는 비틀린 시대정신에 넋을 놓고 충성하는 군중들의 이야기가 그려져 있습니다. 요한복음 18장에서 유대인들이 예수를 잡아들여 심문할 때의 예수의 죄명은 신성모독죄였습니다. 이 상황은 마태복음 26장에서 구체적으로 그려지고 있죠.

> "예수께서 그에게 말씀하셨다 … '인자가 권능의 보좌 오른쪽에 앉아 있는 것과 하늘 구름을 타고 오는 것을 보게 될 것이오.' 그때에 대제사장은 자기 옷을 찢고 큰 소리로 말하였다. '그가 하나님을 모독하였소, 이제 우리에게 이 이상 증인이 무슨 필요가 있겠소? 보시오. 여러분은 지금 하나님을 모독하는 말을 들었소.'" **마태26:64~65**

그러나 이렇게 만들어진 정황이 로마법에 의하여 사형까지를 당할 사안은 아니었던 것 같습니다. 또한 유대인들은 사형을 집행할 권한을 가지고 있지 않았기 때문에(요한18:31b) 그들은 빌라도에게 예수를 넘기면서 로마법으로 다룰 수 있는 또 다른 죄명을 만들어냅니다. 그 죄명은 악한 일을 행한다는 '행악자'였습니다.

> "이 사람이 악한 일을 하는 사람이 아니라면 우리가 총독님께 넘기지 않았을 것입니다." 요한18:30

이렇게 유대인들로부터 예수를 넘겨받은 빌라도는 예수와의 대화를 통해서 형사법적으로 예수를 징벌할 아무런 근거를 찾아내지 못합니다. 그렇지만 빌라도는 유대인들 못지않은 기회주의적인 모습을 보입니다. 죄가 없으면 풀어주어야 함에도 불구하고 예수와 바라바를 유대 군중들 앞에 세워놓고 둘 중의 하나를 선택하게 하는 정무적 판단을 내리고 있는 겁니다.

예수를 두고 치밀하게 움직이는 유대인들과 당대의 패권을 가지고 있는 로마 총독의 일 처리 과정에서 제대로 작동해야 할 절차적 정당성은 어떤 방식이 나에게 유리할까를 생각하는 힘센 이들의 일방적 의도에 의하여 비틀려버리고 말았습니다. 유대인들은 예수 제거 작전에 몰입하고 있으니 합리적이고 객관적으로 일을 처리하기보다는 자기들의 목적을 이루기 위하여 편법을 동원하는 모습을 거침없이 보이고 있고 로마의 총독인 빌라도는 유대인들의 협력을 받아서 자신의 통치를 이어가야 하는 이해관계 때문에 정당한 판결을 내리지 못하고 있는 겁니다.

이 두 그룹은 정당한 절차를 따라서 살아갈 생각이 없는 무리들입니다. 생각해보면 예수가 이런 수준의 사람들에 의하여 죽임을 당하는 것의 원인은 불법을 저질렀다기보다는 '힘센 유대인들의 의견에 동의하지 않은 것 때문이구나' 하는 생각이 들기도 합니다. 예수께서는 누구를 죽이기보다는 살리는 일을 하셨고, 남의 것을 빼앗아 자신의 배를 채우기보다는 오병이어를 가지고 여러 사람을 배불리 먹이는 일을 하신 분이십니다. 그런데 빌라도가 그런 예수와 나란히 세운 사람은 바라바였습니다. 바라바는 '질이 아주 나쁜 강도'(bandit)라는 말로도 표현이 되는 사람입니다.

그러니 예수를 다루는 과정 속에서 엿보이는 유대인들의 의도는 명확해 보입니다. 그들은 자기들의 생각에 동의하지 않는, 자기들의 이해에 반대하는 예수를 죽이려 하고 있고 이를 위해서 온갖 협잡질을 하면서 프레임을 짜내고 있는 겁니다.

이런 상황에서 우리는 예수와 빌라도가 나누는 대화를 생각해 볼 필요가 있습니다. 빌라도는 예수에게 '당신이 유대 사람들의 왕이오?' 하고 묻고 있습니다. 이 질문에 대하여 예수는 이렇게 대답하고 계시죠.

> "당신이 하는 그 말은 당신의 생각에서 나온 말이오? 그렇지 않으면 나에 관해서 다른 사람들이 말하여 준 것이오?" **요한18:33-34**

예수께서 빌라도에게 대답하는 이 말에는 빌라도 당신은 자신에게 질문을 하면서 살아가야 한다는 요청이 담겨 있습니다. 당신은 어용 철학자들이 생산하는 죽임의 프레임에 사로잡힌 채로 살아가는 것인지, 또는 교회 권력이 생산하는 가짜 신앙 양식의 포로가 된 채로 살아가고 있는 것인지를 생각하라는 것입니다.

그런데 더욱 난감한 것은 군중들의 모습입니다. 의도가 나쁜 지도자 그룹은 끊임없이 자기들의 의도가 반영된 이론을 만들어 내고 프레임을 짜내기도 합니다. 그리고는 어용 언론을 통해서 자기들의 이야기를 흩뿌려대죠.

이런 상황에서 군중들은 몇몇 어용 철학자들이 만들어 내는 생각과 프레임 위에서 춤을 추고 있다는 것을 알지 못한 채 자기들은 자발성을 가지고 살아간다고 생각한다는 겁니다. 군중들은 자기들의 생각의 좌표를 특정하지 못한 채로 이리저리 몰려다니면서 살아가기에 바쁘니 '바라바를 놓아 주시오'를 외치기에 충분한 사람들인 거죠. 어쩌면 이들은 종교 지도자들에게 뭔가를 얻으려 하거나 아니면 그들의 위세에 짓눌려 있을 가능성도 있을 겁니다.

이렇게 자기 혁신을 이루지 못한 채로, 자기 객관화 작업을 소홀히 하면서 힘을 획득한 사람들은 우리들이 살아가는 삶의 자리를 상식과 합리적 논의가 통하는 삶의 자리로 만들어 내지 못하고 때로는 사회발전의 걸림돌이 되기도 합니다.

예수와 바라바를 앞에 두고 '바라바요'라고 소리를 지르는 군중들은 불과 몇 날 전에는 예루살렘에 입성하시는 예수에게 '호산나'를 외쳐대며 열렬히 환영했던 군중들이었습니다.

> "많은 사람들이 자기의 겉옷을 길에다 폈으며 다른 사람들은 들에서 잎 많은 생나무 가지들을 꺾어다가 길에다 깔았다. 그리고 앞에 서서 가는 사람들과 뒤따르는 사람들이 외쳤다. 호산나 복되시다!

주님의 이름으로 오시는 분, 복되다! 다가오는 우리 조상 다윗의 나라여, 더없이 높은 곳에서 호산나!" **마가11:8-10**

상황이 이쯤 되니 바라바를 외치는 군중들은 주체적으로 생각하며 살아가는 사람들로 보이지는 않습니다. 그저 자신의 실리를 따라서 굳건한 신념과 철학이 없는 흐물흐물한 삶을 살아가는 수준인 겁니다. 아무리 오래도록 믿음의 길을 걸었다고 하더라도 한순간에 넘어지는 연체동물 수준의 믿음의 강도強度는 신념을 지켜내는 일관된 삶을 살아가는 일을 기대하기 어렵게 합니다. 이 대목은 예수님도 안타까워하셨던 듯합니다. 빌립과의 대화에서 잘 나타나고 있으니까요.

"얘들아, 내가 길이요 진리요 생명인 거다. 아버지께로 가고 싶으냐? 그러면 나를 거쳐 가야 한다. 그렇지 않으면 아무도 아버지께로 갈 사람이 없는 거다."
"그러면 선생님, 우리에게 아버지를 보여주십시오."
"빌립아, 내가 이렇게 오랫동안 너희와 함께 지냈는데도 너는 나를 알지 못하는 것이냐? 나를 봤으면 아버지를 본 것인데 말이다. 그럼에도 너는 어째서 '우리에게 아버지를 보여주십시오.' 하고 말하고 있는 거냐?" **요한14:6-9 참조**

유대인 종교 지도자들은 오래도록 하나님을 믿으며 철저하게 율법을 지키는 삶을 살아왔음에도 불구하고 자신들의 부족함과 적절하지 않음에 대안을 제시하는 예수를 죽이려는 의도를 드러내고 있습니다. 그리고 종교 지도자들의 위세에 짓눌렸는지, 아니면 그들과 무엇인가를 주고받는 이해관계 때문인지는 모르겠으나 나름 꾸준히 믿음의 길을 걸어간다는 군중들은 한순간에 마음을 바꾸어 바라바를 외치는 흐물흐물한 믿음의 모습을 보여주고 있습니다.

그래도 예수께서는 빌라도와의 대화를 통해서 자기 자신에게 질문하는 삶을 살아가라고 역질문을 던지고 있으니 누군가가 이 말을 알아듣고 조작된 이념을 눈치채며 이기적 집단의 프레임 싸움을 눈치채고 극복해 나가는 일이 가능하다면 그것이 하나님의 은총입니다.

문득, 어느 주일에 우리 교회 배재호 권사께서 하신 기도가 떠올랐습니다.

> "주님, 우리 산돌교회 식구들을 축복하시어, 화해와 일치의 씨앗이 되게 하여 주옵소서. 이성의 끈을 놓지 않는 우리 산돌 식구들이 되게 하여 주옵소서. 지식이 없는 믿음을 경계하고, 믿음이 없는 지식을 타파하게 하옵소서. 그리하여 주님을 믿는 우리들이 주님께서 주시는 지혜를 간절히 구하고, 지식 쌓기를 즐기고, 주님을 아는 지식에서 믿음이 더욱 강건해지기를 바랍니다."

그를 십자가에 못 박으시오

아무리 생각을 해봐도 예수께서 활동하시던 시절의 대제사장들은 자신들이 걸어가는 믿음의 여정에 관한 기조나 신념체계 같은 것이 있어 보이지 않습니다. 대제사장들은 예수를 죽음의 지경으로 몰아가는 데 온 힘을 다하고 있습니다. 그들은 유다를 매수해서 예수를 팔아넘기게 하고는 가야바의 뜰에서, 그리고 빌라도의 법정에서 예수를 몰아세우는 일을 끈질기게 해내고 있는데 도대체 그 끝이 보이지 않습니다. 이 사람들은 이리저리 죽임의 가능성을 모색하더니 결국 예수에게 신성모독죄라는 프레임을 뒤집어씌우면서 사형에 처해야 한다고 주장하고 있습니다. 그리고는 그 근거로 레위기 24:16절을 줄기차게 되뇌이고 있을 법합니다.

> "주의 이름을 모독하는 사람은 반드시 사형에 처해야 한다. 온 회중이 그를 돌로 쳐 죽여야 한다."

그런데 이상한 점이 하나 있습니다. 예수에게 뒤집어 씌운 죄목은 신성모독이면서도 유대의 율법에 따른 돌멩이 처형이 아닌 로마법에 따라 십자가에 처형하라고 우겨대고 있으니 말입니다. 그리고 대제사장들이 빌라도와 나누는 대화는 난감하기만 합니다.

"당신들의 왕을 십자가에 못 박으란 말이오? 아무 죄도 없는 사람을 어찌 이렇게 몰아세운단 말이오?"

"왕은 무슨 얼어 죽을 왕입니까? 왕이라는 사람이 우리들이 살아가는 삶의 자리를 부정한단 말입니까? 우리에게는 황제 폐하 밖에는 왕이 없습니다.'" **요한19:15 참조**

대제사장들은 이렇게 황제 이외의 왕권을 부정하는 고백을 함으로써 이스라엘은 신앙공동체로서의 하나님의 백성이라는 지위와 믿음을 스스로 부정하는 모습을 보이고 있습니다. 대제사장들은 예수가 자신들의 기득권을 위협하는 존재로 받아들이고 있으니 자기들의 권력과 명예를 지키기 위해서는 없는 법도 만들어가면서 예수 제거 작전을 이어가고 있습니다. 진영논리에 매몰되어 있으면서 오직 자기들의 기득권을 지키기 위해서 혈안이 된 사람들이니 살아가는 모습이 소아적이고, 그러니 자비로우신 하나님의 사랑이 자리할 여지를 만들어 내지 못하고 있습니다.

대제사장들의 사주를 받은 군중들도 답답하기는 마찬가지입니다. 하나님의 뜻에 기초한 일관된 가치관이나 기조 없이 자신들의 이익에 따라 그때그때 입장을 달리하는 종교 지도자들의 지도를 받으면서 살아가는 군중들이니 예수께서 예루살렘에 들어오실 때 환호했던 자기들의 입장을 손바닥 뒤집듯이 뒤집으며 이제는 '예수를 십자가에 못 박으라'고 소리를 지르고 있는 겁니다. 군중들은 mob이라고도 표현이 됩니다. 이는 '파괴적인 행위를 불사하는 무질서한 군중들'이라는 뜻이니 이들이 모여서 세력을 이루고는 권력의 중심에 있는 빌라도를 협박하기도 합니다.

"이 사람을 놓아주면 총독님은 황제 폐하의 충신이 아닙니다. 자기를 가리켜서 왕이라고 하는 사람은 누구나 황제 폐하를 반역하는 자입니다." **요한19:12**

이렇게 상황을 살펴보니 대제사장들도 그렇고 군중들도 일관성 있는 믿음의 길을 걷는 이들로 보이지 않습니다. 이런 소아적인 믿음의 길을 걸어가는 사람에게서 믿음을 통해서 성숙의 지경에 이르는 자라남의 여정을 기대하는 일이 어렵기만 합니다. 그저 '살림'의 자리에서 멀어져 가는 이들을 탄식하는 히브리서 기자의 한숨 소리가 들리는 듯합니다.

"시간으로 보면 여러분은 이미 교사가 되어 있어야 할 터인데 하나님의 말씀의 초보적인 원리를 남에게서 배워야 할 처지에 놓여 있습니다." **히5:12**

성실하게 믿음의 길을 걷는다고 하면서도 이렇게 초보적인 상황에서 벗어나지 못하는 이유는 무엇일까요? 아마도 일그러진 시대정신으로부터 공급받아 굳건히 자리 잡은 흔들리지 않는 내면의 신념이 그 원인일 겁니다.

참 이상하기도 합니다.

예수님은 유연한 정신을 이야기하고 계시는데 그 예수를 믿음의 대상으로 바라보며 따라가는 사람들은 신앙의 과정이 거듭되면 거듭될수록 때로 완고하고 배타적인 믿음의 자리에 굳건히 기반하는 모습을 보이니 말입니다. 이들에게는 자유하는 정신이 없습니다. 그러니 어떤 이가 자기들과 다른 생각, 자기들이 살아가는 세계관과 다른 세계관을 가지고 살아간다는 이유로 손쉽게 사람을 제거하려는 생각을 하게 되는 겁니다. 예수님의 제자들이 안식일에 밀이삭을 비벼서 먹고 이에 완고한 바리새인들이 그 행위에 대하여 이의를 제기하자 자유 정신이 충만한 예수께서는 한마디로 응대하셨죠.

> "안식일이 사람을 위해 생긴 것이지 사람이 안식일을 위해 생긴 것이 아니다." **마가2:27**

그렇지만 이런 예수의 대답으로 인해서 바리새인들이 자기의 생각을 성찰하고 보다 나은 자유 정신의 자리로 나아갔다는 성서의 기록을 찾아보기는 매우 어렵습니다. 오히려 이런 예수의 대응 때문에 바리새인들과 종교 지도자들은 예수에 대하여 적대감만을 키워나가고 있으니 그건 배타적이고 완고한 내면의 신념 때문입니다. 이런 식의 믿음을 기반으로 살아가는 사람들이 범하는 오류가 있습니다. 자신들이 퇴보하고 있음에도 불구하고 어깨에 달라붙는 계급장, 그리고 높은 자리를 차지했다는 착각으로 해서 자신이 성장하고 있다는 오해의 늪에 빠진다는 겁니다. 그러니 입술로만 예수를 고백하고 자신의 삶으로는 권력을 따라다니는 사람들이 스승이신 예수께서 하시는 말씀이 귀에 들어올 일이 없습니다.

> "나는 진리를 증언하기 위하여 태어났으며 진리를 증언하기 위하여 세상에 왔소. 진리에 속한 사람은 누구나 내가 하는 말을 듣소." **요한18:37b**

믿음의 길을 걸어간다는 것은 자신의 내면을 들여다보며 마음공부를 이어간다는 의미를 가지고 있습니다. 마음공부에 임한다는 것은 자신의 부족한 부분을 채워나가는, 또는 시대의 질문에 응답한다는 것을 뜻하기도 하고 한편으로는 일정한 지식과 지혜의 수준에 이르려는 작업을 의미하기도 합니다. 욕심으로 인해서 마음의 고통을 경험하는 사람들은 자신의 내면을 탐색해서 고통의 원인을 밝혀내고 고통의 문제를 다루어 나갈 수 있는 보다 합리적인 방식을 획득하기도 합니다. 그리고 무효화된 과거의 가치를 대체하는 새로운 생각을 받아들여 보다 나은 세상을 살아가기도 합니다. 그렇기 때문에 진리를 증언하기 위하여 세상에 오신 예수님의 이야기에 귀를 기울인다면 진리에 관한 묵상과 학습을 통해서 자기를 포로로 잡고 있는 일그러진 세계관에 근거한 배타적이고 완고한 신념을 알아차리고 화해와 일치를 일구어 낼 수 있는 폭넓고 유연한 삶의 자리로 나갈 수 있도록 학습에 임해야 할 겁니다.

그렇지만 누군가가 자신의 배타적이고 완고한 신념에 만족해하면서 자신을 유연한 삶의 자리로 초대하시는 예수의 부르심에 응답하지 않고 기존의 세계관에 머무르는 게으른 생활을 유지해나간다면 그는 세상을 분열과 갈등의 자리로 만드는 일에 자기도 모르는 사이에 모종의 역할을 하게 될지도 모를 일입니다.

애벌레가 자신의 부드럽고 유연한 신체 구조가 너무 만족스럽고 좋아서 딱딱한 번데기가 되는 것을 거부한다면 아름다운 나비로 다시 태어날 수 없는 것처럼, 일단의 그리스도인들이 자신이 가지고 있는 기존의 세계관이 제공한 생각을 수호하기 위하여 변화하는 세계에 최적화된 새로운 생각을 받아들이지 못한다면 그것은 정체된 그리스도인, 과거의 자리에 머물러 있는 배타적인 그리스도인을 고집하는 답답한 사람일 뿐입니다. 이렇게 정체된 그리스도인의 삶을 오류를 범하는 삶이라고 한다면 그 오류의 원인은 지식이 없는 열정과 자기중심적 확신, 그리고 새로운 자리로 나가는 것에 대한 두려움이라고 할 수 있습니다.

만일 정체된 믿음을 가지고 있는 그리스도인이 자신의 삶의 향상을 꾀하지 못한 채로 살아가게 되면, 그리고 이들이 열심히 성서를 읽어나간다면 이러한 상황은 다른 이를 아프게 하는 독선적인 그리스도인이 될 가능성이 있음을 염두에 두어야 할 겁니다.

자기중심성과 욕심의 지배를 받고 있는 사람이 성서를 읽는 것과 유연한 마음으로 성서를 읽는 사람이 내놓는 독서의 열매는 매우 다르게 나타날 거니까요. 욕심의 지배를 받고 있는 사람이 성서를 읽는 것은 군중들이 '예수를 십자가에 못 박으라'고 소리를 지르는 것처럼 살아갈 가능성이 있지만 유연한 마음으로 성서를 읽는 사람은 예수님을 따라서 십자가의 길을 걸어가며 화해와 일치를 이루는 삶의 열매를 내놓을 가능성이 훨씬 높기 때문입니다.

그렇지만 기조가 없는 정체된 믿음을 가지고 자기들의 기득권을 수호하기 위한 여정을 걸어 다니는 사람들은 무리를 지어 다니며 세력을 이루고 서로를 지지하기 때문에, 이들이 유연한 삶을 이야기하며 십자가의 길을 걸어가시는 예수의 여정을 따라가기는 쉽지 않을 겁니다.

요한복음서를 기록하고 있는 요한은 '예수를 십자가에 못 박으시오'라고 소리를 지르는 대제사장들과 군중들의 고함에 유감을 표하고 있습니다. 그들은 일그러진 시대정신에 안주하고 있으면서 예수를 죽이라고 소리를 지르고 있기 때문입니다.

혹시나 오늘도 누군가가 아무 생각 없이 낡은 세계관을 따라서 '예수를 십자가에 못 박으시오'라고 소리를 지르며 살아간다면 그것처럼 안타까운 일이 없을 겁니다. 하나님의 시간을 기다리며 꾸준히 자신의 경계를 넘나드는 학습을 통해서 니체가 이야기하는 순수한 아이의 자리로 나갈 수 있기를 바랄 뿐입니다.

맑고 정결한 예수

십자가를 지고 골고다 언덕을 향해 움직이시는 예수의 발걸음은 의외로 담담합니다. 예수는 이미 겟세마네 동산에서의 기도를 통해서 마음을 정하고 있는 상황이니 그 발걸음이 물리적으로야 힘들고 어려웠지만, 마음은 평화로웠기 때문일 겁니다.

한편 예수를 십자가에 못 박기 위해서 끊임없이 모의하고 기회를 엿보던 세력들은 이제 자기들의 뜻이 이루어졌으니 마냥 좋아할 만하지만, 이들은 끝까지 집요한 모습을 보이고 있습니다. 빌라도는 예수를 매달기 위한 십자가 위쪽의 명패에 "유대인의 왕 나사렛 사람 예수"라고 써서 매달았습니다.(요한19:19) 그러나 유대의 종교 지도자들은 자기들의 목표를 이루었음에도 불구하고 "자칭 유대인의 왕"이라고 써야 한다며 고집을 부리고 있습니다. 어쩌면 이렇게도 집요한지요? 아니 잔인한 걸 겁니다. 이렇게 수군거리고 있는 모양새이니까요.

"우리가 집요하다고? 왜 그러냐 하면 예수가 명예롭게 죽기라도 하면 그 죽은 예수는 꾸준히 살아있는 우리를 괴롭힐 거거든, 그러니 예수는 모두가 인정할 수 있는 처참하고 비굴한 모습으로, 천하의 나쁜 놈으로 죽어가야 하는 거야. 우리가 죽인 놈이 착한 놈이 돼서는 안 되잖아? 그래야 뒤탈이 없는 거니까."

그리고 십자가 아래에서는 병사들은 엉뚱한 모습을 보이고 있는데 그들은 죽음에 직면한 예수의 옷을 나눠 가지는 일을 하고 있습니다. 겉옷은 네 몫으로 나누어서 가졌는데 속옷은 나누기가 애매하니 제비를 뽑아서 나누어 가지자며 낄낄거리고 있습니다.

> "그들이 나의 겉옷을 서로 나누어 가지고 나의 속옷을 놓고서는 제비를 뽑았다." **요한19:24**

누구는 보다 좋은 세상을 만들기 위하여 자기를 버려 죽음을 받아들이는 치열한 삶을 살아내고 있는데 또 어떤 사람은 그런 순결한 사람의 죽음에 올라타서 자기의 이익을 추구하는 모습을 보이고 있으니 참 혼란스러운 세상입니다. 나아가서 그들은 죽음에 올라타서 살아가며 누리는 이익들이 하나님의 은총이라고 고백하며 선동질을 하고 있으니 이 또한 안타까운 일입니다.

신앙공동체로서의 교회는 평등공동체이고 그 누구도 하나님의 사랑에서 열외가 되지 않는 공정한 공동체입니다. 계급적 구조를 극복하고 인종, 성별, 지연, 학연 등으로 인한 차별적 요인을 극복하기 위해서 교회공동체는 제도를 가지고 있기도 합니다. 교회의 직분은 더 많이 봉사하고 섬기라는 의미로 집사, 권사, 장로, 목사 등의 제도적 직분을 유지하고 있는 것인데 이제는 이러한 직분들이 힘이 되어 세력을 이루고 각 집단들의 이해를 추구하는 도구로 악용되고 있다면 그건 직분이 가지고 있는 본래적

기능은 아닙니다. 만일 교회의 구성원들이 교회공동체를 계급장이 유효한 자리로 만들었다면 그런 교회공동체와 구성원들은 성령의 조명하에서 자신들의 믿음을 활성화시키는 작업을 게을리했거나 알면서도 의도적으로 믿음 활성화 작업을 회피했다는 의심의 눈길에서 자유로울 수 없을 겁니다.

『걸리버 여행기』에 나오는 재미있는 이야기 하나가 생각이 나는군요. 걸리버가 여행에 나서서 첫 번째로 도착한 곳은 소인국이었습니다. 소인국의 환경에 이리저리 잘 적응한 걸리버가 소인국 생활을 하면서 전쟁에 참여하게 되었는데 그 전쟁의 원인은 달걀을 깨는 방법에 관한 것이었습니다.

전쟁의 원인 치고는 유치하지 않나요?

달걀을 깰 때 뾰족한 쪽을 깨는 세력과 둥근 쪽을 깨는 세력과의 전쟁이라니요? 그래도 정작 전쟁에 임하는 이들은 진지하겠지요? 그렇지만 달걀을 깨는 문제를 가지고 세력이 나뉘고 그 세력 간의 긴장 관계에 갇혀버린 사람들은 제법 진지하게 전쟁에 임하면서 말도 안 되는 이유로 서로 죽고 죽이는 삶을 살아가게 됩니다. 그러니 높은 시선으로 이 전쟁을 바라보는 걸리버의 입장에서는 웃음이 나는 상황이기도 할 겁니다. 어쩌면 이 소인국에서 벌어진 전쟁의 원인은 예수님 당시의 유대인들이 서로 갈등하고 대립하는 양상과 비슷하다는 생각을 하게 합니다.

왜 대제사장들을 필두로 하는 유대의 종교 지도자들은 서로 싸움을 하며, 사람을 죽이고도 당연하게 여기는 이런 지경에 오게 됐을까요?

인간은 자신의 뇌 용량의 7-8%를 사용하며 살아간다고 합니다. 어떤 기록에 의하면 천재적인 과학자 수준은 약 10%의 뇌를 사용할 뿐이라네요. 이런 내용을 소재로 삼아서 만들어진 영화 〈루시〉는 인간의 뇌가 활성화되면서 일어나는 일들을 보여주는 영화입니다. 영화에서는 인간이 뇌를 사용하는 최초의 양은 1%에서 시작합니다. 루시라는 여성이 화학물질을 배달하는 일에 연관이 돼서 경험하는 일을 그린 이 영화는 인간이 사용하는 1%의 뇌 사용량의 의미는 인간은 결국 자신의 생존과 욕망의 실현을 위하여 살아가는 존재라는 것을 말하고 있는 듯합니다. 그리고 루시의 뇌는 CPH4라는 신경 물질에 의하여 100%까지 활성화되게 됩니다. 루시는 자신의 몸속에 숨겨진 CPH4라는 물질이 체내에 스며드는 상황 때문에 뇌가 활성화되는 경험을 하게 되는데 결국 뇌가 100% 활성화되자 자신이 소멸되는 경험을 하면서 "I am everywhere"라는 말을 남기게 되죠. 이 대목을 보면서 깜짝 놀랐는데요, 십자가에서 자신을 지워버리고 모두의 마음속에 뜻으로 부활하시는 예수님의 모습이 오버랩overlap되는 듯한 느낌을 받았기 때문입니다.

인간의 뇌가 깨어나고 뇌 활성화의 수준이 높아지기 시작하자 자신의 욕망을 극복하고 결국은 절대적으로 스스로 존재하는 지경에 이르는 과정을 그린 이 영화는 인간은 욕망의 지배를 받는 수준에서 자신의 뇌를 활성화시키는 작업을 통해서 욕망으로부터 자유하며 타자를 위한 이타적인 존재에로의 이양이 가능한 존재라는 것을 암시하고 있는 듯합니다.

예수는 하나님의 은총의 빛 아래에서 하나님을 향한 자신의 전적인 신뢰를 활성화시키는 작업을 잘 해내신 그 결과를 지금 경험하고 계시는 겁니다. 예수는 자신의 내면에서 욕망의 크기를 절대적으로 줄여내고 겸손,

낮아짐, 섬김과 나눔 등의 가치를 충분히 활성화시켜 내신 분입니다.

예수는 옷 하나를 걸치지 않았으니 거추장스럽지 않게, 모든 사람의 시선에서도 당당한 모습으로 죽음을 받아들이고 있습니다. 죽음을 받아들이고 있는 예수는 이 세상 그 누구에 대하여도 당당합니다. 죽음을 두려워할 일도 없으며 누구와도 싸울 일이 없습니다. 소유하고 있는 것이 없으니 가지고 갈 것도 없다 하는 예수는 맑은 햇살 속에서 환하게 웃으며 자기의 길을 걸어가고 계시는 겁니다. 하나님의 아들이라는 자리에서 자기를 비워서 종의 모습으로 이 땅에 오신 이후로 모든 지위를 포기하고 아무것도 움켜쥐지 못하도록 손바닥에 못 하나 찔러놓은 채, 그렇게도 맑은 모습으로 십자가에 달려계신 겁니다. 그러니 스승이 십자가를 지고 걸어가시는 발걸음이 맑아 보이고 십자가에 달려계시는 모습이 정결해 보이는 이유입니다.

예수께서 달려계신 십자가 아래에는 예수님의 어머니 마리아가 있었습니다. 그리고 예수께서 사랑하는 제자도 있었고요. 예수는 자신의 어머니와 제자에게 더불어 살아갈 것을 요청하고 있습니다.

> "예수께서는 자기 어머니와 그 곁에 서 있는 사랑하는 제자를 보시고 어머니에게 '어머니, 이 사람이 어머니의 아들입니다.' 하고 말씀하시고 그 다음에 제자에게는 '자, 이분이 네 어머니시다.' 하고 말씀하였다. 그때부터 그 제자는 그를 자기 집으로 모셨다." **요한19:27**

십자가에 달리신 예수께서는 우리들에게 상호작용하는 삶으로서의 새로운 삶의 양식을 소개해 주고 계십니다. 서로 갈등하고 분열을 일삼는 세상에서 자신의 믿음을 하나님의 은총의 빛 아래에서 활성화시키며 살아가는 사람들은 화해하고 일치하며 더불어 살아가는 삶의 자리로 나가야 한다는 명확한 삶의 양식을 말하고 있는 겁니다. 이해관계에 따라 처신하며 자신의 입장을 손바닥 뒤집듯이 뒤집으며 살아가는 세상에서도 누군가는 정직하게 살아가야 하기 때문에, 사랑하며 살아가야 하기 때문에, 그런 삶으로 나가라고 말하고 있습니다.

인간은 동물적 본능과 욕망을 따라서만 살아가는 존재가 아니라 존재의 본질을 탐구하고 추구하며 보다 본래적인 삶은 무엇인가를 고민하며 살아가는 존재입니다. 이러한 삶을 가능하게 하기 위해서는 성령의 도우심 아래에서 상호작용하는 삶으로서의 맑은 삶의 양식은 무엇인지를 꾸준히 묵상하는 사유 작업이 필요합니다.

광야에서, 그리고 겟세마네 동산에서의 사유 작업의 과정을 잘 받아내고 십자가에 달리신 예수는 맑은 음성으로 '다 이루었다.'라고 말씀하고 계십니다. 스승은 자신이 살아온 모든 삶의 과정에서 받아내고 살아낸 하나님의 뜻이 십자가 위에서의 죽음으로 완성된다는 것을 알고 계시는 겁니다.

예수를 십자가에 매달기 위해서 그리도 치열하게 모의하고 술수를 만들어냈던 종교 지도자들도 조금 떨어진 곳에서 십자가에 달린 예수를 흘낏흘낏 쳐다보면서 '이제 됐다.' 하며 홀가분한 마음으로 돌아가고 있겠지요.

역사는 그렇게 흘러갑니다.

우리가 도달해야 할 곳

13세기 이탈리아의 대주교였던 야코부스는 『황금전설』이라는 책을 썼다고 합니다. 이 책에는 성인들에 관한 전설이 기록되어 있다고 하는데요. 그중의 한 명이 성 론지노입니다. 『황금전설』은 론지노가 개종한 이유를 기록하고 있는데, 론지노는 나이를 먹어가는 중에 질병을 앓으면서 거의 눈이 보이지 않게 되었답니다. 론지노는 예수께서 십자가에 달렸을 때 창으로 예수의 옆구리를 찌른 사람이었습니다. 그때 예수의 옆구리에서 흘러내린 피가 론지노의 눈에 닿았고, 그 덕분에 시력을 회복하였는데 그것이 론지노가 개종한 이유라고 기록하고 있습니다. 라불라 라는 시리아 교회의 수사도 약 586년경에 『라불라복음서』를 기록하는데 이 책에도 예수님의 옆구리를 창으로 찌른 사람이 백부장인 성 론지노였다고 기록하고 있습니다. 이후 론지노는 군 생활을 청산하고 28년 동안 수도 생활에 정진하며 마음공부 등을 하고 결국에는 성 론지노가 되었다는군요.

성 론지노 이야기가 정확한 전승에 근거한 이야기인지는 확실하지 않지만, 요한복음 19장 34절에는 이러한 정황의 근거가 될 만한 구절이 기록되고 있습니다.

"그러나 병사들 가운데 하나가 창으로 그 옆구리를 찌르니 곧 피와

물이 흘러나왔다."

이때의 상황은 참 안타깝게 흘러갑니다. 예수께서는 십자가에 달려계시고 병사들은 예수의 양쪽 십자가에 달린 사람들에게 달려들어 그들의 다리를 꺾고 있는 상황이니까요. 다행히도 예수는 이미 돌아가셨다는 판단 때문에 예수의 다리를 꺾지 않았다는 것이 일말의 위로가 되는 정도입니다.

그러나 한 병사는 예수의 죽음을 확인이라도 하려는 듯이 창으로 예수의 옆구리를 찌르고 있고 그 병사의 눈에 예수의 피가 흘러내리자 시력이 회복되었다는 이야기는 죽음의 지경에서도 미움을 극복하며 자신을 죽음으로 몰아가는 사람에게 보아야 할 것을 보면서 살아갈 수 있도록 시력을 회복시켜주시니 이런 주님의 모습은 차분히 옷깃을 여미며 많은 생각을 하게 합니다.

글쎄요,

믿음의 길을 열심히 걸어간다는 그리스도인들은 예수님의 옆구리에 창을 쑤셔 넣는 식의 믿음의 길을 걷고 있는 것인지 아니면 십자가에 달리신 예수님의 발아래에서 애통해하는 마음으로 '나를 따라오려거든 자기의 십자가를 지고 나를 따라와라'라고 말씀하시는 주님의 세미하신 음성에 귀를 기울이는 믿음의 길을 걷고 있는 것인지를 묵상할 필요가 있습니다.

혹여나 평생토록 믿음의 길을 걸었는데 결정적인 순간에 십자가에 달리신 예수의 옆구리에 창을 밀어 넣고 있으면서 자기의 이익만을 챙기고 있는 자신의 모습이 문득 깨달아지기라도 한다면 그처럼 당황스러운 노릇은 없을 것이기 때문입니다.

실제로 누군가는 어느 날 문득 맑은 햇살 아래를 걷다가 그 햇살 아래에 드러난 자신의 모습을 보고 깜짝 놀라서 한동안 절망의 나락으로 떨어지는 경험을 했다고 하니 그런 경험을 하는 사람이 오히려 희망이 되는 시절이기도 하나보다 하는 생각도 가능할 듯합니다. 자신의 있는 그대로의 모습을 보아내고는 절망이라도 한다니 말입니다.

봄볕을 즐기려고
뜨락에 나갔다가
깜짝 놀랐다
봄볕 속에는
일그러지고 구겨진
낯선 사람이
자기를 드러내고 있다
일그러지고
구겨져만 있는
자기를…

스승이신 예수께서 십자가에 달려 돌아가셨다는 소식을 들은 제자들은 낙심한 채로 엠마오를 향하여 걸어가고 있었습니다. 문득, 부활하신 예수께서 제자들과 함께 이야기를 나누며 걸어가고 있음에도 불구하고 제자들은 자신들의 스승을 알아보지 못한 채 그저 발걸음을 옮기고 있습니다. 그리 오래도록 간구해온 기도는 이루어지지 않고 오히려 스승은 십자가에서 무력하게 죽어가는 그 현실 앞에서 제자들은 '그것을 그것'으로 보아내는 안목을 잃은 채로 길을 걸어가고 있는 겁니다.

“그들이 이야기하며 토론하고 있는데 예수께서 가까이 가서 그들과 함께 걸으셨다. 그러나 그들은 눈이 가려져서 예수를 알아보지 못하였다.” **누가24:15-16**

어차피 스승인 예수께서 제자들에게 하는 이야기는 잘 받아들여지지 않는 경우가 여러 번 있었습니다. 요한복음 3장에서 예수를 찾아온 니고데모도 그런 경우가 아닌가요? 어떻게 해야 영생에 이를 수 있느냐는 니고데모의 질문에 예수께서 거듭남에 관한 이야기로 대답하시자 니고데모는 어떻게 어머니 뱃속에 들어갔다가 나올 수 있느냐고 반문하는 모습을 보이니까요.

스승은 성장할 수 있는 삶의 자리를 보여주시면서 넉넉한 하나님의 사람으로 자라나기를 바라고 계시는데 스승을 따르는 제자들은 자기들이 머물고 싶은 삶의 자리를 고집하면서 스승의 바램을 무색하게 만드는 것이 민망합니다.

자기계발서에서 많이 인용되는 법칙 중에 ‘코이의 법칙’이라는 것이 있습니다. 코이(鯉:コイ)는 일본말로 ‘잉어’라는 뜻이랍니다. 이 비단잉어는 작은 어항에서는 5~8cm 정도가 자라고 작은 연못이나 수족관에서는 약 30cm, 그리고 강이나 하천에서는 1m가 넘게 자라기도 한다는군요.

어떤 믿음의 자리에 기반해서 살아갈 것인가를 생각하게 하는 이야기가 아닐까요? 계급투쟁을 하는 삶의 자리에서 살아갈 것인지, 아니면 십자가에 오르신 주님의 발걸음을 묵상하며 살아갈 것인지 말입니다. ‘내가 죽어 너를 살리는 생명의 밥이 될 테니 너희는 너희를 위하여 밥이 된 나를 먹고 생명을 누리며 너희도 너희의 이웃을 위한 밥이 되어서 더불어 생명을 누리는 삶을 살아가도록 해라'라고 말씀하시는 그 십자가의 주님을 묵상하는 일이 더욱 성숙한 그리스도인이 되기 위한 우리의 삶의 자리가 되어야 할 텐데요.

한밤중에 예수를 찾아와서 영생에 관한 질문을 한 니고데모가 그 이후에 어떻게 살았는지를 성서의 기록을 통해서 알기는 그리 쉽지 않습니다. 단지 요한복음 7장에서 니고데모는 예수를 변호하는 모습으로 등장하고 있음을 확인할 수 있을 뿐입니다.

> "전에 예수를 찾아간 니고데모가 그들에게 말하였다. '우리의 율법으로는, 먼저 그 사람의 말을 들어보거나 또 그가 하는 일을 알아보거나 하지 않고서는 그를 심판하지 않는 것이 아니오?'" **요한7:50-51**

요한복음 7장의 정황으로 상상해보면 어쩌면 예수를 만나고 돌아온 니고데모는 예수에 대한 호의적인 마음을 거두지 않고 꾸준히 예수의 여정에 초점을 두고 그 예수의 여정을 따라가고 있었는지도 모르겠습니다. 결국 그렇게 예수를 향한 관심어린 눈길을 거두지 않은 채로 믿음의 여정을 걸었음직한 니고데모는 마침내 십자가에 달리신 예수를 찾아옵니다.

> "또 전에 예수를 밤중에 찾아갔던 니고데모도 몰약에 침향을 섞은 것을 백 근쯤 가지고 왔다." **요한19:39**

한밤중에 스승의 이야기를 이해하지 못하고 5~8cm 수준의 믿음을 가지고 있었던 니고데모가 자신의 믿음 길을 통해서 어떠한 크기의 삶의 자리를 경험했는지가 궁금합니다.

엄청난 공부를 하고 이를 바탕으로 유대 사회의 최고위 그룹에까지 진입할 수 있었던 바울은 길 위에서 예수를 만나는 경험을 하고 난 후에는 자기 자신을 성찰하며 '아, 나는 비참한 사람입니다.'라며 내면의 곤고함을 토로합니다. 그리고 결국은 '예수 그리스도를 통해서 나를 건져주신 하나님에게 감사한다'(로마서7:25)고 고백하는 견고한 복음 전도자로 우뚝 서 있습니다.

이렇게 바울이 자신을 돌이키는 과정을 생각해보면 니고데모도 자신의 내면을 돌이켜볼 수 있는 조금은 더 커다란 삶의 자리를 경험하지 않았을까 하는 생각을 해보게 됩니다. 하여간 니고데모가 십자가에 달리신 예수께서 계시는 곳까지 오는 수준에 이르렀으니 그나마 다행입니다. 아니 조촐하지만 그래도 예수의 장례를 가능하게 하는 요인으로 그 자리에 유의미하게 자리하고 있으니 이 상황은 은총입니다.

니고데모가 예수께서 계신 십자가까지 오게 한 동력은 무엇일까요? 혹시 그것이 예수의 '남 잘되는 것을 기뻐하는 마음', 그리고 남 잘되는 것을 기뻐하는 마음을 묵상하면서 시작된 니고데모 내면에서 일어난 역동이 니고데모가 꾸준히 생각하며 살아가게 하는 힘이 아니었을까요? 스스로 십자가에 오르신 예수의 순명은 숨어있는 그리스도인들의 발걸음의 방향을 고민하게 하고 결국 그 고민은 숨어있는 제자인 니고데모, 그리고 아리마대 요셉이 십자가 아래로 나오게 했을지도 모를 일입니다.

누군가를 향한 사랑은 '남 잘되는 것을 기뻐하는 마음'이니 거기가 그리스도인이 도달해야 할 삶의 자리이니까요.

부활하신 예수 알아보기

필자가 사는 동탄에는 치동천이라는 하천이 있습니다. 10여 년 전까지만 해도 보잘것없이 지저분하게 동네의 한가운데를 흐르는 하천이었지만 동탄이 신도시로 개발되면서 치동천도 그 모습을 일신해서 지금은 깔끔하게 정리된 휴식공간으로 탈바꿈을 했습니다. 자전거 도로와 보행자가 다니는 인도로 구분된 산책로는 필자의 건강을 살펴주는 좋은 자리가 되어서 시간이 될 때마다 자전거로 치동천을 몇 바퀴 돌면서 땀을 흘리곤 합니다. 문제는 자전거 도로에 보행자가 다닌다는 겁니다. 그러면 자전거의 벨을 '따르릉따르릉' 울려서 신호를 보내곤 하는데 요즈음은 블루투스 이어폰을 귀에 꽂고 걷는 이들이 많으니 이들의 대부분은 자전거의 벨 소리를 듣지 못합니다. 그래서 가끔은 사고가 나기도 하더군요. 블루투스 이어폰이 자기만의 세계는 보장해 주는데 다른 이와 소통하면서 살아가는 삶에는 도통 도움이 되지 않으며 사람을 다치게도 하니 그 대목은 세심하게 살펴야 할 대목입니다.

막달라 마리아는 예수의 무덤을 찾았습니다. 십자가에 달려 돌아가신 주님을 무덤에 모셨는데 그새 스승이 보고 싶기도 하고, 잘 계시는지, 두루 궁금한 마음으로 무덤을 찾은 마리아는 당황하고 말았습니다. 무덤을 막았던 돌은 옮겨져 있고 주님의 시신은 보이지를 않으니 말입니다. 마리아는 허겁지겁 돌아가 다른 제자들에게 말하고는 다시 무덤으로 돌아왔지만 막막하기는 마찬가지입니다.

> "주간의 첫날 이른 새벽에 막달라 사람 마리아가 무덤에 가서 보니, 무덤 어귀를 막은 돌이 이미 옮겨져 있었다 ... 누가 주님을 무덤에서 가져갔습니다. 어디에 두었는지 모르겠습니다." **요한20:1-2**

자신이 알고 있는 사실과 달리 전개되고 있는 예수의 이야기는 막달라 마리아를 당황하게 합니다. 자신의 선이해**pre-understanding**에 갇혀 있으니 자기 이해의 영역 밖에서 일어나는 일들이 받아들여지지를 않는 겁니다. 더군다나 부활하신 주님은 막달라 마리아에게 나타나셨습니다. 그러나 마리아는 부활하신 주님을 알아보지 못하고 있으니 선이해의 역기능이 명확하게 나타나는 대목입니다. 막달라 마리아가 가지고 있는 선이해는 '주님은 십자가에 달려 돌아가셨다'이었습니다. 이 선이해에의 몰입은 예수께서 여러 차례 말씀하신 대로 부활하신 예수를 알아보지 못하도록 작용하고 있는 겁니다.

> "아직도 그들은 예수께서 죽은 사람들 가운데서 살아나야 한다는 성경 말씀을 깨닫지 못하였다." **요한20:9**

참 안타까운 장면입니다.

우리가 믿음의 길을 걸어가면서, 신앙적 학습에 임하면서 지식과 성품을 쌓아가는 이유는 하늘의 진리를 받아들일 수 있도록 자기를 설득하기 위함입니다. 이 작업을 하는 데 있어서 가장 초보적인 단계는 논리적 설명입니다. 정확한 논거를 가지고 자신을 설득하고 상대에게는 공감을 얻어내는 방식인데 이 방식의 문제는 냉정하고 차갑다는 것입니다. 자비로움이 없이 틀거리가 꼭꼭 맞아가는 논리의 전개는 때로 사람의 호흡을 가쁘게 한다는 어려움이 있다는 것이죠. 그래서 사람들이 가쁜 호흡을 극복하기 위하여 찾아낸 방식은 스토리텔링story-telling입니다. 조금은 헐렁하고 언뜻언뜻 빈틈이 보이는 방식이지만 그 스토리텔링에는 자비로움이, 그리고 너그러움이 있으니 이야기를 듣는 청자들이 따뜻한 마음을 가지고 귀를 기울이며 조금 더 하늘의 진리에 공감할 수 있는 여지를 갖게 되는 겁니다. 그리고 다시 조금 더 향상된 단계로 진입하게 되는데 그것은 예술의 단계입니다. 예술의 단계로서의 노래 부르기와 악기 연주하기, 춤추기, 그리고 그림 그리기 등의 작업을 통해서 자기와 타자를 설득하며 진리에 공감하게 되는 건데요, 예술은 몰입하여 자기 자신을 잊어버림으로 진리를 경험하고 타자와도 진리를 공유하는 작업입니다. 그러한 예술적 설득은 생활의 피로를 잊게 해주기도 하고 나아가서 지루하기만 한 삶을 넘어서서 활기찬 삶을 살아가게 해주기도 합니다.(최진석. 『나를 향해 걷는 열걸음』. 참조)

이렇게 사람들에게 진리를 이야기하고 설득하는 몇몇 방법들이 있지만 막달라 마리아는 초보적인 논리적 설명의 수준에 머물러 있으면서 주님의 부활의 현장에 나가는 수준으로 보이니 뭔들 잘 보일 리가 없습니다. 그러니 마리아는 엉엉 울고 있습니다. 그래도 이렇게 자신의 선이해 때문에 뭔가가 잘 받아들여지지 않는 삶의 현장을 안타까워하며 '엉엉' 울기라도 하니 그나마 다행입니다.

"그런데 마리아는 무덤 밖에 서서 울고 있었다." **요한20:11**

오늘날에도 이런 논리적 설득의 수준의 삶을 살아가는 사람들이 지나친 자신감으로 세상을 주도해나가는 시간과 공간을 경험하기도 합니다. 안타까운 것은 자신이 초보적인 논리적 설명의 수준에 기반해서 살아가고 있다는 것을 모른 채로 지나친 열심으로 살아가는 사람들의 열정이 세상을 소란하게 하고 편 가르기를 하는 상황이 연출되니 이런 상황에서 유연하고 탄력적인 삶의 양식을 기대하는 일은 매우 어려워 보입니다.

그래도 만일 누군가가 논리적 설명의 수준에 머물러 있으면서 보아야 할 것을 보아내지 못하는 상황 때문에 안타까워하며 '엉엉' 울기라도 하면 다행입니다. 자신의 한계를 알아차리고 그것을 속상해 하며 우는 사람들이 자신의 한계 상황을 넘어설 수 있는 여지를 마련하게 될 거니까요. 자신의 한계 상황을 눈치채고 '엉엉' 우는 이들이 많아졌으면 좋겠습니다.

그러나 때로 현실은 자신의 논리적 설명에 대한 충만한 자신감을 가지고, 그러면서 자신의 논리적 설명에 자비로움이 결여되어 있다는 것을 알지 못한 채로 자신에게 설득당하지 않는 사람들을 향하여 폭력을 휘두르는 상황이 반복되고 있습니다. 그러니 예수께서는 십자가에 올라가지 않을 재간이 없는 겁니다.

자신을 향한 성찰의 시간으로서 우는 시간을 갖지 않은 사람들이 살아가는 모습이 성서에 나타나고 있습니다. 바로 가룟 유다의 최후의 모습입니다. 가룟 유다의 최후의 모습을 그린 성서의 이야기에는 시사하는 바가 있습니다.

> "그런데 이 사람은 불의한 삯으로 밭을 샀습니다. 그러나 그는 거꾸러져서 배가 터지고 창자가 쏟아졌습니다." **행1:18**

그러나 자신의 부족함을 깨닫고 지나가야만 하는 어둠의 터널을 수용하며 비통한 울음을 받아낸 베드로는 가룟 유다와는 그 양상을 달리하는 삶의 여정을 걷고 있습니다.

> "주님께서 돌아서서 베드로를 똑바로 보셨다. 베드로는, 주님께서 자기에게 '오늘 닭이 울기 전에 네가 세 번 나를 모른다고 할 것이다.' 하신 그 말씀이 생각 났다. 그리하여 그는 바깥으로 나가서 비통하게 울었다." **누가22:61-62**

이렇게 울음을 자기 확장의 수단으로 선용하며 확장적 삶을 살아가는 사람은 그 여정이 고단합니다. 자비로움이 장착된 스토리텔링의 방법으로 소통을 추구하는 이들은 기존의 시대정신에 의하여 강한 저항을 받기 마련이고요, 예술적 방법으로 몰입의 삶을 살아가는 사람들은 기존의 방식에 안주하여 살아가는 다수세력의 표적이 되어 소외를 경험하기에 십상입니다. 그렇지만 한편으로는 기존의 시대정신에 의하여 욕을 먹고 핍박을 당한다면 그건 은총입니다. 그렇게 표적이 되는 삶을 살아가신 예수께서 십자가에 달리셔서 고통을 당하셨지만, 부활의 이야기라는 서사를 써 내려가시면서 세상의 희망이 되셨으니까요. 진리를 따라가다가 나쁜 세력의 저항에 직면한 것은 힘들고 고단한 일이지만 동시에 감사한 일입니다. 나쁜 세력에게 저항을 받는 삶을 살아가고 있는 거니까요. 슬픔을 가슴에 담고 살아가는 사람들은 복이 있는 겁니다. 하나님께서 그들을 위로하고 계시기 때문입니다. (마태5:4)

문득 막달라 마리아의 뒤에 나타나신 예수께서 마리아를 부르셨습니다. 그리고 부활하신 예수를 알아본 마리아는 '라부니(선생님)'하고 스승을 알아봅니다.

> "예수께서 '마리아야'하고 부르셨다. 마리아가 돌아서서 히브리말로 '라부니!'하고 불렀다. 그것은 선생님이라는 뜻이다." 요한20:16

마리아는 이제 논리적 설명이라는 초보적인 단계의 끝자락에서 우는 시간을 경험하고 있으니 스토리텔링이 가능한 너그럽고 자비로운 믿음의 단계로 올라서게 될까요?

『갈매기의 꿈』이라는 이야기에는 '조나단 리빙스턴 시걸'이라는 갈매기가 나옵니다. 끊임없이 갈매기의 비행에 관한 새로운 경지를 추구하는 조나단은 결국 엄청난 비행이 가능한 드높은 경지에 이르게 됩니다. 그리고는 그 경지에 이른 갈매기들과 생활을 하다가 문득 자기 고향에 있는 갈매기들이 생각나면서 고향으로 돌아가게 됩니다. 그리고 조나단의 스승인 원로 갈매기 치앙은 조나단과 작별하는 장면에서 조나단에게 이렇게 이야기를 해줍니다.

> "조나단, 끊임없이 남에게 사랑을 베풀도록 해라."

조나단은 한없이 사랑하라는 스승의 가르침을 가슴에 담고 그 아름다운 곳에서의 삶을 포기한 채 고향으로 돌아오지만 역시 고향에 자리잡고 있는 기존의 질서는 조나단을 환영하지 않고 내쫓아버리고 맙니다. 그렇지만 조나단은 실망하지 않습니다. 고향의 갈매기들에게 내침을 당하는 것은 은총일 거니까요. 조나단은 치앙의 '사랑을 베풀도록 해라'라는 말을 기억하면서 자신이 가르치는 제자 갈매기인 플래처에게 이렇게 이야기합니다.

> "우리는 우리들의 자유를 제한하는 모든 것을 제거하지 않으면 안 된다. 그래서 우리는 고속, 저속, 곡예비행을 연습하고 있는 거야."

부활하신 예수를 알아보지 못하도록 우리의 시선을 제한하고 있는 것은 무엇일까요? 선입견으로서의 명예욕? 권력? 이기심으로서의 욕심과 집착? 이러한 장애물은 그것을 그것이라고 말하지 못하게 하고 이것을 이것으로 바라보지 못하게 합니다.

울고 있던 막달라 마리아가 자신을 부르는 예수를 알아보는 것이 다행입니다. 이제 막달라 마리아는 부활하신 예수를 경험하며 자신의 삶의 자리에 하나님의 나라를 구현하는 지경을 살아가게 되었습니다. 묵묵히 새로운 경지를 향하여 발걸음을 옮기는 진리의 사람이 된 겁니다.

여백이 있는 스토리텔링은 그리고 예술적 경지에로의 몰입은 우리의 눈과 귀를 열리게 하며 동시에 자비로움과 너그러움을 담보합니다. 끊임없이 새로운 비행을 연습하는 갈매기 조나단처럼 살아가는 사람이 한없이 사랑하며 살아가는 삶을 가능하게 합니다.

도마가 보아낸 것

두려움에 벌벌 떨고 있는 베드로와 제자들에게 헐떡거리는 숨소리와 함께 급하게 문을 두드리는 소리가 들렸습니다. 소심하게 숨죽인 채로 지내고 있는 제자들은 경계의 눈빛으로 서로를 바라보며 조심스럽게 문 쪽으로 시선을 보냅니다.

"누구요?"
"막달라 마리아예요.
"웬일로 이렇게 숨을 몰아쉬며 달려왔습니까?"
"선생님의 시신이 없어졌어요 … "
"…??"

급하게 무덤으로 달려간 베드로는 무덤 속에서 스승 예수를 감쌌던 삼베와 수건이 따로인 채로 개어져 있는 것을 보게 됩니다. 동시에 마리아는 부활하신 주님이 자신의 등 뒤에 서 계신 것을 보았지만 스승을 동산지기로 잘못 알아보고 말았습니다. 그리고는 부활하신 예수가 '마리아야'하고 자신을 부를 때 '라부니'라고 응답하고는 제자들에게 가서 스승 예수의 부활 소식을 알립니다. 그러나 제자들은 막달라 마리아가 전하는 스승의 부활 소식에도 불구하고 스승을 잡아 죽인 유대인들에 대한 두려움 때문에 몸을 떨며 문을 걸어 잠근 채로 몸을 조아리고 있습니다.

사실 제자들이 예수를 따라나서기로 마음을 정했을 때의 예수의 모습은 대단했습니다. 돈의 유혹도 이겨내고, 권력의 유혹도 이겨내는 예수의 모습은 돈과 권력에 사로잡힌 채로 운영되던 당시의 성전권력에 비하면 그 기상이 하늘을 찌르는 듯했으니까요. 나아가 오병이어로 오천 명을 먹이고도 열두 광주리를 남기는 그 경제력은 가룟 유다같은 사람에게는 대단히 매력적이었습니다. 타락한 성전의 중심에 들어가서 매대를 뒤엎으며 종교인들이 장사꾼들과 결탁해서 엄청난 이익을 추구하는 현장을 기도하는 자리로 되돌려놓는 그 폭발적인 모습은 제자들에게는 대단히 강력한 힘으로 느껴지는 모습이었습니다.

그랬던 예수가 어느 날부터인가 갑자기 예루살렘으로 들어간다는 이야기를 하기 시작합니다. 걱정되는 제자들이 '그러지 마십시오'라고 만류하면 '사탄아 물러가라'라고 강하게 질책하셨고요. 결국은 예루살렘에 들어가서는 무력하게 십자가에서 죽어가고 말았으니 제자들은 어찌할 바를 모릅니다.

그렇게 무력하게 십자가에 올라가서 죽어버린 스승의 모습을 본 제자들은 허탈함과 더불어 그동안의 운동이 무위로 돌아가는 비통한 심정을 느꼈을 겁니다. 아마도 왜곡된 성전 권력이 가지고 있는 막강한 힘을 획득하지 못한 상태에서 예수 공동체가 수행한 운동에 관해서는 순진한 이상가들의 탁상공론에 불과했다는 평가를 하고 있었는지도 모르겠습니다. 그러니 그들은 소심하게 문을 걸어 잠그고 숨을 죽이며 가만가만 생활하고 있습니다. 힘센 성전권력으로부터 밀려오는 두려움을 피하는 방식으로서 자기들을 제한된 작은 공간에 은폐시키는 소극적인 노력인지도 모를 일입니다.

그렇지만 예수께서 십자가에 오르시는 사건은 그간 예수 공동체가 바라던 희망이 십자가 위에서 꺾이는 사건이 아니라 그 희망의 노래가 십자가 위에서 최고조를 이루는 사건이었습니다. 십자가에 오르신 예수가 무덤의 어둠을 이겨내고 부활하셨기 때문입니다. 그러나 제자들은 아직까지 이러한 생각에 이르지 못하고 두려워만 하고 있습니다. 아마도 제자들의 두려움의 원인은 무지와 오해일 겁니다. 상황을 정확하게 이해하지 못하고 있는 상태에서 오는 두려움은 해결책을 만들어 내지 못하게 하니, 이러한 막막한 상황이 두려움으로 밀려와서 내면을 고단하게 하는 겁니다.

사실 제자들은 풍랑이 이는 바다 위를 걸어오시는 예수를 알아보지 못하고 "유령이다"라고 한 적이 있었죠. 그리고 제자들은 아직도 그 수준의 연장선상에 머물러 있으니 부활하신 예수에 관한 이해를 오롯이 해내지 못하는 건 당연할지도 모를 일입니다. 그리고 문득 부활하신 예수께서 폐쇄적 공간에 머물고 있는 제자들에게 나타나셨습니다.

> "그날 곧 주간의 첫날 저녁에 제자들은 유대 사람들이 무서워서 문을 모두 닫아걸고 있었다. 그때에 예수께서 와서 그들 가운데로 들어서셔서 '너희에게 평화가 있기를!' 하고 인사말을 하셨다." **요한 20:19절**

다행입니다. 제자들이 자신들의 거처에 오신 부활하신 예수를 알아보고 기뻐했다니 말입니다. 그런데 그 자리에 없었던 도마는 부활하신 예수를 만났다는 다른 제자들의 이야기에 시큰둥하게 반응을 합니다.

> "선생님이 부활하셨다고? 정신 나간 사람들, 숨어서 폐쇄적으로 지내더니 헛것을 본 거야, 말이 되는 소리를 해야지, 나는 내 눈으로 그의 손에 있는 못자국을 보고 내 손가락을 그 못자국에 넣어 보고 또 내 손을 그의 옆구리에 넣어 보지 않고서는 믿지 못하겠어." **요한 20:25절 참조**

도마는 합리적이고 이성적인 사람으로 보입니다. 확인하지 않고는, 경험하지 않고는 좀처럼 부활하신 예수에 관한 동료들의 말을 받아들이려 하지 않으니 말입니다. 그런데 차라리 이렇게 반응하는 도마가 솔직한 모습일 수 있겠다는 생각입니다. 잘 알지도 못하면서 아는 척하고 정확한 지식에 근거한 신념이 없는데 '믿습니다'를 연발하며 이성과 계시의 균형이 무너진 채로 믿음의 길을 걸어가는 배타적 일방성보다야 차라리 형이하학의 자리에 머물면서 꾸준히 질문을 하고 한없이 고민하며 믿음의 발걸음을 옮긴다면 그것이 차라리 고백의 자리를 지향하는 그리스도인의 차분한 발걸음일 것이기 때문입니다.

요즘, 교회가 사양산업이라는 자조 섞인 이야기를 자주 듣습니다. 그런 이야기가 시중에 돌아다니는 이유 중의 하나는 질문을 주저하게 하는 교회 문화도 한 몫을 하는 것 때문일 겁니다. 교회가 가지고 있는 기존의 생각이나 질서에서 조금이라도 어긋나는 질문을 하면 믿음이 없다고 타박을 주면서 열심히 기도해서 믿음을 키우고 그러면 믿어진다는 식의 태도가 교회안에 있는 것이 사실입니다. 질문을 허용하지 않음으로 선교적 교회의 지향에 걸림돌이 되고 교회의 확장성을 제한하고 있는 교회 내부의 문화 말입니다. 이성의 자리를 줄여나가고 계시의 자리를 지나치게 확대하는 불균형한 교회의 구도가 성서의 이야기를 차분히 생각하고 끊임없이 대화하면서 형이하학의 자리에서 고백의 자리인 형이상학의 자리로 나아가고 싶어 하는 이들을 교회 밖으로 밀어내는 교회의 지형을 만들어 낸 것은 아닌지 걱정이 많이 되는 대목입니다.

하여간 도마는 한번 확인해 봐야겠다는 생각을 놓지 않고 있습니다. 믿어지지 않는데 무모하게 밀어붙이며 어거지로 믿었다가 낭패를 당하기보다는 찬찬히 생각하고 하나하나 두드리면서 차분히 걸어가겠다는 생각일 수도 있습니다. 그런 자기 생각의 좌표를 가지고 살아가는 도마에게 문득 주님이 나타나셨습니다.

> "예수께서 와서 그들 가운데로 들어서셔서 '너희에게 평화가 있기를!' 하고 인사말을 하셨다. 그리고 나서 도마에게 말씀하셨다. '네 손가락을 이리로 내밀어서 내 손을 만져보고 네 손을 내 옆구리에 넣어 보아라. 그래서 의심을 떨쳐버리고 믿음을 가져라.'" **요한 20:26-27**

상황이 이렇게 전개된다면 차라리 도마처럼 잘 믿어지지 않는다고, 믿을 수 있도록 확인하는 작업을 차근히 해 나가야겠다고 솔직하게 말하는 것이 나을 수 있습니다. 그리고 교회는 이런 방식의 발걸음을 옮기는 이들에게 눈길을 주고 잘 걸어갈 수 있도록 이성적 작업에 관한 제언을 열심히 할 수 있는 지적인 충만함-해석학적 역량-을 준비하는 것이 나을 겁니다.

보지 않고 믿는 일을 어려워하는 이들에게 그러면 한번 바라보고, 한번 만져볼 수 있는 것으로서 꾸준히 질의하고 응답하는 자리를 만들어 주는 일은 의미 있어 보이는 대목입니다. 역사적으로 이성을 도외시하고 계시만을 강조하던 신앙적 단체들을 보면 광신으로 흐르며 불균형한 신앙적 지형을 만들어 내기도 했으니까요. 그러니 이성적 인식을 경험한 이후에 그 인식을 바탕으로 조금 더 향상이 있는 믿음의 자리에 이르게 되는 이성과 계시가 조화를 이루는 신앙적 삶의 자리가 그리운 시절입니다.

그렇게 자신에게 나타나셔서 형이하학적 경험을 하게 하시는 부활하신 예수 덕분에 도마는 자기 신앙의 도약을 경험하게 됩니다. 도마는 부활하신 예수를 경험하면서 "나의 주님, 나의 하나님!"이라는 고백을 합니다. 보지 않고서는 믿을 수 없다고 주장하던 이가 이제는 부활하신 예수를 주님으로 고백하는 고백의 자리에로 '신앙적 뛰어오르기'를 경험하고 있는 겁니다. 도마는 예수를 나의 주님, 나의 하나님이라고 고백하는 용기 있는 복음의 사도가 되어 하나님의 나라를 세워나가는 발걸음을 옮기며 인도에까지 나가게 되었습니다.

한편 예수를 죽이기 위해서 끊임없이 모의하고 음모를 꾸몄던 성전 지도자들, 그리고 결국 예수를 십자가에 매달아 죽음으로 몰아갔던 이 사람들은 예수의 부활 소식에 어떤 반응을 보였을까요? 이 사람들은 예수를 십자가에 매달면서는 자기들이 이겼다고 환호했을 겁니다. 그리고 종교인들과 장사꾼들이 금권으로 서로를 매수하며 결탁해서 만들어 낸 성전 구조에서 꾸준히 생산되는 잉여물이 변함없이 보장되는 것에 대해서도 안도했을 거고요.

그렇지만 이 사람들은 도마가 부활하신 예수의 현존 가운데서 보아내는 것들을 보아내지 못하고 있습니다. 교권에 취해 있는 이들은 도마가 해나가는 작업을 해내지 못할 가능성이 훨씬 높으니까요.

부활하신 예수는 자기를 십자가에 못 박은 이들을 당황스럽게 하고 계십니다. 성전권력은 그리고 망가진 시대정신은 예수를 제거함으로 자기들이 이긴 줄 알았는데 자기들이 죽인 예수가 무덤을 이기고 부활하심으로 자기들의 무력武力이 얼마나 무력無力한가를 온 세상에 확인시키는 꼴이 된 거니까요.

그리스도인들이 가지고 있는 부활 신앙은 연약해 보이는 진리가 사실상 세상의 희망이 되는 강한 하나님의 능력이라는 사실을 믿음으로 받아들이는 것을 의미합니다. 십자가에 달려 죽으신 예수께서 우리들의 마음속에서 뜻으로 살아나시고 그 뜻을 살아내는 작은 예수들의 발걸음에 의하여 세상에 희망이 보일 때 예수의 부활은 세상을 변혁시키는 살아있는 힘이 되는 겁니다. 예수 없는 종교 권력에 강하게 저항하고 망가진 시대정신을 냉정하게 비판하며 성찰해야 하는 이유가 여기에 있습니다.

디베랴 바닷가의 베드로

베드로는 마음이 답답합니다. 꾸준히 스승을 향하는 마음을 키워나가고 있었지만, 결정적인 순간에는 결국 스승을 마음으로 받아내지 못한 자신의 모습이 자꾸 머릿속에서 어른거리는 것이 불편한 겁니다. 그렇게도 스승을 향한 자신의 마음을 다잡아가면서 스승 앞에서 그리고 동료 제자들 앞에서 스승에 대한 자신의 마음을 자신만만하게 표하기도 했었는데 말이죠.

> "나는 주님을 위하여 생명을 바칠 겁니다. 내가 주님의 길을 따라가지 못할거라고요? 아닙니다. 나는 무슨 일이 있어도 주님을 따라갑니다. 그러려고 이 길을 나선 건데요?" **요한13:37 참조**

사실 베드로는 몇몇 장면에서는 가장 적극적으로 자신의 의사를 표시하는 제자였습니다. '너희는 나를 누구라고 하느냐' 하는 스승의 질문에 대해서는 손을 번쩍 들고 선제적으로 '주님은 그리스도시고 하나님의 아들이십니다.'라고 대답하는 이가 베드로였고요, 풍랑이 이는 바다 위를 걸어오시는 주님을 알아보고는 물 위를 걷게 해달라고 청한 사람도 베드로였습니다. 자신의 스승이 잡혀가는 동산에서도 가장 강력하고 선명하게 저항했던 제자도 베드로여서 예수를 잡으러 온 사람들 중 한 사람의 귀를 자르기도 했었죠. 그러니 누가 봐도 베드로는 가장 확실하게 검증된 예수의 제자였습니다.

그랬던 베드로가 무슨 기운에 눌렸는지 가야바의 재판정에서 자신의 스승인 예수를 모른다고 강력하게 부인을 한 겁니다. 그것도 저주하고 맹세하며 자신은 그 사람을 알지 못한다고 명확하고 확실하게 부인하고 말았던 거죠. **(마태26:74 참조)**

베드로가 스승을 부정한 경험은 스승과 제자 사이에 벽이 생기게 했습니다. 물론 베드로는 닭이 울자 스승의 말이 생각나 깜짝 놀라며 자신의 처신을 돌이키는 시간을 갖기도 했었으나 그것으로 스승과 제자의 금이 간 관계가 이전의 모습으로 회복되기에는 충분하지 않았던 겁니다. 베드로가 경험한 이 부정적 경험은 그 이후의 베드로의 삶에 그림자를 드리우게 했습니다. 그런 사정 때문일까요? 디베랴 바닷가로 복귀한 베드로는 이전의 삶으로 돌아가 고기를 잡으며 살아가는 삶을 살아가고 있습니다.

> "시몬 베드로가 그들에게 '나는 고기를 잡으러 가겠소' 하니 그들이 '우리도 함께 가겠소' 하고 말하였다." **요한21:3**

자신의 내면에 그림자를 가지고 살아가는 사람들은 그 그림자로부터 부정적인 영향을 받으며 살아갈 확률이 매우 높습니다. 자신의 부정적인 처신이 마음속에 잔상으로 남아서 자신의 삶에 꾸준히 영향을 끼치고 있는데 그림자를 마음의 표면으로 끌어올려서 자신의 삶과 통합을 이루어내지 못한 채로 그림자에게 끌려가는 삶을 살아가는 사람은 건강한 일상의 삶을 살아가기가 힘들기 때문입니다.

이러한 정황 때문인지 베드로는 '나는 이제 고기를 잡으러 가겠소' 하고 말하는데 이 말은 나는 스승을 부인한 부정적인 경험 때문에 진리를 따라가는 삶을 살아가기에는 적절하지 않은 사람으로 전락했으니 이제는 스승을 만나기 이전의 평범한 삶으로 복귀하겠다는 의지의 표현으로 읽힐 수 있는 대목입니다.

사실 베드로가 안드레와 더불어 예수를 따라나서기로 마음을 먹었을 때, 그때 스승은 이들에게 '내가 너희를 사람을 낚는 어부가 되게 할 거야'(마태4:19)라고 이야기를 했었습니다. 그런데 그 말을 받아들이고 모든 어구를 버리면서 예수를 따랐던 베드로는 이제 자신의 스승을 부인했다는 그 부정적 그림자에 사로잡혀서 이전의 삶으로 회귀하는 발걸음을 옮기고 있으니 이건 정말 안타까운 일입니다.

그렇지만 이렇게 답답한 상황에도 희망을 이야기할 수 있는 한 가닥 가능성이 나타났습니다. 제자들이 디베랴 바닷가에서 고기를 잡는 순간에 부활하신 예수는 바닷가에 오셔서 제자들을 지켜보고 계시는 겁니다. 그리고는 고기를 잡지 못하며 애를 먹는 제자들을 향하여 '그물을 배 오른쪽에 던지라'고 한마디 하십니다. 이 장면은 누가복음 5장에서 '깊은 데로 그물을 내려라'(누가5:4)라고 말씀하시는 스승의 모습이 그려진 장면과 너무나도 흡사합니다. 아마도 스승은 '전에도 내가 이런 방식으로 너희들과 함께했었거든'이라며 자신을 알아봐 주기를 바라는 장면인지도 모르겠습니다. 그러나 부활하신 스승의 말을 따라 그물을 던진 제자들은 물고기를 많이 잡았음에도 불구하고 부활하신 스승을 알아보지 못합니다. 글쎄요, 뭐 눈에 보이는 것들, 그래서 지금 여기에서 내게 유익을 주는 것들을 잘도 보아내는 시선은 때로 보이지 않지만 소중한 가치를 소홀히 하기도 하니 물고기를 많이 잡은 제자들의 안중에 스승이 들어오지 않는 것은 어쩌면 당연한 일인지도 모르겠습니다. 그래도 다른 제자의 일깨움에 스승을 알아본 베드로는 물을 박차고 바다에서 뛰어나와 스승에게로 달려가 대화를 이어갑니다.

스승은 베드로를 깊은 눈으로 바라보십니다.

"베드로야, 여기서 고기를 잡고 있구나 … **(그래 살아갈 만하냐?)** 그리고 네가 이것들보다 나를 더 사랑하는 것이 맞는 거냐?"

"예, 선생님... **(제가 선생님을 세 번이나 모른다고 그랬습니다. 그러니 제가 어찌 선생님 앞에서 살아갈 만하다고 할 수 있겠습니까. . .?)** 그렇지만 저는 여전히 주님을 사랑합니다."

부활하신 예수는 베드로의 내면에 깊이 드리워진 그림자를 제거해주고 싶으신 것 같습니다.

'베드로야, 너는 지금까지 나를 따라다니면서도 자기중심성**ego**을 버리지 못하고 따라다닌 거야. 그러니 안전하다고 판단이 될 때에는 나에 관해서 확신에 찬 이야기를 그리도 잘 했다만, 너의 생각이 너에게 위험하다는 신호를 보내는 순간 너는 나를 모른다고 하는 거야. 그러니 너는 너를 중심으로 하는 **ego**를 넘어서서 자비롭고 너그러운 너**self**의 세계를 찾아야 하는 거야.'

'선생님, 그렇습니다. 제가 용기가 없는, 너무 연약한 삶을 살아온 겁니다. 선생님 말씀대로 제가 선생님에 관해서 그렇게도 확신에 찬 이야기를 할 때에는 제 주변은 안전했었습니다. 풍랑이 이는 바다 위를 걸어갈 때도 주님이 곁에 계신다는 사실이 저를 떠받들어 주었거든요. 그러나 가야바의 마당에서는 왜 그랬는지 저도 잘 모르겠는데요 … 두려움이 밀려왔습니다. 너무 무서웠습니다.'

'지금 너는 나를 모른다고 했다는 그 경험에 짓눌려 있구나. 그렇지만 나는 너를 이해할 수 있어. 누구라도 자신의 여정을 걸어가다가 넘어질 수 있는 거니까, 그렇더라도 넘어졌으면 빨리 일어나서 훌훌 털어내고 가던 길을 걸어가야지, 마냥 엎드려 있으면 안 된다. 베드로 너는 과정 중에 있는 상황인 거고, 이런저런 경험을 모아서 너의 삶을 하늘의 뜻에 합당하게 구성해 가는 여정 가운데 있는 거니까.'

이렇게 눈으로 대화를 나누는 스승과 제자는 똑같은 질문과 대답을 세 번에 걸쳐서 나눕니다.

"요한의 아들 시몬아, 네가 나를 사랑하는 거냐?"

비록 베드로는 스승을 모른다고 세 번이나 부인했지만 그래서 그 부정적인 그림자에 짓눌려 살아가고는 있지만 그래도 스승에게서 완전히 돌아선 것은 아닙니다. 베드로는 자신이 스승이 걸어가신 길을 걷기에는 자격을 상실했다는, 낮아진 자존감에 사로잡혀 있을 뿐이니까요. 그러니 자꾸 자기를 사랑하냐고 물어오시는 스승의 질문도 베드로를 불안하게 하기만 합니다. 그리고 베드로는 다시 한 번 대답을 합니다.

"선생님, 아시잖아요, 제가 비록 두려움 때문에 선생님을 모른다고 하기는 했으나 그건 그때의 상황 때문이었고요, 제가 선생님을 사랑한다는 것을 잘 알고 계시지 않습니까?"

그러면서 베드로는 고개를 갸우뚱합니다. '내가 가야바의 마당에서 세 번이나 선생님을 모른다고 했는데… 선생님은 세 번이나 나를 사랑하냐고 물어오시는구나. 왜 이렇게 세 번이나 물으시는 거지?' 궁금해하면서 잠깐 생각에 잠긴 베드로는 스승의 질문 중에서 한마디가 진하게 다가옵니다.

> "네가 이것들보다 나를 더 사랑하고 있는 거냐? Simon, son of John, Do you truly love me more than these? " **요한21:15**

부활하신 예수께서는 베드로의 부정적인 경험으로서 베드로의 내면 저 아래쪽 깊이 자리하고 있는 그림자를 베드로 마음의 표면으로 끌어올리는 작업을 하고 계십니다. 스승은 제자를 사랑하고 있고 그 사랑하는 제자가 과거의 경험에 포로가 되어서 살아가야 할 삶을 살아가지 못한 채로 퇴행적인 삶을 경험하고 있는 것에 대해서 안타까워하고 계시는 겁니다. 그리고 베드로는 자신에게 다가온 부활하신 스승과의 대화를 통해서 자신의 내면의 부정적인 **ego**를 직면할 수 있게 되었습니다.

디베랴 바닷가에서 부활하신 예수를 경험한 베드로는 그 삶의 방향을 180도로 전환해 냈을까요? 물론 디베랴 바닷가에서의 부활하신 예수와의 만남을 통해서 베드로가 자신의 그림자를 완전히 극복하고 삶의 방향을 완벽하게 전환해 냈다고는 보이지는 않습니다. 그럼에도 불구하고 베드로는 자신의 부정적인 경험을 직시했고 이 보아냄은 자신의 의식의 깊은 곳에 또아리를 틀고 있으면서 자기를 제어하는 그림자를 의식의 표면으로 끌어올릴 수 있게 한 것으로 보입니다.

> … 어느 날 문득 군중들 앞에 나타나서 이야기하고 있는 베드로는 예수의 이름으로 세례를 받을 것을 권하고 있습니다. 찬찬히 베드로의 걸어온 여정을 살펴보니 오순절의 성령 임재를 경험한 베드로는 흔들림이 없는 신념 어린 발걸음을 뚜벅뚜벅 내디디고 있습니다. **행 2:38 참조**

에필로그

사랑은 길입니다. 때로 사랑은 달란트-재능-라고 말하는 소리도 들리기는 하지만 요한복음을 읽으면서 마음속에서 강하게 울려오는 사랑에 관한 울림은 사랑은 '길'이라는 것이었습니다.

사람들은 모두 편견의 자녀로 살아갑니다. 그것은 어쩔 수 없는 인간의 한계 상황이라고도 보여지는 우리들의 일상인 듯합니다. 고대 사회는 오늘의 세계관에 비추어 보면 더군다나 편견으로 가득했던 사회였습니다. 그렇게 신화적인 세계관이 가득했던 시절에는 예수님조차도 진흙을 침으로 이겨서 환자의 눈에 발라주고 연못가에 가서 씻으라고 하셨으니까요. 이성이 눈을 뜬 인문주의 이후에도 인간은 계속해서 편견의 자녀로 살아갑니다. 보지 못하던 것들을 보아내는 안목을 획득하고는 자신만만하게 자신의 주관적인 지식을 주장하면서 살아가다가 다시금 우禹를 범하고야 마는 인간의 양상은 결국 인간의 안목은 제한적이라는 것을 반증한다고 할 수 있습니다. 그렇기 때문에 바울은 고린도 교회 교우들에게 구리거울로 영상을 보는 듯이 희미하게 보지만 온전한 것이 오게 되면 명확하게 볼 수 있을 것이라고 이야기하고 있는 걸 겁니다.

일 년여 동안 요한복음을 읽으면서 이 복음서에서 보여주는 예수의 삶의 여정을 따라가다 보니 그나마 시대정신을 극복하고 편견을 떨쳐낼 수 있는 길은 결국 '사랑의 길'이라는 생각을 하게 되었습니다. 예수는 사마리아에서 만난 여인에게 살아가는 법을 이야기하시고 들판에서 배를 곯고 있는 군중들을 긍휼히 여기셨으며 38년 동안 질병과 무관심으로 고통과 소외를 경험하고 있는 이를 회복시켜주시며 사랑이라는 길을 내고 있는 분이셨습니다. 그러면서 예수는 사랑의 길을 올곧게 만들어 내는 일에 걸림돌이 되는 것은 무엇인지를 살펴내십니다. 그것은 딱딱하게 굳어버린 성전 권력이었고 일그러진 시대정신이었습니다. 자신들이 하고 있는 일이 하루 후에, 한 달 후에, 일 년 후에, 그리고 10년 후에 어떤 상황으로 되돌아올지를 상상하지 않은 채 그저 성전 권력에 올라앉아 호의호식하는 데만 관심하고 있는 그 성전의 질서가 사랑의 길을 내는 데 방해가 된다는 것을 통찰해 낸 예수는 기존의 방식으로는 사랑의 길을 만들어 내는 일이 힘드니 이전의 방식을 청산하고 하나님이 바라시는 진실한 방식으로 성전을 운영해 보자고 제안하시는 겁니다. 그러나 성전 권력과 시대정신은 이런 예수의 제안이 탐탁하지 않습니다. 사실 예수의 제안을 거절하는 성전 권력과 시대정신은 어둠의 세력에 사로잡혀 있다고 볼 수 있습니다. 어둠은 배타적인 기득권자들이 은밀하게 교회공동체를 장악해나가는 것을 좋아합니다.

이 상황을 극복하기 위해서 예수가 택한 방식은 자기를 내어주는 것이었습니다. 사랑은 모순되고 어긋난 세상을 바르게 하는 능력입니다. 사랑은 '남 잘되는 것을 기뻐하는 마음'입니다. 그리고 예수는 이 사랑의 포로가 되어서 십자가에 올라가셨습니다.

오늘의 교회가 굳어버린 성전 권력을 넘어서서 사랑의 길을 만들어 내고 그 길을 걸어가면 어떤 일이 벌어질 것인가를 상상할 수 있는 교회가 되면 좋겠습니다. 그동안 산돌교회 가족들과 해낸 요한복음의 이야기 나눔이 우리가 살아가는 삶의 자리에서 미움의 양을 줄이고 사랑의 양을 늘려나가며 예수께서 걸으셨던 사랑의 길이라는 열매가 맺어지기를 바라는 마음을 가져봅니다.

하나님께서 이 땅의 그리스도인들에게 일그러진 시대정신을 극복하며 하나님이 기뻐하시는 교회의 그림을 그려나가도록 은총을 베풀어 주시면 좋겠습니다.

요한복음 묵상 출판을 축하하며

황원준(Minnesota Univ, 박사과정/사회복지)

우리의 삶은 언제나 선택의 연속입니다. 작은 선택 하나하나가 모여 하나의 결과물을 만들어 냅니다. 삶의 선택에 있어서 중요한 기준 중 하나는 사회의 규칙일 것입니다. 이것은 우리가 거리를 걸으며 초록불을 보고 횡단보도를 건너는 것처럼 간단한 일상적인 상황에서부터, 다른 사람의 권리와 존엄을 존중하며 살아가는 도덕률과 같은 큰 사회 규범에 이르기까지 다양한 형태로 나타납니다.

한편, 사회의 규칙과는 별개로 우리가 가지고 살아가는 윤리적 가치는 끊임없이 선택을 하면서 살아가야 하는 삶의 기준이 되기도 합니다. 공공장소에서 소음을 내지 않거나, 길거리에 있는 노숙자에게 도움의 손길 내밀기 등 이러한 행동들은 일률적으로 강제되는 것은 아니지만, 우리가 공동체의 일원으로서 그런 행동이 우리를 유익하게 한다고 믿기 때문에 이를 실천하는 것입니다.

그러나 우리는 때로 이러한 선택과 행위에 대해 궁금증을 품게 됩니다. '내가 지금 하는 일이 정말로 옳은 선택일까?' 등과 같은 고민입니다. 특히 사회복지사로서 많은 가치 판단을 내려야 하는 상황에 직면할 때면 그런 고민은 더욱 깊어졌습니다. 그럴 때마다, 저는 아버지와 이야기를 나눴습니다. 아버지와의 대화는 때로 명확한 합의(결과)로 이어지지는 않았습니다. 이 역시 두 사람 생각의 차이이겠지요. 하지만 아버지는 언제나 저에게 '지향점'을 바라볼 수 있는 질문을 던져 주었습니다.

저를 향한 아버지의 질문은 단순한 고민을 넘어, 때로는 내면의 깊은 성찰을 가능하게 했고, 이는 저의 가치관과 윤리적 신념에 깊게 맞물려 있습니다. 질문에 대한 답을 찾는 과정은 종종 다른 사람들의 기대와 자신의 원칙 간의 갈등을 초래할 수 있기 때문에, 더욱 민감하게 수행할 수밖에 없었습니다. 더불어, 사회에서 변화하는 가치관과 도덕적 지향도 주시해야 했습니다. 쉬운 방법은 다수의 의견과 트렌드를 따르는 것일 수 있지만, 이는 결국 소수의 집단들이 더욱 사회로부터 고립되는 결과를 가지고 오기도 하였습니다. 다수의 사람들이 옳다고 하는 길이 항상 최선의 결과를 보장하지 않았기 때문입니다. 그런 상황에서 아버지가 걸어가는 길은 저에게 은은한 시사점이 되어 주었습니다. 그리고 그 발걸음에서 저의 고민은 다시 시작되기도 하였습니다.

중, 고등학교 시절부터 이어오는 아버지와의 대화를 통해, 저의 삶은 더욱 폭넓은 사고를 할 수 있었고 조금씩 향상을 경험하는 지경으로 나갈 수 있었습니다. 다양한 이해 집단과 가치관이 공존하는 현대 사회에서 올바른 기준을 가지고 자신의 신념을 세우는 것은 중요한 작업이고 그런 과정을 통해서 생긴 신념은 때로 고난과 역경을 동반하는 여정이 될 수 있다는 것이 부담이었습니다. 그러나 아버지와의 대화를 통해서 이러한 여정에 대한 힘과 용기를 얻을 수 있었고 보다 명확한 삶의 지향점을 찾을 수 있었습니다.

이렇게 꾸준히 함께 길을 걸어주시는 아버님이 환갑을 맞이하셨습니다. 마침 요한복음 묵상을 책으로 내신다고 하니 아직은 마음껏 축하해드릴 수 있는 여건이 되지 않는 아들의 입장에서 글로나마 아버님의 길을 지지하고, 축하하고 싶은 마음에서 짧은 글을 덧붙입니다. 목회를 하시면서, 그리고 이런 저런 글을 내시면서 때로 힘들어하시기도 하고 고민을 토로하시던 시간도 있었지만 그래도 흔들림 없이 여기까지 달려오신 아버님의 여정이 소중합니다. 요한복음을 읽어나가시면서도 때로 힘들어하시는 모습이 언뜻 보이기도 했지만, 한편으로는 산돌교회 식구들과 함께 즐거워하시는 모습을 보여주신 것이 아들을 안도하게 하는 대목이기도 했습니다.

이렇게 꾸준히 자신을 성찰하시면서 소신껏 자신의 길을 걸어가시는 아버님의 여정에 하나님의 돌보심이 함께하시기를 바라는 마음입니다. 더불어 건강을 잘 챙기시고 걸어가시는 여정 내내 평화로우시기를 기도합니다.